増補改訂版

開発経済学
貧困削減へのアプローチ

Kurosaki Takashi 黒崎卓　Yamagata Tatsufumi 山形辰史

日本評論社

序　章

　人間は生活水準向上のために不断の努力を重ねてきた。しかしその努力は実るときと実らないときがある。産業革命以前の世界の所得の伸びは1000年以上にわたり非常に緩やかだったことが知られている（*Economist* 1999）。そして産業革命以降の世界経済の拡大は、現在われわれが目の当たりにしているものである。産業革命以前も生活水準改善のための努力はなされていたのであるが、それが常に報いられたわけではなかった。経済的進歩を促す制度があって初めて進歩が実現したのである（Mokyr 1990）。

　同様に、生活水準向上への努力は報われた場所と報われていない場所がある。現在の開発途上国でも、生活水準向上のために人々の不断の努力が重ねられてきたにもかかわらず、先進国で起こったほどの生活水準の改善を見ていない。世界銀行による貧困者数推計（2016年）によれば、2010年時点でなお、世界全体で9億人もの人々の生活水準が貧困ライン以下であるとされており、その大多数が途上国で生活している。途上国の人々の多くは、飲むのに適した水、基礎的栄養、安価で有効な薬の摂取がままならないうえ、いったん傷病や天災、紛争等が身に降りかかったら、その悪影響を緩和する術を多くもたない。

　このように、貧困者の生活水準を上げるための開発ニーズは、開発途上国のいろいろな側面に存在している。雇用、教育、環境、食糧、等々、多種多様な領域において、人々の生活水準向上のための改善が必要とされている。本書でいう「開発」とは、これらさまざまな側面での改善の試みであり、開発経済学とは、この試みを経済理論に基づいて分析するための学問である。

本書のねらい

　開発経済学の教科書としての本書の特色は、第1に、生産者であれ消費者であれ、どんな人々がどんな能力をもち、どんなことを考えて行動している

か、というようなミクロ的イメージを明示し、それをモデル化して示すことに最大限の努力を払っていることである[1]。なぜある人がある選択をし、なぜ他の人が同じ選択をしないのか、というような経済学の根本的な問題は、開発経済学においても基本となる。

　ミクロ経済学的基礎とは、数学的表現もさることながら、制約、インセンティブといった、人々の選択にかかわる条件を直観的に指し示すということでもある。仕事が得られないかもしれないとわかっているのになぜ都市に出るのか、利潤の上がる生産機会があるのになぜ一部の小生産者はそれに手を出さないのか、安い賃金でも働くという労働者がなぜ雇用されないのか、マイクロクレジットにおける連帯責任によって資産をまったくもたない貧困層への融資がどうして可能になるのか、途上国の賃金が安いのになぜ資本移動が増えないのか、知的所有権を認めると技術移転が進むのか停滞するのか、といったような問題に対するミクロ経済学的解答を本書で与える。

　本書の第2の特徴は、現在、国際開発の分野で注目されているトピックや論点を紹介するとともに、その経済学的背景を説明しようと試みた点である。冒頭に述べたように、開発はある時点のある地域では功を奏し、別の時点の別の地域では大きな成果をあげていない。前者ではなぜうまくいき、後者ではなぜうまくいかなかったのか、という課題が提示され、より効果的に国際開発を推し進めていくための新しい手法や概念が日々編み出されている。それら新しい手法や概念の例として、人間開発指標、貧困指標、プログラム評価、ランダム化比較実験（randomized controlled trials：RCT）、行動経済学的実験、マイクロクレジット、貧困層のターゲティング、ガバナンス、債務削減、ミレニアム開発目標（Millennium Development Goals：MDGs）、持続可能な開発目標（Sustainable Development Goals：SDGs）などがある。本書は、これら新しい国際開発の潮流について説明するととも

---

[1] この試みはすでに筆者のうちの1人によってなされているものである。簡単な紹介として黒崎（2000）、理論と実証の両方を扱った詳しい研究書として黒崎（2001a）、この手法を貧困と脆弱性に焦点を当てて応用した研究書として黒崎（2009）を参照のこと。また、より網羅的な教科書としては、日本語の翻訳も出ているBardhan and Udry（1999）が挙げられる。

に、それらが考案された背景について、経済学的解釈を与える。援助機関やNGOなど開発の現場で働く人々にとっても、本書が有用であってほしいとの願いを込めたものである。

開発への遠い道程を手を携えて

すでに開発経済学は、限られた一部分の経済学者だけが取り組む分野ではなくなっている。世界銀行の副総裁のうち1名は、開発だけでなくあらゆる分野において世界的に有名な経済学者が任命されることが通例となり、世界銀行や国際通貨基金（IMF）の研究者は、有名な経済学のジャーナルに次々と論文を載せている。アジアの急速な経済発展は一般の経済学者の注目を集めたし、1997年からのアジア通貨危機も世界経済全体に大きな影響を与えるものとして重要視された。つまり途上国の開発は、いまや経済学者一般の興味を惹くテーマとなっているのである。

そもそも一国の開発は多くの人々が協力して当たらなければならない大事業である。経済学を含む社会科学だけでなく、自然科学の協力も必須である。実際の開発の現場には、援助機関の職員や医療・保健、人口、教育、災害対策、住環境、建設、交通、エネルギー、農林水産業、金融、環境、法律等々の専門家が全世界から途上国に派遣され[2]、日夜開発に取り組んでいる。彼ら専門家や援助機関の職員たちがプロとしての知恵と能力を振り絞り、受益者であるはずの途上国の人々やそれらの国の専門家と協力して取り組んで、それでもなおほんの少しずつしか進展しないのが開発というものなのである。

したがって経済学においても、さまざまな分野の経済学者が協力して開発を分析して当然である。開発経済学者の1つの役割は、それら異なった分野の経済学の研究をコーディネートすることにあるといえるかもしれない。そのためには、開発経済学者は、開発における経済学の専門家として、途上国の開発に資する経済学の諸分野を広く知っている必要がある。伝統的な開発

---

[2] いまでは、途上国から別の途上国に専門家が派遣されることもある。このような途上国間の協力は南南協力と呼ばれている。

経済学に留まることなく、新しい分野に足を踏み入れ、その分野の成果を開発に活かすべく立ち働くことが要請される。本書ではその試みの1つとして、開発および経済発展に関する重要な問題について、従来の開発経済学の枠にとらわれず、広くミクロ経済学的背景を与えることを試みた。

本書の構成

　本書は3部によって構成される。第1章から第3章は開発経済学および開発についての諸概念と、それに基づく実証分析の手法やデータについて整理している。第4章から第7章は途上国が直面している問題とその問題が発生したメカニズムについて論じ、第8章から第13章はその問題を解決するための開発戦略や開発政策について分析している。ただしこの分類は大まかなものであって、各章それぞれに両方の要素が、濃淡の差はあれ含まれる。また各章は基本的に読みきりの形をとっている。関心のあるテーマからまず読み、必要に応じて他の章にも目を通すという読み方も可能である。

　まず第1章では開発経済学の歴史を簡単に展望し、その扱う範囲が時代を追って「膨張」しつづけていることを論じる。本書が強調する開発経済学のミクロ的アプローチは、このような流れの中に位置づけられる。第2章は、1人当たり所得や貧困、不平等指標といったある国の開発の成果を測るマクロの指標を紹介する。近年の政策論議では実証的証左（エヴィデンス）がしばしば問題になるが、企業・家計などのミクロデータを用いてこれを計測する手法と、そこで用いられるデータに関し概観するのが第3章である。第2章と第3章では、さまざまな指標の背後にあるミクロ経済学的考え方を中心に説明することにより、第4章より始まる本論への導入となっている。

　第4章は、零細自営業者や小農の経済学を取り上げる。これは、このような生産者が低所得国において重要であるという理由に加えて、用いられる分析ツールに開発経済学のミクロ的基礎のエッセンスが詰まっていると考えるためである。続く第5章は、途上国の信用市場を取り上げる。金融市場が未発展のため、余剰資金が開発のための原資として動員されない問題を途上国の多くは抱えている。この問題を情報の非対称性を鍵にして説明するのがこの章の課題である。情報の問題が重要になるのは労働市場も同様である。そ

こで第6章では、賃金と人的資本という労働経済学で重視される変数が、途上国の貧困のメカニズムを説明するうえではどのように分析できるかを検討する。前半を締めくくる第7章は、「貧困の罠」が実現するメカニズムと、そこからの脱却がいかにして可能であるかを理論的に展望する。したがってこの章のテーマは、貧困から脱却するために必要な開発戦略を考察する材料を示しているという意味で、後半への橋渡しの役を果たしている。

　第8章以降は、経済開発をスムーズに進めるために必要な開発戦略・政策が基本テーマである。第8章は、緑の革命など途上国の経済発展にも大きなインパクトを与えてきた技術革新と普及およびそれを促進する制度について取り上げる。エイズなど、開発途上国の国民の保健に大きくかかわる疾病の治療・予防のための医薬品開発と特許制度の関係が、1つの大きな焦点となる。第9章は、貧困削減戦略の一部として、援助の対象となる貧困者を特定する手法であるターゲティングについて、労働経済学的に考察する。第10章では、貧困層にターゲットを定めた融資であるマイクロクレジットのメカニズムと意義について検討する。第5章で述べるように、貧困が再生産される背景には信用市場への不平等なアクセスの問題が存在する。この問題を克服するために、マイクロクレジットが一定の効果を発揮することを明らかにする。

　しかしそもそも、個別の貧困者を対象とした政策にはおのずと限界がある。そこで第11章では共同体をターゲットに定めることの意義について考察する。そして第12章では、国家をターゲットにした開発援助が効を奏するための枠組みについて分析する。そのための重要な概念の1つがガバナンスである。最後に第13章では、対象となる空間をさらに広げて、地球規模の課題すなわちグローバリゼーションの功罪を考察する。

　各章の記述の技術的（数学的）説明は、初出の雑誌『経済セミナー』連載時には割愛した詳細も含めて補論にまとめた。また、われわれ2人のこれまでの途上国経験に基づくエッセーを章の間に配した。これによって、開発途上国の実状が生き生きと伝わるよう願ったものである。

目　次

序　章　i
　　本書のねらい　i
　　開発への遠い道程を手を携えて　iii
　　本書の構成　iv

第1章　膨張する開発経済学　1

　1.1.　開発経済学とは何か？　1
　1.2.　開発経済学の定番：1940〜60年代　3
　1.3.　輸出指向工業化と国際経済学：1970年代　5
　1.4.　構造調整の時代：1980年代　7
　1.5.　膨張する開発経済学　9

第2章　1人当たり所得と貧困・不平等　15

　2.1.　なぜ1人当たり所得か？　15
　2.2.　1人当たり所得からこぼれ落ちるもの　18
　2.3.　所得だけが生活水準を決めるわけではない　20
　2.4.　平等な社会かどうか　23
　2.5.　貧困指標　26
　2.6.　国レベルの成果を測るためのマクロデータ　30
　2.7.　おわりに　32

第3章 開発政策のインパクトを測る … 33

- 3.1. 政策のインパクトを測るためのミクロデータ　33
- 3.2. 客観的な政策評価の基本的考え方　36
  - (1) 「ナイーブな比較」の問題　36
  - (2) 二重差分　37
- 3.3. 計量経済学的手法によるインパクト評価　39
- 3.4. ランダム化比較実験（RCT）　40
- 3.5. 行動経済学的視点　42
- 3.6. おわりに　44

第4章 零細自営業者や小農の経済学 … 47

- 4.1. リキシャ引きのミクロモデル　48
- 4.2. ハウスホールド・モデルによるアプローチ　51
- 4.3. 市場需要変化の影響　54
- 4.4. 賃労働市場との関係と人的資本　56
- 4.5. 小農の賃労働市場へのかかわり　58
- 4.6. ハウスホールド・モデルの強み　60
- 付論　自営業者の主体均衡　61
  - (1) 主体均衡の特徴　61
  - (2) 市場需要変化の影響　62

第5章 途上国の信用市場 … 65

- 5.1. 信用の経済的役割(1)：生産資金の調達　66
- 5.2. 信用の経済的役割(2)：消費の平準化　68
- 5.3. 信用の経済的役割(3)：消費平準化を通じた生産投資推進　70

5.4. ミクロの信用制約とマクロ経済　73
5.5. 途上国の信用市場の特徴　74
5.6. 信用と債務不履行　76
5.7. 非対称情報下の逆選択とモラルハザード　77
5.8. 信用市場、貧困、非対称情報　79
付論　信用の経済効果のモデル分析　81
　(1) 生産信用　81
　(2) 消費平準化のための信用　82
　(3) 消費平準化と生産投資　83

第6章　貧困層の賃金はなぜ低いままか　87

6.1. 労働供給の基本モデル　88
6.2. 賃金の決定要因：労働生産性　90
6.3. 労働生産性の決定要因としての賃金　92
6.4. 人的投資と労働生産性・賃金　94
6.5. 児童労働と人的投資　96
6.6. 一国内の賃金格差　99
6.7. 人的資本蓄積、経済成長と国際賃金格差　100

第7章　貧困の罠からの脱出　105

7.1. 何から何へジャンプするか　106
7.2. 規模の経済の具体例　108
7.3. 規模の経済と市場均衡　109
7.4. 《むだ》と補完性　111
7.5. 貧困の罠からの脱出　112

第8章 技術革新・普及とその制度 ……………………………………… 117

- 8.1. エイズ等感染症と特許　117
- 8.2. 技術革新の理論　120
  - (1) 経済発展と技術革新　120
  - (2) 知識という資本としての技術　121
  - (3) 公共財としての知識　122
- 8.3. 特許制度の意義　124
- 8.4. エイズ治療薬・予防薬開発の課題：技術開発と普及のトレード・オフ　125
  - (1) エイズ治療薬価格と開発のインセンティブ　125
  - (2) 研究開発促進のためのプッシュ・プル政策　127
  - (3) エイズ、結核、マラリア治療薬・予防薬に対するプッシュ・プル型支援　129
- 8.5. 競争と技術革新のタイプ　130
- 8.6. 途上国への技術移転と経済成長　131
- 8.7. おわりに：技術革新・普及と制度　133

第9章 貧困層への援助 ……………………………………………………… 135

- 9.1. 貧困削減政策の必要性　135
- 9.2. 開発目標としての貧困削減　137
  - (1) 開発援助の潮流変化　137
  - (2) 世界銀行報告書に見る貧困観と貧困削減政策　140
- 9.3. 貧困層への「ターゲティング」　142
- 9.4. 貧困層への所得移転政策　143
- 9.5. ワークフェア・アプローチによる貧困削減政策　146
- 9.6. 貧困層への効果的な援助に向けて　149

第10章 マイクロクレジットの経済学

10.1. グラミン銀行が注目された理由　154
10.2. マイクロクレジットの実態：初期のグラミン方式　155
10.3. マイクロクレジットのメカニズム　158
　(1) グループ融資：相互選抜　158
　(2) グループ融資：相互監視　161
　(3) グループ融資：履行強制　164
　(4) 逐次的融資拡大　164
　(5) 返済猶予期間なしで回数の多い分割払い　165
10.4. 初期のマイクロクレジットの課題　165
10.5. マイクロクレジット研究の新潮流　166
10.6. 課題を越えて　169
付論：相互監視によってモラルハザードが解消される数値例　170

第11章 共同体と開発

11.1. 共同体に着目する意義　173
11.2. 貧困と環境悪化の悪循環　174
11.3. 「コモンズの悲劇」の基本モデル　176
11.4. 共有資源維持・修繕の過少投資　179
11.5. 国家管理か私有化か　180
11.6. 共同体のもとでの協力　182
11.7. 経済開発における地域共同体　184
11.8. 環境問題と共同体の今後　185

第12章 開発援助とガバナンス … 189

- 12.1. 汚職の本質とガバナンス 191
- 12.2. ガバナンスの程度を測る 192
  - 指標①：実感汚職指数 192
  - 指標②：世界銀行の国別政策・制度評価（CPIA）指数 194
- 12.3. 賄賂と資源配分 197
- 12.4. ガバナンスを改善するために 200
- 12.5. 開発援助の潮流変化 202
  - (1) 目的の明確化：PRSP、ミレニアム開発目標と持続可能な開発目標 202
  - (2) 手続きの共通化：援助協調 204
  - (3) 債務救済 206
- 12.6. おわりに：開発援助とガバナンス 209

第13章 グローバリゼーションと途上国 … 211

- 13.1. グローバリゼーションのメリット 213
  - (1) 地球規模の効率化 214
  - (2) 国際的な所得の平等化 215
- 13.2. グローバリゼーションのデメリット 217
  - (1) 一部の国民の所得減少 217
  - (2) 外国政府・企業による支配 219
  - (3) その他の懸念 220
- 13.3. グローバリゼーションの利益を途上国へ 221
  - (1) グローバリゼーションと貧困削減 221
  - (2) 国際協力を伴うグローバリゼーション 223
  - (3) グローバリゼーションは自動的に進むか？ 225
- 13.4. 援助疲れの時代に 226

参考文献　229
あとがき　257
増補改訂版あとがき　261
索　引　263

COLUMN	①N村の15年：タイ　13
	②銃口とベールの向こう側：パキスタン　46
	③地主の大うちわ：パキスタン　64
	④農村でのお金の貸し借り：ミャンマー　86
	⑤やればできるはず：ナイジェリア　103
	⑥労働は資本を代替する！：バングラデシュ　115
	⑦さらけ出す人々：バングラデシュ　152
	⑧謎解き2題：パキスタン、ミャンマー　172
	⑨田植えの風景：日本・ミャンマー・パキスタン　187

第1章 膨張する開発経済学

1.1. 開発経済学とは何か？

　21世紀の世界経済において、貧困はいまだ克服されていない重大な課題である。表1-1に、開発途上国で貧困者比率の高い国を地域別に示した。これは世界銀行による推計値で、物価の違いを調整するために2011年の購買力平価で換算した1日当たりの所得1.9米ドルをもって、貧困ラインと定義している。たとえばサハラ以南アフリカでは、1日1.9米ドル以下で生活する貧困者が全人口の半分以上を占める国が14か国もある。2010年現在で、世界には9億人の貧困者がおり、そのうちの3億9000万人がサハラ以南アフリカに居住している。アジアでは特に南アジアで貧困者が多く、その数は3億1000万人に達している。これに次ぐのは東アジアで、貧困者数は1億4000万人に上っている。

　貧困は所得だけで測ることができない。経済発展の成果を測る指標については次章で詳細に議論するが、開発途上国では教育や保健・衛生面でも、深刻な問題が見られる。飲むのに適した水や基礎的栄養が恒常的に得られない貧困層は、いったん傷病や天災、紛争等が身に降りかかった場合に病院等で適切な手当てを受けるための所得がないだけでなく、恒常的な体力低下ゆえに健康状態がより悪化しやすい。

表1-1 開発途上国の貧困者比率

地域	国	調査年	貧困者比率(%)	地域	国	調査年	貧困者比率(%)
アジア・大洋州	パプアニューギニア	2009	39.31	サハラ以南アフリカ	マダガスカル	2012	77.84
	インド	2011	21.23		ブルンジ	2006	77.65
	バングラデシュ	2010	18.52		コンゴ民主共和国	2012	77.08
	ミクロネシア	2013	17.37		マラウイ	2010	70.91
	ラオス	2012	16.72		モザンビーク	2008	68.74
	バヌアツ	2010	15.36		リベリア	2007	68.64
	ネパール	2010	14.99		ギニアビサウ	2010	67.08
	フィリピン	2012	13.11		中央アフリカ	2008	66.26
ロシア・CIS諸国	タジキスタン	2014	19.51		ルワンダ	2013	60.43
	ジョージア	2014	9.77		レソト	2010	59.65
ラテンアメリカ・カリブ諸国	ハイチ	2012	53.91		トーゴ	2011	54.18
	ホンジュラス	2014	15.96		ナイジェリア	2009	53.47
	グアテマラ	2014	9.32		ベナン	2011	53.11
	ベネズエラ	2006	9.24		シエラレオネ	2011	52.33

注:ここで用いている貧困ラインは2011年における1人1日当たり1.9米ドル(物価の違いを購買力平価で調整した値)である。この貧困ライン以下で生活している人々の、全人口に対する割合が貧困者比率である。上に掲げたのは、国際比較可能な貧困者比率推計の得られる国の中で、地域別に同比率の高い国々である。貧困者比率の詳細については第2章を参照のこと。
出所:世界銀行の *World Development Indicators* データベース。(2016年10月)

　開発経済学とは、人々の生活水準を上げるために、さまざまな開発ニーズ(雇用、教育、環境、食糧、等々)に応じて開発途上国で行われる開発について研究する経済学の総称である。開発経済学という言葉は、英語のdevelopment economicsまたはeconomics of developmentからきている。英語の動詞developには、自動詞として「おのずから発展する」意味と、他動詞として「他に影響を与えて発展させる」意味とがある。日本語に当てはめた場合に前者は「発展」、後者は「開発」となるから、「開発経済学」という言葉は後者に対応することになる。前者に対応する「経済発展論」という言葉もあるが、上の議論からわかるように開発経済学と経済発展論はもともと同じものである。「開発経済学」という呼び名の方が、開発に携わる人々の能動的側面により合致しているので、近年、より高い頻度で用いられる傾向にある。

　では、開発経済学はこれまでどんな変遷をたどってきたのだろうか。それは現実の開発問題の進展とどのような連関をもっていたのだろうか。第1章では、開発経済学の現在と将来を見据えるために、開発経済学という経済学

の一分野がたどってきたこれまでの歴史を、途上国経済の環境の変化と対応させつつ振り返る。それは一言でいうならば開発経済学の膨張の過程である。

1.2. 開発経済学の定番：1940〜60年代

　第2次世界大戦後、世界の人々の目は戦後復興と経済開発へと向けられた。1945年には、国際社会の平和を維持する制度として国際連合、戦後復興・経済開発のための低利融資機関として世界銀行[1]、そして世界経済安定化のための機関として国際通貨基金（International Monetary Fund：以下IMFと略）がそれぞれ設置された。世界銀行とIMFの設立は、1944年にアメリカ・ニューハンプシャー州のブレトンウッズで開かれた会議で決定されたことから、戦後自由主義圏の世界経済システムがブレトンウッズ体制と呼ばれた。

　このような国際環境のもとで途上国の経済開発が進められる中、開発を成し遂げるための戦略が大いに議論された。この時期、「開発経済学の定番」と見なされる伝統的な理論が出そろい、その後の開発経済学の象徴的存在となった[2]。**人的資本**（シュルツ［Theodore W. Schultz］）、**余剰労働**（ルイス［W. Arthur Lewis］）、**貧困の罠**（ミュルダール［Gunnar Myrdal］）、**最小臨界努力**（ライベンスタイン［Harvey Leibenstein］）、**余剰はけ口**（ミン

---

[1] より正確にいえば、1945年設立の国際復興開発銀行（International Bank for Reconstruction and Development：略称IBRD）と、1960年設立の最貧国向け無利子融資機関である国際開発協会（International Development Association：略称IDA）を併せて、「世界銀行」と通称する。これら2機関に、関連機関である国際金融公社（International Finance Corporation：略称IFC）、多数国間投資保証機関（Multilateral Investment Guarantee Agency：略称MIGA）、国際投資紛争解決センター（International Centre for Settlement of Investment Disputes：略称ICSID）を併せたものが「世界銀行グループ」であり、これらすべての機関が世界銀行総裁の指揮・統括のもとで業務を遂行する。

[2] この頃の「開発経済学の定番」の理論の系譜を展望し回顧したものとして、Meier and Seers (1984)、Meier (1987) がある。

シュルツ（左）とルイス（右）が1979年のノーベル経済学賞を授与されたことにより、開発経済学は経済学の世界で認知されることとなった。

ト [Hla Myint]）などの用語に集約されたそれぞれの理論は、かっこの中に示したそれぞれの代表的提唱者の名前とともに記憶された。その後、1979年にシュルツとルイスが彼らの開発経済学に対する貢献によってノーベル経済学賞を授与されたことにより、開発経済学は経済学の世界で認知されることとなった[3]。それもあって開発経済学といえば、シュルツ、ルイスおよび上に挙げた彼らの同時代人の理論を指すものと考えられた時期がある。

当時の開発経済学における理論は、必ずしも経済主体（消費者、生産者）の最適化行動（効用最大化、利潤最大化等）を前提としたものではなかったり、その概念が完結した一般均衡モデルで記述されないことが多かった。しかし、それらの理論によって提示された概念は洞察に富んだものであり、経済発展を分析する人々に新しい分析の切り口を与えた。

また実際に1950～60年代には、これら主要概念に触発された多くの開発途上国が国を挙げての経済開発に取り組んだ。5年ごとの経済運営に関する国

---

[3] ミュルダールも1974年にノーベル経済学賞を受賞したが、それは開発経済学への貢献に対して与えられたのではなかった。

家目標とその目標達成への道筋を示す経済計画が策定され、それに基づいて大規模なプロジェクトが実施された。その代表例がインドである。公企業中心の重工業化を急速に進めたインドの5か年計画は、マハラノビスの手による綿密な経済成長モデルによって裏づけられていたため、開発経済学者の関心を集めた（石川 1963；絵所 2002）。この時期の開発計画で想定されていた方針を開発経済学の定番概念を用いていうならば、余剰労働力を活用し、政府主導で主要産業に最小臨界努力水準を超える投資を物的資本および人的資本に対して行うことで貧困の罠から脱却することが試みられた、とまとめられよう。

　この時期の開発政策の特徴が2点挙げられる。1つは政府が中心となって開発を行ったことである。もう1点は、植民地支配から脱出した直後に外国からの影響を断ち切りたいという途上国国民の思いが、**輸入代替工業化**（import substitution industrialization）政策につながったことである。輸入代替工業化政策とは、輸入品を輸入数量制限や高関税で排除し、国産品で置き換えて国内生産を上げようとする政策であり、製品の市場として国内市場を想定していたところに大きな特徴がある。所得が低いうちは国内市場は小さいので、輸入代替工業化政策は、実は狭い市場をターゲットにした成長戦略だったことが後に明らかになる。

1.3. 輸出指向工業化と国際経済学：1970年代

　残念ながらこの政府主導の輸入代替工業化政策は途上国に大きな成果をもたらさなかった。1960〜70年代に目覚ましい経済発展を遂げたのは民間企業の活力を生かし輸出を拡大することによって海外に進出していった日本、韓国、台湾、香港、シンガポールといった国・地域であった。このように輸出をてこにした工業化は**輸出指向工業化**（export oriented industrialization）と呼ばれた。ところが上述のような開発経済学の定番概念では輸出指向工業化が成功した理由を説明することができなかった[4]。

　むしろ輸出指向工業化を正当化したのは、ミクロ経済学の教科書に登場す

る**厚生経済学の基本定理**であった。これによれば、**市場の失敗**と呼ばれる結果を招来するような条件が適用されなければ、市場均衡が最適な資源配分を達成し、政府介入はそれを撹乱するだけである。日本および東アジア経済の輸出指向工業化のプロセスは、政府が輸入代替工業化期に輸入代替産業に与えた保護を取り除いた（あるいは輸出産業にも同等の保護を与えることにより中立化した）結果であると解釈され、政府の手による資源配分よりも市場メカニズムを通じた資源配分に信頼が置かれることとなった。

輸出指向工業化を分析するための用具として1970～80年代に用いられたのは国際貿易論であった。輸入代替工業化期に輸入代替産業を保護するために重用された政策手段は関税であり、輸出指向工業化期に採られた政策手段は輸出品生産向け輸入投入財の関税減免や生産・輸出補助金であった。これら関税、補助金等に関する分析は国際貿易論が得意とするところであった。具体的には有効保護率（effective protection rate）、国内資源費用（domestic resource costs）といった概念が途上国経済に応用され、複雑に入り組んだ関税・補助金体系が、付加価値創出という意味ではどの産業を利しているのか、ということが関税表、産業連関表を組み合わせることによって分析された（Balassa and Associates 1982；Krueger 1984）。

他方、1970年代末に生じた第2次石油ショックは、非産油開発途上国における債務危機を招いた。韓国や中南米のいくつかの国々など、当時「中進国」とみなされていた国々も大きな影響を受けたので、累積債務問題は開発経済学者に深刻に受け止められ、この問題を分析するためのツールとして国際金融論の知識が動員されるようになった。

こうして国際貿易論、国際金融論の一部は開発経済学の中の必須の項目とみなされるようになっていった。また場合によっては開発経済学が国際経済学の一分野とみなされることもあった。開発経済学は、この時期に生じた開

---

[4] ミントの余剰はけ口論は、輸出需要がそれまで利用されていなかった資源の活用に寄与するというもので、輸出の経済発展に与える役割を強調したものであったが、後述のように、輸出指向工業化成功の理由は、政府の介入を排し、市場メカニズムを重視したことに求められることが多かった。

発途上国での新しい展開や問題を分析するために、それまでは開発経済学とみなされていなかった分野の経済学を自身のうちに組み込み、みずからを新しく定義しなおしたのである。

1.4. 構造調整の時代：1980年代

1980年代に入ると、貿易収支の赤字が継続し、累積債務の支払いに困難を来した多くの途上国に対して、世界銀行は債務支払いを助けるための新たな形態の援助[5]として**構造調整貸付**（Structural Adjustment Lending）を開始した。これ以前の援助の基本形態は**プロジェクト援助**と呼ばれ、必要と考えられる灌漑、発電等のプロジェクトを特定してからそれに要する額を援助するものであった。これに対し構造調整貸付は、純粋に債務支払いを助けるための援助なので、資金の使い道が以前に借りた金の返済でしかなく、新しく借りた資金の返済計画が立たない。そこで、その返済を確実にするために貸し手が借り手の途上国の経済政策に関して条件（**コンディショナリティー**と呼ばれた）を付けたり意見を述べたりした。構造調整貸付に対応した途上国政府の経済改革の試み全体を**構造調整**と呼ぶ（石川 1994）。

構造調整貸付のコンディショナリティーは、市場の調整機能を重視する伝統的な新古典派経済学の強い影響下に策定された。国によって違いはあるが、一般にマクロ政策としては財政均衡、金利自由化・引き上げ、為替切り下げが、ミクロ政策としては公企業の廃止・合理化、流通や価格規制の自由化、民営化や投資規制の緩和などの措置がとられた。

---

[5] 援助といっても、その額が多額に上る場合には贈与ではなく、利子率が低く返済期間が長い借款として行われることが多い。多額の資金を調達するためには税金のみならず援助国の金融機関の融資も活用せざるをえない。融資で得た資金は後に返済しなければいけないので贈与するわけにはいかない。また、国際資本市場で長期貸付を調達するだけの信用のない低所得国にとっては、多額の資金を有利な条件で借りられる「借款」は、まさしく「援助」としての効果をもつし、貸付者である先進国が途上国の返済能力を高めるように継続的に支援することにつながる側面もある。

財政均衡に関しては、そもそもの累積債務問題深刻化の一因となった、政府の税収基盤の弱さをどう克服すべきかが鍵となった。税収基盤が弱いので税金を取りやすいところから取ろうとすると、物の出入りを押さえやすい港や空港で関税として徴収するということになり、高関税が価格体系を歪め、効率的な資源配分を損ねることになる。複雑な税体系は官僚の裁量の余地を増やし汚職を生み出す要因ともなる。これらの問題を解決するために、世界銀行は**付加価値税**（Value Added Tax：VATと略される）のように単純で経済成長に比例して増加する税制の導入を提案した。

　また、政府財政が恒常的に赤字となるもう1つの要因は、輸入代替工業化期以来、多くの公企業が設立されたうえ、ほとんどの場合その経営が放漫で、公企業の赤字補填を政府が行ったことであった。このため民営化を含む公企業改革が世界銀行から提起された。

　このような構造調整期の財政再建への提言には財政学が活躍した。財政学はそれまで開発経済学の一部として位置づけられたことはなかった。しかし、1980年代から今日までの多くの開発途上国の経済改革を財政再建抜きで語ることはできない。それが政府と民間ひいてはNGOとの関係を大きく変えたからである。しかし現在でも開発経済学の教科書で構造調整の財政学的側面に触れられることはほとんどない[6]。70年代に輸出指向工業化を説明するために国際経済学の一部が開発経済学に組み込まれたが、80年代の構造調整のために必要な財政学は、それまでの開発経済学に似ても似つかぬものだったので、開発経済学に組み入れようがなかった。換言するならば、途上国の開発にかかわる経済学の分野はこの時点で開発経済学者の手の届かないと

---

[6] 海外で出版された開発経済学の基本的教科書であるRay（1998）およびBardhan and Udry（1999）でも、構造調整の財政学的な側面にはほとんど触れられていない。開発に関するあらゆる側面を網羅しているNorth Holland社の *Handbook of Development Economics* は、2010年までに全5巻、発行されているが、税制に関する章が1つ（Ahmad and Stern 1989）、構造調整の国内・国際金融面に関する章が1つ（Corbo and Fischer 1995）設けられているにすぎない。持続可能な開発目標（SDGs）のための資金調達を目的とした国連会議Financing for Development（2015年7月、エチオピア・アディスアベバ開催）では、開発途上国内の徴税システムの改善によって、より多くの国内資源を動員することが求められた（United Nations 2015）。

ころにまで膨張してしまったのである。

1.5. 膨張する開発経済学

　1980年代における開発経済学の膨張は財政学の方向のみに留まらなかった。第1の大きな流れは、経済制度の**ゲーム理論**による分析である。途上国においては、初級のミクロ経済学の教科書で教えられるような競争的な市場取引とは様相を異にする取引形態が頻繁に観察される。農村部で見られる例としては、地主が小作に定額現金地代ではなく定率の現物地代を課す分益小作制度や、地主が小作・労働者の労働力を農業経営に利用するだけでなく、彼らの生活が困窮したときには資金を貸し与えたりする長期的関係などが挙げられる。これらの制度は途上国農村の遅れた側面を示しており、経済開発が進むにつれて自動的に消滅するものと当初はみなされていたが、そのような移行は現実にはスムーズに生じなかった。それぞれの制度にはそれを機能させるための契約枠組み（契約参加者の契約履行のインセンティブ、リスクへの対処法など）があり、制度が変わるということはそれが根本的に変わるということである。契約のルール、およびそれによって規定される契約履行のインセンティブ、契約当事者たちのもつ情報といった事柄の分析はゲーム理論が得意とするところなので、途上国農村におけるこれらの制度の経済分析にゲーム理論が大いに応用されるようになった[7]。

　社会主義経済から市場経済への体制移行問題は、ゲーム理論に基づく経済制度分析の応用範囲をさらに広げた。1991年末のソ連崩壊とその後の東欧諸国や独立国家共同体（Commonwealth of Independent States：略称 CIS）諸

---

[7] 前注で示したハンドブックには農村の制度・組織の経済分析に関する展望論文も多く含まれ、1980年代までの研究に関してはスティグリッツやベルによる第1巻所収の章が詳しい（Stiglitz 1988；Bell 1988）。また、このテーマについて簡単に紹介したものとして黒崎（2000）も参照。前注のハンドブックのうち、2007年刊の第4巻に含まれる16章にいたっては、プログラム評価（本書の第3章を参照）を扱った4つの章以外の章はすべて、何らかの形で農村の制度・組織に関して詳しく議論している。

アマルティア・セン(左)は1998年、アンガス・ディートン(右)は2015年にノーベル経済学賞を受賞したが、途上国の個人や家計を対象としたミクロ経済学的実証分析による貢献が彼らの受賞理由に含まれている。
(Amartya Sen: Photo by Elke Wetzig, 2007. Licensed under the Creative Commons Attribution-Share Alike 3.0 Unported, 2.5 Generic, 2.0 Generic and 1.0 Generic license./ Angus Deaton: Photo by Holger Motzkau, 2015. Licensed under the Creative Commons Attribution-Share Alike 3.0 Unported license.)

国の体制移行、中国やベトナムなどアジアの社会主義諸国における市場経済化の試みなどが同じ時期に加速しつつ進行している。体制移行に伴う大きな制度変更の場合、契約のルールや契約履行のインセンティブ、情報の非対称性といった観点がきわめて重要になる。これらの観点からの分析はゲーム理論の得意分野であるため、移行経済の制度分析がゲーム理論を用いて進展している[8]。旧社会主義国のみならず、どの途上国でも(それに実は先進国でも)公企業の民営化の際には同様の制度変化を伴う。このようにゲーム理論の途上国における応用範囲は非常に広い。

　ゲーム理論も取り入れてミクロ経済学的な基礎を強めた途上国経済分析の潮流は、世紀の変わり目を経て、途上国のミクロデータを用いたミクロ計量経済学的実証分析(第3章参照)と結びつき、さらに強まっている。開発経

---

[8] ゲーム理論を元にした経済発展分析の例としては Aoki et al. (1996) がある。

済学関係では1998年にアマルティア・セン、2015年にアンガス・ディートンがノーベル経済学賞を受賞しているが、どちらも途上国の個人や家計を対象としたミクロ実証分析による貢献がその受賞理由に含まれている。

　第2の大きな流れはマクロ経済分析から生じた。1980年代半ばから次々に新しい経済成長モデルが開発され、それらのうちのいくつかは**内生経済成長理論**（endogenous growth theory）と呼ばれた[9]。1960年代に新古典派経済成長理論が発展したが、その論理的帰結が「長期の1人当たり経済成長率は経済政策の影響を受けない」ということであったため、新古典派経済成長理論は開発戦略に対する豊かな含意をもたなかった。これに対し、新しい経済成長理論は、規模の経済や不完全競争、外部性等を導入することによって1940～50年代の開発経済学の創始者たちのアイデアをモデル化することに成功した。具体的には、貧困の罠、ビッグ・プッシュ、技術革新、技術移転、人的資本蓄積等のミクロ的メカニズムを数理モデルとして記述することによって、1人当たり経済成長に対する経済政策の長期的影響を分析することが可能になった。それゆえ、これら新しい経済成長理論を用いて開発戦略を議論する試みがなされた。

　経済成長の実証研究に関しては、近年、さらに多くの要因が考慮されるようになっている。数世紀にわたるような長期の成長において制度や地理的要因が果たす役割について、経済史家が使ってきたデータを用いた実証研究が試みられ（Acemoglu et al. 2001, 2002；Banerjee and Iyer 2005 などを参照）、紛争や内戦の経済成長への影響に関して、政治学者との共同研究による実証研究が進み（Blattman and Miguel 2010；Fisman and Miguel 2008；Collier 2007などを参照）、自然災害と経済成長の関連を自然科学者とコラボレーションして明らかにする実証研究も行われている（Sawada et al. 2011；Cavallo et al. 2013などを参照）。

---

[9] 新しい経済成長理論の入門書としては Jones (1998)、Weil (2005) がある。内生経済成長理論の日本語でのサーベイとしては柴田 (1993)、山形 (1996) がある。包括的な専門書としては Acemoglu (2009) がある。経済成長理論を応用した国別事例研究として、Rodrik ed. (2003) を薦めたい。

冒頭で述べたように開発経済学を「開発を分析するための経済学」と定義するならば、開発経済学には、伝統的な開発経済学の守備範囲（農業、労働、工業、人口、所得分配等々）のみならず、国際貿易論、国際金融論、財政学、ゲーム理論、経済成長論等も含まれることになる。伝統的な開発経済学の枠に入らない経済学の分野を開発経済学とみなさないという立場もあろう。しかし、それは建設的とは思えない。ゲーム理論、成長理論、経済地理学、行動経済学など経済学の新しい分野から、途上国の開発に関する興味深い含意や解釈が引き出されているのであれば、それらを活用しない手はない。膨張しつづける領域をカバーする困難はあったとしても、ミクロ経済学という応用範囲の広い方法論を用いて、開発途上国の開発という難題に挑戦しなければならない。

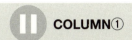

N村の15年：タイ

　1997年にアジア通貨危機はタイから始まった。それによって1980年代後半からのタイの経済成長が台なしになったかのような話をする人もいた。また、首都のバンコクばかりが成長し、地方はまったく発展していない、と言う人もいた。

　しかし実際には地方もそこそこの発展をしている。私は1986年にタイ東北部ヤソートーン県のN村の農家のB氏宅に2週間ホームステイをした。その後、2001年に同氏宅を再訪し、この15年間の農村の変化を目の当たりにしたので、その変化を記してみたい。

　N村は地方都市を結ぶ舗装されたバス通りの停留所から歩いて15分ほど外れた場所に位置する。バンコクから飛行機で1時間、その後バスで4時間ほどの距離である。

　初対面の際、B氏は52歳で、農作業の傍ら村の警察官役も担っていた。家は1階が土間で、2階には居間と寝室がある。居間の東側と南側の上半分には壁がなく、外に向かって開け放たれている。私はB氏と一緒にその居間に蚊帳を張って寝た。家に電気はきていたが、家電製品はなかった。教師をしている隣家のS氏は冷蔵庫とテレビをもっていた。冷蔵庫のブリキ缶の中の冷水が一番のもてなしだった。暑い盛りのお昼過ぎには男たちがS氏のテレビを占拠し、キック・ボクシングを見て騒いだ。

　B氏宅に面した道は赤土だった。村に電話はなかった。庶民の足はバイクや自転車だった。自転車にはブレーキがなかったりサドルがなかったりしたが、それでも用は足りた。寺は隣村にしかなかった。

　15年後、懐かしいB氏宅の前の道路は舗装されていた。1階の土間はコンクリートが塗られていた。そのうえにはステレオとテレビがあった。コンクリートのうえにござを敷いてテレビを見た。2階はほとんど変わっていなかった。しかし、以前はなかったベッドに寝かされた。

　B氏はバイクで転んで下半身をやられ、よぼよぼ歩いていた。15年の間に村の多くの人が死んでいた。S氏も事故で死んだ。老人ばかりでなく壮年もかなり死んでいた。

　村には念願の寺が建っていた。生臭坊主が2人いて、1人は音楽をかけながら軽トラックを洗っていた。もう1人は涼みながら私に酒を勧めた。郡庁所在地には清潔な病院が建っていて、私が帰る前日にB夫人が腹痛でそこに入院した。

　村に電話が1つ引かれていた。私の訪問を聞き、1986年当時11歳だったB氏の次女が嫁ぎ先から電話をかけてきた。昔は無口だった彼女の快活さに圧倒されて、何を話したのかほとんど覚えていない。

（山形辰史）

第2章 1人当たり所得と貧困・不平等

　開発という取り組みが人々をより幸せにしたか、不幸にしたかという問題は、開発に携わる人々が常に心に留め置かなくてはならない根元的な問いである。この問いかけが忘れられたとき、受益者となるべき人々の利益を無視した開発が行われてしまうのであろう。しかし実際問題として、ある人が以前より幸せになったかを誰かが判断したいと思ったら、どんな指標が頼りになるのだろうか。また、ある人と他の人の幸せの度合いを比べたいと思ったらどんな指標を用いればいいのであろうか。そしてそのような指標を用いて、ある国の経済発展や政策介入が人々をどれだけ幸せにしたのか分析するには、どうすればよいであろうか。

　本章と次章では、これらの問題について考える。開発の成果の測り方に関しては、近年、さまざまな改善がなされてきた。その最新の手法については次章に委ね、本章ではまず1人当たり所得を用いてある国の開発の成果を測るというアプローチと、そこからこぼれ落ちるものについて、貧困・不平等指標に焦点を当てて紹介する。

2.1. なぜ1人当たり所得か？

　人は金持ちになったからといって幸せになれるわけではない。これはテレ

ビや映画で幾度となく繰り返されるテーマである。しかし人々の幸せ（経済学では厚生[1][welfare] と言い換えられている）を測るための最も基礎的な指標は、1人当たり所得であると考えられている。この指標の欠点は後で述べるとして、以下ではまず、なぜ1人当たり所得がいまでも開発の成果を測る基礎的な指標として用いられているのかについて説明しよう。

　国民所得が国民総生産、国民総支出と等しいことは国民所得の三面等価として知られている。ある国の国民は「コメ」と「衣服」という2種類の消費から厚生を得ると仮定しよう[2]。所得と支出が等しいということは以下の式で表される。

$$p_1 q_1 + p_2 q_2 = y \qquad (2\text{-}1)$$

　p_1, p_2 はそれぞれコメと衣服の価格で、q_1, q_2 はコメと衣服の消費量である。つまり(2-1)式は、所得 y がコメへの支出 $p_1 q_1$ と衣服への支出 $p_2 q_2$ に費やされることを示している。

　図2-1の A 点はある人の今年のコメと衣服の選択を表している。この人の所得 y で消費可能なコメと衣服の組み合わせは、A 点を通る予算制約（budget constraint）線と縦軸、横軸に囲まれた直角三角形の内側のすべてである。この予算制約線の傾きからマイナス記号を取り除いた p_1/p_2 は相対価格と呼ばれ、この経済における人々全体の衣服に対するコメの相対的な価値観（経済学では選好ないしは嗜好 [preference] と言い換えられている）と、それぞれを供給するための技術的条件などによって決定される。例えば人々がコメをより好めば傾きはきつくなり、衣服を好めば傾きは緩くなる。

　この人の昨年のコメと衣服の選択が B 点で表されたとしよう。この場合、今年に関して言えば、A 点の選択は B 点の選択に比べてより好まれていることがわかる。というのは B 点は今年の予算制約線の内側にあるので、今年の所得 y と相対価格 p_1/p_2 のもとで購入可能だったにもかかわらず、選択

---

[1] 本書ではこれをしばしば「福祉」や「生活水準」と言い換えているが、同じ意味で用いている。

[2] これは単純化の仮定である。財・サービスの数を増やしても以下の議論の結論は同じである。

図2-1 「コメ」・「衣服」の選択と実質所得

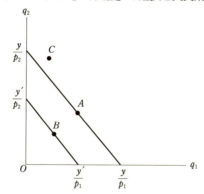

されたのは B 点ではなく A 点だったからである[3]。そして B 点が予算制約線の内側にあるということは、今年の価格で測った昨年の実質所得 y'/p_1 および y'/p_2）が今年の実質所得（y/p_1 および y/p_2）より低いということとまったく同じことである。つまり、**消費可能性**（図2-1の直角三角形）の大きさを示す実質所得の高低によって、A 点、B 点の優劣を決めることができる。消費可能性とは、経済取引によって実現される人々の活動の範囲、すなわち財・サービスの消費に関する実質的自由の大きさと言い換えてもよい[4]。実質所得が増加することによって人々の選択の範囲が広がるということは、彼らにとって望ましいと結論づけられるのである。

実質所得が高いか低いかという評価基準は、ある個人や国のさまざまな時点での選択を比較する場合だけでなく、ある時点での異なった経済主体の選択を比較する場合にも用いられる。近年しばしば行われているのは、異なった国の間の経済厚生水準を比較するために、ある1つの国のあらゆる財・サービスの価格を基準としてとり、それらの価格を用いて、他の国の対応する

---

[3] このような論理で、実際に人々が選択した結果から彼らの選好を導出する理論を顕示選好理論という。原典は Samuelson（1948）、詳しい解説としては Varian（1992）等を参照のこと。
[4] 経済開発の本源的目的を人々の実質的自由の拡大と見る考え方については Sen（1999）を参照のこと。

財・サービスの消費数量を評価する方法で、このような方法で算出された国内総生産（GDP）は**購買力平価GDP**と呼ばれる（Summers and Heston 1991）[5]。

相対価格の基準国は便宜的に米国とされるケースが多いが、経済によって相対価格が異なる場合には、どの基準価格を用いるかによって実質所得の順位が異なる可能性があることに注意する必要がある。図2-1の点Cは、点Aを通る相対価格で評価すれば点Aを上回る実質所得と評価されるが、コメの価格がもっと高い（したがって予算制約式の傾きがもっと急な）相対価格で評価すれば点Aを下回る実質所得となりうるのである。

2.2. 1人当たり所得からこぼれ落ちるもの

しかし現在算出されている1人当たり所得（＝1人当たり支出）には重大な問題点がある。その第1は、金銭を用いて取引されない財・サービスが1人当たり支出に算入されない傾向があることである。上記のように、支出を総合する際の評価として市場価格を用いるのは、生産者と消費者の間で取引が成立する以上、市場価格は消費者が最大限払ってもよいと思う額（willingness to pay）より低く、生産者の生産コストよりは高いという意味で、消費者と生産者の価値付けの中間をとったものと解釈しうるからである。

幸せの程度を測ろうとするならば、1人当たり支出には、人々が享受した財・サービスのすべてが算入されて（損害を被った場合にはそれが差し引かれて）いることが望ましい。しかし現実には、経済取引を介さずに人々が享受したり損害を被ったりすることがたくさんある。

それらのうちの第1は、自分で消費するために財やサービスを生産する場

---

[5] このデータはUniversity of Pennsylvaniaの研究者が中心となって構築されたので、ペン・ワールド・テーブル（Penn World Table）と呼ばれており、現在は、オランダのフローニンゲン大学のウェブで改訂版が公開されている（http://www.rug.nl/research/ggdc/data/pwt/）。

合で、自給部分に関しては市場価格がデータとしては得られない。この中で農家の自家消費や持ち家の自己使用に関しては、国民経済計算（一国の所得・支出の推計をこう呼ぶ）の計算においても、市場での農産物取引価格、同等の住宅の家賃を用いることで修正が施されている。このような修正を帰属計算（imputation）[6]と呼ぶ。しかし帰属計算を厳密に適用しようと思えば、例えば家事をすべて自分から自分へのサービス提供として1人当たり支出に算入しなければいけないが、このような修正を完璧に行うのは不可能である。つまり現実のデータにはまだまだ多くの自家消費が拾い損ねられているのである。

第2の問題はより深刻である。利益を受けたり損害を被ったりしていながらその対価が支払われないような財・サービスの性質を外部性（市場の外部で利益を受けたり損害を被ったりするから）と呼ぶが、通常このような利益・損害は1人当たり支出には算入されない。この問題の典型が環境問題である。例えば、川の上流が汚染されることによってその川の下流に住む住民は迷惑を被るのであるが、上流で川を汚染した人に費用を請求する術をもたない、といった場合である。他にも地球温暖化等が同じ性質をもつ。これらの場合には、河川の汚染、二酸化炭素排出が負のサービスに当たる。外部性をもつ財・サービスの価格を推定するのが難しいことから、現在のところこれらの財・サービスは国民経済計算に含まれていない。しかし環境破壊を負のサービスとして計算に組み入れる試みがなされており、この試みによって算出された国民所得はグリーンGNPと呼ばれている[7]。

---

[6] 帰属計算の具体的例として、黒崎（2009）Box 1.1を参照のこと。
[7] この試みの要点は、市場価格がつかない財・サービス、例えばある種の生物の絶滅ということをどのように価値づけするかということである。価値の推定方法としては大きく分けて、需要曲線を推定する方法と供給曲線を推定する方法の2つがある。需要曲線を推定する場合には、アンケート調査などによって人々がその生物の保存のためにどのぐらい支払ってもよいと考えているか（willingness to pay）を調査する。供給曲線を推定する場合には、その生物の保護のためにかかる費用をもってその生物保存の価値とする。市場価格は需要曲線と供給曲線の間にあると考えられる（小島1997；森田 1994）。

2.3. 所得だけが生活水準を決めるわけではない

人々の厚生を測る指標としての1人当たり所得の第2の問題点は、それがさまざまな財・サービスの消費可能性を示すものであって、その可能性が必ずしも十分に実現されているとは限らないということである。高い生活水準を享受することに関して、所得以外にも種々の制約がありうる。図2−1に戻れば、同じ点Aを選択している場合でも、健康状態が悪くて下痢をしやすく病院へのアクセスもない人の厚生水準は、良好な健康状態のもとに点Aでのコメの消費をすべて栄養に変えることができる人よりも、著しく低いとみなすべきであろう。しかし実質所得で評価してしまえば両者は同じになってしまう。教育を受ける機会を奪われた者、性や出自に基づく差別に直面している者などもまた、所得上昇が金銭的に選択可能性を広げたところで、生活水準を十分に向上させることができないかもしれない。このような理由から、人々の厚生を測る際に、所得指標だけでなく人々の基礎的必要が結果として十分満たされているかどうかについても考慮に入れるべきであると考えられるようになった。

この点に関して重要な理論的貢献をしたのがアマルティア・センである (Sen 1985, 1999)。彼は、人の福祉を測る物差しとして、どのようなことができるか (doing) と、どのような状態でいられるか (being) からなる**機能** (functionings) という概念を提示し、ある人の厚生水準を、その人が利用可能なすべての機能の集合、すなわち**潜在能力** (capability) によって評価すべきであると主張した。彼の主張によれば、財・サービスの消費量で人の福祉を測ること自体誤りだということになる。つまり実質所得は福祉の直接的指標ではなく、それによって消費生活が豊かになりうるという、間接的な意義をもつに留まる。これに対し、教育や保健サービスを享受していること、性差別を受けずに社会参加できることなどは、それ自体が機能であるから、直接的な意味で人の厚生を向上させる。

センの潜在能力アプローチの影響下に誕生した指標が、国連開発計画 (United Nations Development Programme：以下UNDPと略) 編集の『人

間開発報告書』(*Human Development Report*) に発表されている**人間開発指数**（Human Development Index：以下 HDI と略）である。

　人間開発指数は、指数化した平均寿命、教育水準、1人当たり実質所得の幾何平均であり、これら構成要素は人間開発指標と総称されている。平均寿命は健康面での基礎的必要が満たされているかどうかを示す。1人当たり実質所得は前述のように、人々の金銭面での選択可能性を表している。教育水準（現在は成人平均就学年数と現時点の就学率のもとに期待される将来の平均就学年数を使用）は、1人当たり所得で必ずしも捉えられていない選択可能性の広がりを反映している[8]。1990年版から2009年版までは、3つの人間開発指標を3分の1でウェイト付けした単純な算術平均がHDIであったが、2010年度版からは、3つの人間開発指標を3分の1でべき乗し、掛け算するという幾何平均に手法が変更された。これにより、3つの人間開発指標の算術平均が同じ2国を比べた場合、3指標のバランスが悪い国の方がHDIが低くランクづけされることになった。

　表2-1に2015年版『人間開発報告書』から、HDIの上位5か国、日本、アジアの中のHDI下位5か国と世界全体のHDI下位5か国を抜粋して示した。HDIが世界で最も高い国はノルウェーである。HDIが2位のオーストラリアは、1人当たり所得においては世界19位であるが、教育指標の良さがこれを補って余りあったため、HDIでは大きく順位を上げた。日本は平均寿命が非常に長いのであるが、就学年数が十分に長くはないため、先進国の中では低くなりつつある所得のハンデを補えずに、HDIが世界20位となっている。他のHDI上位諸国はすべて先進国である。

　一方、アジアのHDI下位5か国は紛争国のアフガニスタン、東南アジアの旧社会主義国および南アジア諸国である。パキスタンは、表に示したアジア下位5か国の中で1人当たり所得が最も高いが、教育指標が悪いため

---

[8] それぞれの指数の計算方法も、異なる変数の集計方法も年によって違うが、基本的には、何らかの基準で選択した上限と下限の差を分母に、その国の達成水準と下限の差を分子にした0から1の間の指数が用いられる。詳しくは国連開発計画『人間開発報告書』各年版の Technical notes を参照いただきたい。

表2-1　人間開発指数(HDI)の上位国と下位国：2014年

順位 HDI	順位 所得	国名	HDI	平均寿命	期待就学年数	成人就学年数	1人当たり所得
1	6	ノルウェー	0.944	81.6	17.5	12.6	64,992
2	19	オーストラリア	0.935	82.4	20.2	13.0	42,261
3	9	スイス	0.930	83.0	15.8	12.8	56,431
4	15	デンマーク	0.923	80.2	18.7	12.7	44,025
5	14	オランダ	0.922	81.6	17.9	11.9	45,435
20	27	日本	0.891	83.5	15.3	11.5	36,927
143	150	カンボジア	0.555	68.4	10.9	4.4	2,949
145	161	ネパール	0.548	69.6	12.4	3.3	2,311
147	133	パキスタン	0.538	66.2	7.8	4.7	4,866
148	136	ミャンマー	0.536	65.9	8.6	4.1	4,608
171	164	アフガニスタン	0.465	60.4	9.3	3.2	1,885
181	165	シエラレオネ	0.413	50.9	8.6	3.1	1,780
182	182	ギニア	0.411	58.8	8.7	2.4	1,096
183	170	ブルキナファソ	0.402	58.7	7.8	1.4	1,591
184	185	ブルンジ	0.400	56.7	10.7	2.7	758
185	163	チャド	0.392	51.6	7.4	1.9	2,085

注：本表に指標を掲げた国は(1)HDIの上位5か国、(2)日本、(3)アジアのHDI下位5か国、(4)世界のHDI下位5か国である。世界のHDI下位5か国はすべてアフリカの国であった。期待就学年数、成人就学年数の推計方法はUNDP（2015）参照。1人当たり所得の単位はUSドルである。この国民所得は国内総生産（2011年購買力平価評価）による（以下の図も同じ）。
出所：UNDP（2015）、*HDR 2015*のデータより筆者作成

　HDIが低位になっている。世界の中でHDIが最も低い5か国はすべてサハラ以南アフリカに位置し、かつ紛争に直面している国が多い。

　HDIの本来の意義は、生活水準に直接・間接に影響する所得以外の要因を重視することにあり、HDIを構成する3つの指数の計算方法、および3指数の平均を取ってHDIとすることの2点については経済学的裏づけがほとんどない（Srinivasan 1994；Sagar and Najam 1998）。したがって、HDI作成に強い影響を与えたセン自身が『人間開発報告書』1999年版の序文において注意しているように、集計されたHDIだけではなく、それを構成している各指数を別個に吟味することが有益である。図2-2はその一例として、途上国全体の平均HDIにも近く、同一のHDIの値となっている南アフリカとベトナムの2014年におけるHDIとその構成諸指標を比較したものである。同じHDIであっても、両国の人間開発のパターンはまったく異なる。南アフリカは所得と教育が良好だが、平均寿命が突出して悪く、ベトナムは

図2-2 HDIとそれを構成する諸変数：南アフリカとベトナム（2014年）

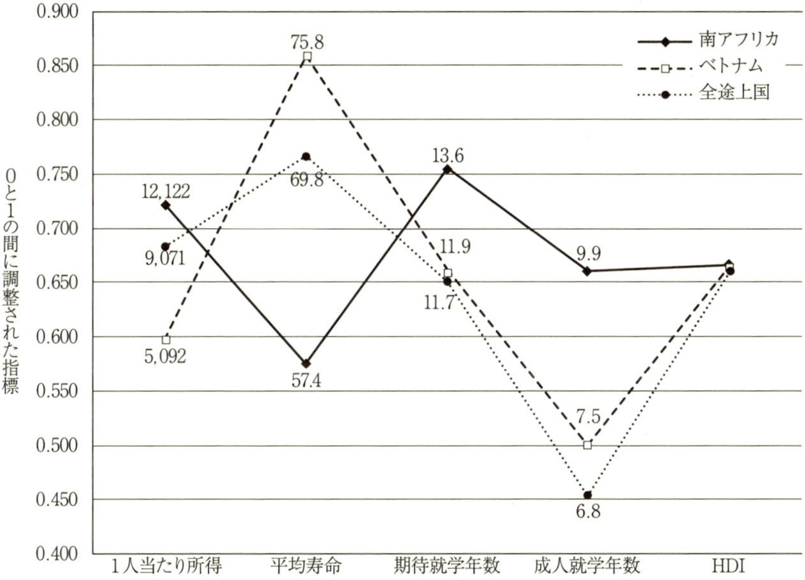

注：HDIを構成する4つの指標の折れ線に示した値は、実数である。縦軸は、そこからHDIを計算するために調整された指標で、2015年のHDI計算式に基づき、所得以外は、（実数−下限）/（上限−下限）、所得は、（ln（実数）−ln（下限））/（ln（上限）−ln（下限））で計算した。HDIの値は、南アフリカとベトナムが0.666、全途上国平均が0.660である。
出所：UNDP（2015）、*HDR 2015*のデータより筆者作成

平均寿命が良好で、教育は途上国平均並みだが、所得水準が低い。平均寿命の差の背後には、南アフリカにおけるエイズの影響と、途上国としては整っているベトナムの医療保健制度が存在する。

2.4. 平等な社会かどうか

1人当たり所得の第3の問題点は、それがある国の国民等、1つのグループの人々を対象として算出されるとき、グループ内の所得分配がどの程度平等であるかをまったく反映しないことである。具体的には社会階層間の大きな所得分配の不平等や、男女間の不平等が大きな問題となりうる。1人当た

り所得が高くとも所得分配が不平等であれば、その経済の発展は不十分だと考える向きもあろう。また、不平等は所得だけではなく、健康や教育の面でも問題となる。HDI構成指標の1つである成人就学年数が等しく8年の途上国が2つあるとしよう。A国は、全成人が6年の初等教育を終え、その3分の1がさらに6年の中等教育を終え、高等教育修了者は無視できるくらい少ない。他方B国は、同じ平均8年だが、全成人の8分の1はまったく教育を受けておらず、2分の1が6年の初等教育修了、4分の1がプラス6年の中等教育、8分の1がプラス4年の高等教育である。同じ8年の平均でも、A国の教育達成度合いはB国よりもはるかに平等である。

　分配の不平等の指標としてよく使われるのが**ジニ係数**である。所得分配を例にとると、所得の低い人から高い人に全人口を並べて、横軸に所得水準ごとの人口の累積度数、縦軸に所得の累積度数を取ると、完全に平等な場合を右上がりの45度線として、その下に弓形の領域が現われる。この領域が45度線の下の直角二等辺三角形の何%を占めるかが、ジニ係数の直感的意味である。ジニ係数はわかりやすいという利点があるが、全人口をグループ分けしてそれぞれに不平等を分解することが容易でないなどの欠点を持つ。この点でより優れた指標がアトキンソンの不平等指標や、対数分散などである（Foster and Sen 1997；Atkinson and Bourguignon 2000）。これらの不平等指標は、分布全体の散らばりの大きさを反映する。

　他方、近年問題になっているのが、トップ1％とかトップ5％といった所得の最上位層への所得集中である（Atkinson et al. 2011；Piketty 2013）。家計調査（次章参照）では通常、このような最富裕層があまりサンプルに含まれないため、家計調査データから計算されたジニ係数などでは最上位層への所得集中を正確に把握することが難しい。そこで、ピケティらの研究では所得税データを用いて、トップ1％やトップ5％の上位者がその国に占める所得比率という不平等指標を推計し、アメリカなど先進国でこの層への富の集中が進んでいることを示している。ピケティらは同様の指標をインドや中国などの途上国についても推計しているが、所得税の捕捉率の低さに由来する大きな誤差に注意が必要である。

　『人間開発報告書』においてはそこで、分配の不平等を考慮した修正版

HDIが作成・公表されてきた。代表的なのが、HDIと同じ4つの指標を集計するが、その値に（1－アトキンソン不平等指標）という乗数をかけてから、HDIとして集計する「不平等調整済み人間開発指数」（Inequality-Adjusted Human Development Index）である。アトキンソン不平等指標は、完全に平等な場合ゼロ、完全に不平等な場合に1となる指標なので、HDIが同じ値の2国において、国民の間の所得格差、平均寿命の格差、教育水準の格差が大きい国では、不平等調整済み人間開発指数が格差の小さい国よりも低くなるというわけである。

　男女間の不平等については、1995年の『人間開発報告書』が、その程度を調整した開発指標を発表し、現在まで継続して作成されている。これは、開発途上国を含む一般的な経済開発のプロセスにおいて女性の立場が軽んぜられる傾向のあることが実証的にも長く問題視されてきたし（Drèze and Sen 1989, Sen 1999）、性差別が人々の選択の幅を歪めることを通じて生活水準を押し下げることの理論的分析も進んだためである（Sen 1985, 1999）。2015年版『人間開発報告書』には、ジェンダー開発指数（Gender Development Index）とジェンダー不平等指数（Gender Inequality Index）の2つが掲載されている。ジェンダー開発指数は、HDIを構成する4指標を男女別に計算して、男女別のHDIに集計したうえで、女性HDIを男性HDIで割った値である。男女間の不平等が存在しなければ、あるいは男女それぞれでプラスとマイナスが相殺し合えば、1の値となる。2014年の途上国平均は、0.899だが、地域別には南アジアが最悪で、この値が0.801となっている。ジェンダー不平等指数は、妊産婦死亡率、10代女性の出生率、国会での女性比率、男女別中等教育・高等教育就学率、女性の労働参加率を集計し、女性がどれだけ不利な立場にあるかを示す指数である。女性の不利さが存在しなければ0の値となる。2014年の途上国平均は、0.478だが、地域別にはサハラ以南アフリカが最悪で、この値が0.575となっている。

2.5. 貧困指標

　所得水準と不平等度の両方に密接に関連しているのが貧困指標である。2.1.節で説明したように、1人当たりの所得ないし消費支出の水準は、予算制約という面から財・サービスをどれだけ消費できるかを示す。この値がある一定の水準（**貧困ライン**と呼ばれる）を下回った場合、最低限の消費生活を送る余裕がなくなるから、そのような状態を、所得貧困ないし消費貧困と定義する。分配全体の不平等度を評価するジニ係数や、上位に焦点を当てたトップ1％（5％）所得比率といった不平等の諸指標とは対照的に、所得分配の下位に着目して国民の所得や消費の水準を集計するのが貧困指標である（黒崎 2009）。

　貧困ラインは、途上国では通常、絶対的水準で定義され、先進国では通常、相対的水準で定義される。相対的貧困ラインでよく用いられるのは、全国民の中位者の所得（中位点所得）の半分を貧困ラインと設定し、これを下回る者が貧困層と分類されるアプローチである。その国の1人当たり実質所得が上昇し、全国民の間で所得の相対的不平等度がまったく変化しなければ、この相対的貧困ラインを下回る人口にも変化はないため、貧困指標はまったく反応しない。これが「相対的」貧困の概念である。

　途上国の場合、ある国の1人当たり実質所得が上昇し、全国民の間で所得の相対的不平等度が変化しなければ、貧困は減少していると考えるべきではなかろうか。この概念に対応するのが、絶対的貧困ラインである。絶対的貧困ラインに基づく分析では、相対的不平等に変化のないまま1人当たり所得が上昇すれば、貧困指標は必ず減少する（より厳密に言えば、貧困が増加することはない）。

　他方、ある国の1人当たり実質所得に変化がなく、低所得者層の所得が相対的に高所得者層よりも減少すれば、相対的貧困ラインに基づく分析でも、絶対的貧困ラインに基づく分析でも、貧困指標の値は上昇する（より厳密に言えば、貧困が減少することはない）。したがって貧困は不平等の問題とも関連している。

途上国の文脈で、実際にある地域や階層、あるいは国家間の貧困比較を行おうとするならば、2つの理論的問題に直面する。第1が絶対的貧困ラインの特定、第2が個票データの貧困指標への集計である（Sen 1981；山崎 1998；黒崎 2009；Ravallion 2016）。

まず、絶対的貧困ライン、すなわち最低限の消費生活を送る余裕がなくなる所得水準をどのように決めればよいであろうか。1つの考え方は、最低限の消費生活に相当する典型的な財・サービスの組み合わせを定めて、それらを購入するのにかかる合計の費用を計算することである。この方法はベーシック・ニーズ費用法と呼ばれる。しかしミクロ経済学的に考えると、個々の消費者の嗜好が異なるにもかかわらず共通のベーシック・ニーズを定めることには無理がある。そこで、嗜好の違いによらず必要なベーシック・ニーズとして食料エネルギー消費量のみに着目し、保健衛生学的に成人が必要とするエネルギー消費が平均的に実現されるような所得（ないし総消費支出）の水準を、家計データから計量経済学的に推定する手法がしばしば用いられる。これは食料エネルギー摂取法と呼ばれる。ただし、個々の消費者が必要とするエネルギー消費量も体格や健康状態、労働条件などに応じて異なっているから、この方法にも問題は残る。このように、どちらの方法を採ったとしても、貧困ラインの設定には常に問題が伴うことを理解する必要がある。

前章で紹介した世界銀行の貧困推計は、2011年の1人1日1.9米ドルを貧困ラインとしたものである。このような各国比較では、物価の国際的な違いを調整するために、実際の為替レートではなく購買力平価に基づいた為替レートを用いて、各家計の「購買力平価で測った所得（あるいは支出）」を推計する。この値が1.9ドルを下回る家計を貧困層に分類したのが表1-1である。とはいえ1人1日1.9米ドルという貧困ラインは便宜的なものなので、世界銀行はしばしば貧困ラインをもっと高く仮定した貧困推計も行っている。

さて、上記のアプローチは1人1日の米ドルで定義された共通の貧困ラインをすべての国に適用しているのだが、「必要最低限の消費生活」は、各国や国内の各地域それぞれの文化や平均的な所得水準によって異なりうる。そこで各国の固有要因も尊重して、各国独自の貧困ラインによる貧困推計も行

われている。各国独自に設定される貧困ラインは、それぞれの国の平均消費支出水準（物価水準の違いを調整した実質値）が上昇するにつれて上昇する傾向がある（Ravallion 1992）。これは、「必要最低限の消費生活」に対する認識が、その国が豊かになるにつれて変化することを表している。このように、各国ごとの「必要最低限の消費生活」に対する認識にそった貧困ラインを用いて推計される貧困には、相対的貧困[9]の要素が含まれる。正確な国際比較を行う場合には、人々の認識の違いによる影響を排除して、生存維持水準の消費を基準とした絶対的貧困にのみ着目した方がよいので、世界銀行の推計のように世界共通の絶対的貧困ラインが用いられる。

　貧困ラインが特定されたならば、それを何らかの貧困指標に集計する必要がある。貧困ラインを下回る人口の比率は**貧困者比率**（head count ratio）と呼ばれ、最も頻繁に用いられる指標である。この指標は直感的にわかりやすいという利点をもつが、所得が貧困ラインを下回る者の人数のみに注目し、彼らの所得が貧困ラインからどれだけ低いかについてまったく考慮していない点が問題となる。かりに貧困者比率を下げることだけを政策目標とした場合には、貧困削減政策の予算が限られているならば、貧困者を相対的に豊かな順に並べて、一番豊かな者から支援した方がよいということになってしまう。これは一般に共有されている価値観とは相反する政策であろう。

　そこで、貧困の頻度を示す貧困者比率以外に、貧困の平均的「深さ」を示す指標として**貧困ギャップ比率**（poverty gap ratio）、貧困の極端な深刻さを示す指標として**2乗貧困ギャップ比率**（squared poverty gap ratio）などが用いられるようになった。前者は、貧困者の所得ないし消費が貧困ライン

---

[9] 貧困指標を計測する際の絶対的貧困と相対的貧困の意味については、Sen（1981）、Ravallion（1992）、山崎（1998）、黒崎（2009）等を参照されたい。なお、センの潜在能力アプローチを応用すれば、両者の関係が理論的に明解になる。Sen（1999）では、「基本的な潜在能力」（basic capability）の絶対的剥奪として貧困が定義されている。この定義に基づけば、貧困は「機能」という適切な基準で測った場合に絶対的剥奪を意味するが、それを財・サービスの消費という、より狭い基準で計った場合には、絶対的剥奪（例：摂取カロリー不足）のみならず、相対的剥奪（必需品の中でもより必要度の低い財・サービスへの支出の不足）まで包含してしまう（鈴村 1998）。

を何％下回っているか（＝貧困ギャップ）をそれぞれの貧困者について計算し、その合計を全人口で割ったもの、後者はそれぞれの貧困者の貧困ギャップを2乗したうえで足し上げ、その合計を全人口で割ったものである（山崎1998）。2乗貧困ギャップ比率は、誰かの所得が貧困ラインを極端に下回っている場合に、そのギャップを2乗することによってより大きく評価するため、この指標を最も小さくするために貧困対策を採るならば、それは貧困者の中で最も貧しい者から順に支援を与える政策となるであろう。貧困者比率を政策目標として用いた場合には、われわれの一般常識とかけ離れた政策が採られることになってしまうが、2乗貧困ギャップ比率を用いると、われわれの一般常識に合った政策が採用されることとなる。いずれにしても、各指標の特徴に配慮し、複数の貧困指標と複数の貧困ラインを用いて、貧困層の生活水準の推移を複眼的に理解することが重要である。

　貧困者比率を省略して貧困率と呼ぶことも多いが、人数で測った貧困の比率を示すのが貧困者比率、貧困ライン以下の所得不足という金銭で測った貧困の比率を示すのが貧困ギャップ比率であって、どちらもそれぞれの意味で「貧困率」である。正確を期す場合には、貧困者比率という表記が望ましい。ローレンツ曲線（ジニ係数）と、貧困者比率、貧困ギャップ比率がどう関連しているかの図示については、黒崎（2009）の第1章を参照されたい。

　次章で議論するような家計データの蓄積、とりわけ同じ家計を複数年次にわたって追跡調査したパネルデータが途上国でも増えてきたことにより、家計レベルの貧困がどう変化してきたかが明らかになってきた（黒崎 2009）。ある年とその1年後で貧困者比率が同じく25％の2つの国であっても、A国は、同じ国民（全人口の25％）が両方の年で貧困ラインを下回り、B国ではそれぞれの年で貧困ラインを下回った世帯がまったく重ならない場合（全人口の25％が初年に貧困ライン以下、次年には、別の25％が貧困ライン以下という場合）を考えよう。A国の貧困問題は、国民の4分の1が恒常的貧困に晒されているという問題なのに対し、B国の貧困問題は、国民の半分が一時的貧困に晒されているという問題である。貧困ラインを上下するリスクについては、近年、**脆弱性**（vulnerability）をキーワードにした実証分析が多数なされている（黒崎 2009）。

家計データの充実がもたらしたもうひとつの貧困分析の拡張は、多面的な剥奪（multidimensional deprivation）への着目である。所得面で下位に属する貧困層の多くは、教育水準や健康状態や住環境も悪いことが多い。しかしすべての所得貧困層が低教育・栄養不良なのではなく、教育面では問題ないが、健康面では劣悪な場合もある。生活水準を左右するさまざまな要因における剥奪を考慮に入れ、より多くの要因において低開発である状態として貧困をみなすことが有用である。このような考え方に基づき、UNDPの『人間開発報告書』では、2010年度版より**多次元貧困指数**（Multidimensional Poverty Index：MPI）を作成・公開している。教育（世帯内に1人も就学年数5年以上の者がいない、就学年齢の子どものうち未就学の者がいる）、健康（世帯員に栄養不良者がいる、子どもの死を経験した）、住環境（未電化、安全な飲用水の欠如など6項目）の10側面での剥奪に関する情報を、貧困者比率および貧困ギャップ比率と同様の発想で集計したのがMPIである（Alkire and Santos 2013）。

2.6. 国レベルの成果を測るためのマクロデータ

　以上のような指標がどれほど理論的に優れたものであっても、それを実際に計測するための正確なデータがなければあまり役に立たない。正確に計測された適切な指標の利用こそが、開発の成果を議論したり、有効な政策介入のあり方を議論するには不可欠なのである。

　一般に経済データには、一国経済全体を1つの値で表すマクロデータと、企業や生産者、消費者、労働者など個別の情報を示したミクロデータとがある。マクロデータは原則としてミクロデータを集計することによって作成されるので、国レベルでの開発の成果を測る指標はマクロデータである。1人当たり実質所得を例にすれば、各国の国民所得を物価指数の違いによって調整した為替レートを用いてある基準年の米ドルに換算し、人口で割って初めて、国際的に比較可能な指標が得られる。この一連の作業に必要なのは、国民所得、物価指数、人口という3種類のマクロデータである。

これらのうち人口については、途上国でも人口センサスがほぼ10年おきに行われているが、調査対象の網羅性の問題や、センサス年以外の人口の推定等の問題がある。国民所得統計は、2.2.節で述べたように、どこまでを経済活動の対象範囲とするか（例：家事労働の扱い）、外部経済・不経済を算入するか否か等の概念的問題と、国民が生み出す経済的な付加価値をいかに正確に測るかという技術的問題の両方が重要である。後者に関しては、途上国では、農業・製造業・サービス業など部門別の生産量をそれぞれ推計することにより国民総生産を計算する作業と、民間消費・民間投資・政府支出・純輸出といった支出項目それぞれを推計して国民総支出を計算する作業とを独立に行うのではなく、生産推計から計算した国民総生産から事後的に国民総支出および各支出項目を推定することが多い点にも注意が必要である。なお、途上国の国民総生産は、都市インフォーマル・セクター従事者の生産や、農業従事者の自家消費分生産などが統計局によって捕捉されないゆえに、大幅な過小評価となっているという記述がしばしば見受けられる（例えば高木［2002］pp.4-5）。しかしこの批判を文字通り受け取るのは誤りである。本章2.2.節で述べたように、農業での自家消費分は帰属計算によって国民総生産に含まれているし、都市インフォーマル・セクター従事者の生み出す付加価値は、従事者数の推計に平均所得の推計を掛け合わせる所得アプローチや、農業や製造業で生産された財が消費者に渡るまでの付加価値率を推計するアプローチなどにより、国民所得に算入されている。問題は、こういった計算や収集されたデータに誤差が多いという点にあり、国民所得推計の対象外となっているわけではないのである。

　上記のような推計上の問題を理解したうえで、できるだけ信頼度の高いマクロデータで国際比較を行いたい場合に便利なのが、注5で紹介したペン・ワールド・テーブル（Penn World Table）である（Summers and Heston 1991）。また、世界銀行のホームページ（http://data.worldbank.org/）でもさまざまなマクロデータがアクセス可能になっている。

2.7. おわりに

　一国レベルで人々の経済厚生をより的確に測るために、これまでさまざまな工夫がなされてきた。指標そのものに関しては、家事労働、自然環境の帰属計算、教育や保健の側面、不平等への配慮等の改善が、これからもさらに進むであろう。また、これらの指標を正確に計測するためのデータに関しても、その質が格段に上がってきており、このような改善は今後も続くであろう。

　本章で紹介したようなマクロ指標を用いる際に留意すべきことは、それぞれの指標には、それを構築せしめた明確な意図があり、その意図を忠実に反映させるようにミクロ経済学が用いられて指標が作られるということである。これらの指標の利用者は、その目的に合わせて使う指標を選択する必要がある。同時に、GDP や HDI や MPI のような総合された指標のみならず、それらの構成要素の動向にも注意を払わねばならない。さらには、マクロデータの変化の背景を探りたいと思ったならば、その中身に踏み込まざるをえず、マクロデータ作成の材料となったミクロデータを用いる必要が出てくる（次章）。集計されたマクロデータのみから判断を行うと、生じた変化の本質を見誤るかもしれないのである。

第3章 開発政策のインパクトを測る

　前章では、国レベルで開発の成果を測るための指標について概念的に考え、マクロデータでの計測について紹介した。近年の政策論議では、実証的証左（エヴィデンス）に基づいた議論が重視される。そこでは、一国内でどのような地域のどのような産業や企業・家計などが政策から恩恵を受けるのか受けないのかといったミクロの情報を、データの裏づけのもとに示すことが必要となる。さらには、人々の厚生を引き上げるうえで、より効果的な政策介入がどのようなものであるかという情報への需要はとりわけ強い。

　そこで本章では、このような意味での開発の成果や政策介入のインパクトをミクロ的にどう計測できるのかに関し、最新の手法を概観する。

3.1. 政策のインパクトを測るためのミクロデータ

　ミクロデータとして第1に挙げられるべきは、家計調査データである。家計調査データは、前章で扱ったマクロの指標（国民所得、物価指数、不平等指標や貧困指標など）を推計するための一次統計である。同時に、本章後半で扱うインパクト評価を消費者・労働者に焦点を当てて行うための基本情報を提供するのもまた、家計調査である。

　このような必要性から開発途上国でも、手の込んだ家計調査が頻繁に行わ

れるようになってきた。代表的なものとして、世界銀行の LSMS（生活水準指標調査：Living Standards Measurement Study）データが挙げられる (Grosh and Glewwe 1998, 2000)。これは、1979年に開始された生活水準、貧困、不平等問題に関する総括的な家計調査であり、これによって国民所得勘定に対応した国際比較可能なミクロデータが収集されている。同一サンプルで複数年次を対象としたパネルデータの収集も可能な限り、試みられている。各国統計局などとの共同で、これまでにアジア、アフリカ、ラテンアメリカ、東欧地域の四十弱の国で LSMS が実施されている。それぞれの国で数千からときには数万の家計について、実に詳細な家計質問票、コミュニティ質問票、価格質問票に基づく標本調査がなされている。

このプロジェクトを通じて、それまで大規模標本家計調査をあまり実施できなかった途上国においても、そのノウハウが移転・蓄積された。できあがったデータベースの信頼性もかなり高いといわれている。これらの努力の結果、途上国の経済指標の質は近年、著しく改善しつつある。

なお、LSMS データで特筆すべきことは、個票データのままで公開するという原則である。これまでの家計調査においては個票で公開されることは例外的であったが、このプロジェクトでは当初から個票の公開が原則とされた。世界銀行の LSMS のウェブサイト[1]にインターネットでアクセスすると、データの整備状況、調査方法・項目などに関する詳細、個票での公開を受けるための手続き等の最新情報が簡単に手に入る。LSMS の影響を受けて、いまや途上国の多くが家計調査の個票を研究者に公開するようになっている。同様に個票データで公開されているミクロデータとして人口保健調査（Demographic and Health Survey：以下 DHS と略）も重要である[2]。DHS は、人口・出生・保健関連のトピックについて詳細な情報を含んでいる（早瀬 1998）。

家計のミクロデータの収集・分析・公開の進展に対応して、企業や法人

---

[1] 利用可能な世界銀行の LSMS データの一覧は、http://iresearch.worldbank.org/lsms/lsmssurveyFinder.htm で得られる。
[2] DHS のウェブサイトは http://dhsprogram.com/ である。

（病院や学校など社会サービスを提供するものも含む）のミクロデータの収集・分析・公開も進んでいる。企業・法人のミクロデータは、国民所得を推計するための一次統計であるだけでなく、本章後半で扱うインパクト評価を生産サイドに焦点を当てて行うための基本情報も提供する。

　農業を営んでいる農家の企業としての側面は、農村における家計調査の際にデータ収集がなされることが多く、それ以外の業種のミクロデータを得るためには、別途、企業調査（以下、企業形態をとらない法人を対象としたものも便宜上、企業調査と呼ぶ）がなされる。企業調査は、政府によって定期的になされる調査対象の広い調査と、研究者その他によって特定の目的のために行われる標本調査とに大別される。前者はさらに、全数調査を基本としたセンサスと、一定数以上の就業者を雇用する企業を対象とした標本調査に分けられる。先進国でも開発途上国でもサービス業より鉱工業、特に製造業を対象とした企業調査が多い（『アジ研ニュース』1986）。

　企業調査によって分析できるのは、生産性、雇用、産業組織、参入・退出、およびそれらと貿易、直接投資の関係、等々である。各国の統計局と協力してセンサスデータの原票を利用することによってミクロデータを分析に用いる例がすでにいくつか見られる（Aw et al. 2000；Aw et al. 2001；Roberts and Tybout 1996；Tybout 2000）。近年は特に、企業のミクロデータを用いて、企業家能力やマネージメントの詳細と経済発展との関係を探る実証研究が急増している（Bloom et al. 2014）。また、世界銀行は独自の企業調査を行い、分析を行うだけでなく、データを一般にも公開している[3]。

　これらのミクロデータの有用性は、マクロ指標を正確に計算する目的にとどまらない。ある経済やある地域、あるいはある階層においてなぜ経済発展がスムーズに進まないのかを理論的に考察するだけでは、開発経済学のミクロ的アプローチは完結しない。理論から導かれるインプリケーションを現実の途上国のデータを用いて検証し、定量的な分析を行うことや、政策介入がどのような経路を通じて成果につながるのかつながらないのかを明らかにす

---

[3] これは Enterprise Surveys として知られている。詳しくは http://www.enterprisesurveys.org/ を参照のこと。

ることが重要である。世界銀行のLSMSデータや企業データに代表されるミクロデータは、これらの定量的・実証的分析を可能にする。本書第4章以下ではその最新の分析結果を紹介するが、本章ではその分析手法を整理しておく（家計調査データの分析に関しては黒崎［2009］も参照）。

3.2. 客観的な政策評価の基本的考え方

ミクロ計量経済学の一手法として、**プログラム評価**（program evaluation）という分野がある[4]。ある政策介入の効果を測るためには、その政策がなかったならばどうなっていたであろうかという**仮想現実**（counterfactualと呼ばれ「参照標準」の役割を果たす）と、政策のもとでの実際の状況とを比較する必要がある（Ravallion 2008）。問題は、タイムマシンで過去に戻り、歴史を変えることが不可能な以上、仮想現実を統計的・計量経済学的に推定する必要があることで、この手法を議論するのがプログラム評価の計量経済学である。

(1) 「ナイーブな比較」の問題

各種開発政策のインパクトを評価する方法として、もっとも頻繁に採用されてきたのが、プロジェクト実施前と実施後とで、政策受益者のアウトカム変数を比較すること、すなわち「事前・事後比較」（before-and-after comparison）である。政策プロジェクトが実施される際には、政策実施前にベンチマーク調査、実施後に事後評価調査が行なわれることが多い。この2つの調査データからアウトカム変数の平均を計算し、改善していれば、介入の効果があったように見える。

---

[4]「治験効果」（treatment effects）の手法とも呼ばれる。プログラム評価ないし治験効果の計量分析手法に関する日本語での簡単な紹介としては北村（2007）、途上国における開発政策の評価という観点からプログラム評価の展望を行なった論文として、Todd（2008）、Ravallion（2008）、黒崎（2009、第4章）などを参照されたい。

しかし事前と事後とでは、プロジェクトの有無以外にも、景気や自然条件、その他の開発プロジェクトなどさまざまな要因が変化しており、それらがアウトカム変数に影響を及ぼした可能性も否定できない。つまり、仮想現実（参照標準）として介入前のデータを用いる事前・事後比較は、さまざまなマクロ要因の変化と、政策のインパクトとを識別することができず、したがって、政策の効果としては信頼できない。

事前・事後比較と並んで多く用いられるのが、プロジェクト実施後に、政策受益者と非受益者とで、アウトカム変数の平均を比較する「実施・未実施比較」（with-and-without comparison）である。実施地域の政策受益者の方が、非受益者よりもアウトカム変数がよければ、介入の効果が上がった可能性がある。

しかし政策受益者と非受益者は、プロジェクトの有無以外にも、さまざまな面で異なっているであろう。常識的に考えれば、受益者と非受益者は、住んでいる地域が異なっていれば地域の特徴が異なっていたであろうし、同じ村に住んでいてもまったく同質な個人とは考えにくい。つまり仮想現実（参照標準）として非受益者のデータを用いる実施・未実施比較は、地域や家計・個人に固有の要因と、政策のインパクトとを識別することができず、したがって、政策の効果としては信頼できないのである。

(2) 二重差分

事前・事後比較および実施・未実施比較の両者は、以上のような深刻な問題をもつため、総称して、「ナイーブな比較」と呼ばれる。他方、両者の強みを組み合わせるのが、「差の差」（difference in difference：DID）、あるいは「二重差分」（double difference）と呼ばれるアプローチである。

ベンチマーク調査において受益者と非受益者双方の情報を集めておけば、事後評価調査の時にもう一度双方の情報を集めたパネルデータを作成することにより、DIDは簡単に計算でき、その統計的有意性も検証できる。DIDは、政策受益者の仮想現実（参照標準）として、政策受益者の介入前の状況に、非受益者に生じた変化分を加えたものを用いているわけである。したがって、DID比較は、受益者と非受益者とが介入の前後でまったく同一のマ

クロ要因の変化に直面しており、地域や家計・個人に固有の要因がアウトカム変数に与える影響は、アウトカム変数の水準への影響のみであるという仮定のもとで、政策のインパクトを正しく識別することができる。

しかしこの仮定を言い換えると、受益者と非受益者双方に対し、仮に介入がなかったならば、共通のマクロ要因がまったく同じ変化をアウトカム変数にもたらす、ということになる。したがって、DIDは、受益者と非受益者の介入前の状況が非常に似通っていること、とりわけ介入前の変化トレンドがほぼ同じだった場合には、信頼できるが、そうでない場合には、政策の効果としてはやはり信頼できないことになる。両者が異質になる理由としては、2つの**内生バイアス**（endogeneity bias）が指摘できる（Todd 2008）。

第1に、政策実施地域が完全にランダム（無作為）に選択されることは稀である。貧困削減を目指す政策の場合、貧困がある程度深刻だという理由で政策対象となった地域の中でも、さらに貧困の深刻な地域から先に政策が実施されるかもしれないし（この場合には、より不利な地域が選ばれる）、逆に政策を実施する政府機関やNGOは「成果の出やすそうな地域」から政策を開始するかもしれない（この場合には、より条件のいい地域が選ばれる）。どちらの場合も、政策ターゲット地域の中での実際の政策の実施は、その地域の中でランダム（無作為）にはなされない。これが、内生的政策配置（endogenous program placement）というバイアスである。

第2に、プロジェクト実施といった政策介入が行われる際に、そのプロジェクトへの参加は通常、自発的になされるため、参加資格をもつ全家計や全企業が参加するのではなく、そもそも条件のいい家計・企業、政策をうまく利用できそうな家計・企業がまず参加する可能性が強い。つまり政策ターゲット家計の中での実際の参加者は、無作為には選ばれない。これが、内生的治験参加（endogenous selection of the treated）というバイアスである。

制度変更や政策採択などの歴史的な事象の中には、制度や政策の潜在的な対象者すべてが同時に同じ年齢で対象となるのではなく、地域・階層・誕生日などの違いによって実施のタイミングが実質的にずれるものがある。そのずれが、為政者や政策対象者さえも意図しない形で生じた場合には、以上の内生バイアスが起こりにくい。この場合に、二重差分や三重差分（triple difference)、四重差分（quadruple difference）などをうまく使うと、制度・政策のインパクトを定量的に検出することが可能になることがある。これは**自然実験**（natural experiments）と呼ばれるアプローチで、近年、その応用が開発経済学の分野でも顕著に増えている（Rosenzweig and Wolpin 2000；Duflo 2001；Banerji and Iyer 2005）。

3.3. 計量経済学的手法によるインパクト評価

　内生バイアスの影響が大きいと考えられるようなデータしか手に入らない場合に、そのバイアスをコントロールして、正確に政策介入のインパクトを評価するための伝統的アプローチは、操作変数法など計量経済学的な対応である。

　まず操作変数法の考え方を紹介しよう。政策が採択されるメカニズムを考察し、その採択には影響を与える外生変数であるが、インパクトを計測したいアウトカム変数には直接影響を与えないような変数を探し出し、これを**操作変数**（instrumental variables）とみなす。第1段階で政策の採択要因を計量経済学的に推定し、第2段階のインパクト推定では、鍵となる説明変数である政策実施変数の変動のうち、操作変数によって変動した部分のみに着目することで、内生バイアスが除去される。操作変数としては、しばしば外生的な参加資格条件などが用いられる。しかし、そのような変数が本当にアウトカム変数に直接影響を与えないかに関しては、しばしば疑問が残る。

　そこで、操作変数法を適用する際には、パネルデータ分析と併用して、観察されない異質性のうち、時間に対して不変な要素を除去するアプローチが、標準になりつつある（例えばKaboski and Townsend［2005］を参照）。また、外生的な参加資格条件を用いる場合、非資格者全体と、資格者全体とでは各種の特徴が異なっていることに対処するため、参加資格の閾値の前後に位置するサンプル（したがって各種の特徴はほぼ似通っていると思われる）に絞って、アウトカム変数に非連続性が見出されるか否かを検定する**非連続回帰**（Regression Discontinuity）の手法も、途上国で多く適用される

ようになってきている[5]。

　政策介入の受益者と非受益者を比較する際に、観察可能な各種特徴が似ている場合に限定して比較する計量経済学的アプローチが、**マッチング**である（Ravallion 2008；Todd 2008）。政策を利用した家計と比較すべき「対照群」を構築する方法としては、家計調査データを用いて政策参加確率が近い家計を計量経済学的に検出するPSM（propensity score matching）が最も頻繁に用いられる。ただしPSM法には、政策参加確率を計算する基準となるのが観察可能な変数（observables）だけであるがゆえに、観察不可能な家計固有の効果がもたらす政策参加の内生バイアスをコントロールできないという限界がある。そのため、PSMを適用する場合でも、パネルデータ分析と併用して、観察されず時間不変な異質性を除去することが多い。

3.4. ランダム化比較実験（RCT）

　計量経済学的な矯正を行なうアプローチは、途上国で利用可能なデータの制約上、説得力が低いとみなし、**ランダム化比較実験**（randomized controlled trials：**RCT**）によって、そもそも内生バイアスが生じえないようなデータを最初から集めるアプローチが、近年盛んになっている（Duflo et al. 2008；不破 2008；Banerjee and Duflo 2011；Karlan and Appel 2011）。日本語訳としては、「社会実験的政策評価」と呼ばれることもある。

　政策の効果を正しく測るためには、医学において新薬の効果を見るのと同じ方法を使えばよい。新薬試験では、潜在的な治験者（新薬の効果を測りたい患者）をランダム（無作為）に「治験群」と「対照群」に割り振り、前者にのみ新薬を施し、後者には新薬とまったく同じ外見だが何の薬用成分も含まない偽薬を渡し、それぞれがどちらのグループに属しているかを本人に隠したうえで、2つのグループの治癒状況に統計的に有意な差が生じるかどう

---

[5] 非連続回帰手法については、GuidoとLemieuxを編者とする *Journal of Econometrics*, 142(1), February 2008 の特集号を参照されたい。

かを検定する。

　できるだけこれに近いように実験を設計するのが、開発経済学の RCT である。潜在的な政策介入のターゲットから一部を無作為に取り出して、「治験群」と「対照群」に割り振り、前者にのみ政策介入を施し、後者には実施せず、2 つのグループのアウトカム変数に統計的に有意な差が生じるかどうかを検定するのが RCT のアプローチである。RCT がうまくいけば、複雑な計量経済学のモデルは言うまでもなく、DID ですら不要となり、単純に平均値を比べる「差の検定」によって、十分信頼に足るインパクト評価が可能になる（ただし実際の実証研究においては、小さなサンプル数のもとで偶然おこる要因をコントロールするために、単純な差の比較よりも、DID が用いられることが多い）。代表的な研究として、Miguel and Kremer（2004）が分析したケニアにおける児童への虫下し薬の配布政策と、Parker et al.（2008）が研究展望しているメキシコにおける奨学金プロジェクト PROGRESA が挙げられる。

　しかし、新薬試験では偽薬を対照群に渡すことにより、自分たちが治験群の患者と異なる処置を受けていることを秘密にしておくことができるが、実際の途上国で実施される RCT ではこれは不可能なことが多く、その場合、異なる処置を受けたということを知ったという事実そのものが行動に影響してしまう可能性がある（嫉妬など）。他にも、治験群に入った者を実験のルールにきちんと従わせるのが難しいこと（例えば実験で配布された虫下し薬を他の家計に分け与えないといったルールを守らせること）、実施費用が相対的に高いことなどが、技術的な問題点として挙げられる（Duflo et al. 2008）。理想的な RCT を途上国の現場で行うことは簡単ではない[6]。

　また、たとえうまく設計・実施できたとしても、RCT は万能のツールではない。第 1 に、ランダム化された政策介入を設計しやすい開発政策と、それには向かない政策とがあり、後者も重要である。RCT に向かない政策には、マクロ経済政策やガバナンス改革、組織の能力構築、地域住民のエンパ

---

[6] 実際に途上国で RCT を設計するためのヒントを提供している邦文文献として、高野（2014）が有用である。

ワーメント、大型インフラプロジェクトなどがあり、その評価方法に関するさらなる研究が求められている。第2に、初期の RCT の多くは、援助プロジェクトあるいは政策介入がどんなインパクトを及ぼしたかを正確・客観的・定量的に計測することのみに焦点があったために、インパクトが生じるに至ったミクロ経済学的メカニズムや、途上国の開発戦略といった大きな問題への理解が深まらない傾向が指摘された。ただしこの点に関しては、Karlan and Zinman (2009) の消費者金融の研究に代表されるように、RCT の設計を工夫することにより、ミクロ経済学の本質に迫るものも現われ（第5章「途上国の信用制度」参照）、次節で紹介する行動経済学的実験との融合という展開を見せている。

3.5. 行動経済学的視点

途上国で近年重点的に集められている情報として、RCT とは別の「実験」データ、すなわち**行動経済学的実験**データを挙げることができる。RCT が主に政策介入のインパクトを正確に測るためにランダム化された実験なのに対し、行動経済学的実験とは、人々の行動の背後にある時間選好、リスク選好、社会的選好などを正確に測るために行われる実験である。行動経済学 (behavioral economics) は、主に先進国の大学生を治験者とした諸実験を通じて、人々の経済行動がそれまで想定されていたような合理的なものではないことを明らかにしてきた（依田 2010；大垣・田中 2014）。例えば、時間選好に関して言うと、人々は、現在から将来にかけて、同じ期間の長さについて同じ率で割り引いていくはずだという合理的な指数割引 (exponential discounting) ではなく、現在に近いほど特別視する双曲線割引 (hyperbolic discounting) に基づいて行動しがちである。このような現在バイアス（現在の消費をとりわけ好むような時間選好の偏向）は、動学的非整合を生み出すという意味で非合理的な選好である。将来を見越して投資したい、投資のための貯蓄をしたいという長期的な願望をもっていながら、つい目の前の消費の誘惑に負けてお金を使ってしまうのがよい例である。

そのような特徴が途上国の家計や企業の経済行動にも影響している可能性があることから、途上国の家計（世帯主など）を対象とした行動経済学的実験が頻繁に行われるようになった。このような実験では、治験者に真剣に回答する誘因を与えるために、多数行う実験での報酬金額がかなりの額（非熟練労働賃金の数日分など）になるように決め、実験がすべて終了したのちに、それらのひとつが無作為に選択されて、実際の報酬にすることが多い。そのため先進国のフィールドで行うことは研究予算の点から容易でない。このような金銭的誘因付けを伴った実験を途上国の実際の家計を対象に行った先駆的な研究が、南インドのいわゆる ICRISAT 調査村を対象としたリスク実験である（Binswanger 1981）。計測されたリスク回避度の高低は、家計データに示された現実の経済行動と整合的に相関していた。

1990年代後半以降、途上国を対象に行動経済学的実験が積み重ねられ、途上国の家計でも非合理的な時間選好・リスク選好が見出されることが明らかになってきた。Tanaka et al.（2010）は、ベトナム農村での実証研究を通じて、時間選好に関する現在バイアスが途上国でも検出されたことを示した。これは重要な論文である。なぜなら、現在バイアスをもっている家計のうち、自分の時間選好が現在と未来とで変化してしまうことを認識している「洗練された」家計は、あえて将来の自分を拘束するというコミットメントのための工夫をするはずだからである[7]。毎週返済という厳しい条件でマイクロクレジットを借りるという行動（第10章「マイクロクレジットの経済学」参照）は、実は、現在バイアスをもった家計が貯蓄を自分に課すためのコミットメントとして採用した工夫である可能性がある（Bauer et al. 2012）。

古典的な家計調査を行う際に、このような行動経済学的情報も実験を通じて集め、それらを組み合わせたベースライン調査を手に、RCT で政策介入を行うというのが、近年の実証研究のデータ収集に関するひとつの到達点である（Schaner [2015] などを参照）。また、政策介入のインパクトの計測

---

[7] 他方、現在バイアスをもっている家計のうち、自分の時間選好が現在と未来とで変化してしまうことを認識できない「ナイーブな」家計は、コミットメントのための工夫をしないため、後悔する行動を繰り返すことになる。

だけではなく、ミクロ経済メカニズムを探ることを可能にする複雑な RCT を設計し、途上国の家計を対象に実施する実験も増えてきている。例えば世帯内部の意思決定のメカニズムにおける世帯員間の非対称情報についてより明確に明らかにするための RCT を、フィリピン農村で実施しているのが Ashraf (2009) である。同じくフィリピン農村を舞台に、Goto et al. (2015) は、田植えの伝統的賃金制度に複数種類の出来高賃金を意図的に導入した RCT を通じて、労働者間の仲間効果と社会的規範の役割を識別することに挑戦している。この研究でも行動経済学的情報の収集が鍵となっている。不破 (2008) が予測した、「ランダム介入実験の第 2 段階」、すなわち単なる政策評価研究を超えて、理論・実証両面で開発経済学を大きく発展させる新たな実験アプローチの段階に入りつつあると言えよう。

行動経済学的データに関連した直近の興味深い試みは、神経科学あるいは心理学的なデータを、途上国家計を対象に収集する新たな動きである。この新しいデータを伝統的な家計調査データと組み合わせることにより、貧困に窮する家計は、長期的・合理的資源配分を行うだけの注意力・集中力が足りなくなり、貧困を悪化させるような短期的・非合理的資源配分をとってしまう可能性が指摘されている (Mani et al. 2013; Mullainathan and Shafir 2013)。世界銀行の『世界開発報告』(*World Development Report*) 2015年度版は、これらの行動経済学的知見を取りまとめており、注目を集めた (World Bank 2015)。

3.6. おわりに

政策介入のインパクトをより的確に測るために、これまでさまざまな工夫がなされてきた。計量分析手法とデータ収集法の両方で改善が進んだが、近年、進展著しいのは後者である。RCT と行動経済学という 2 つのタイプの実験により、政策・制度面での変動が外生的・無作為に作り出された良質なデータが蓄積されつつある。そして、これらの実験を融合させることにより、単に政策介入のインパクトを測るだけでなく、その背後にある経済的あ

るいは非経済的（心理学的・神経科学的）メカニズムが徐々に解明されつつある。

　しかしこういった新しいミクロデータは、伝統的な家計・企業調査データと組みになって初めてその強みが生かされる。開発政策のインパクトを測り、その背後のメカニズムを解き明かすうえで、明らかに他よりも優れている手法もデータも存在しないのであり、RCTアプローチと各種計量経済学的アプローチと経済理論に基づくシミュレーション分析などは相互補完的なものとして、柔軟に用いていくことが望ましい（Ravallion 2008）。そのためのデータには、古典的な家計・企業調査とさまざまなタイプの実験データを組み合わせることが望ましい。理想的なミクロデータの収集には調査費用や調査期間がかさむが、それに見合う情報を得られることが多い。実験室に近い環境を整えることが難しい途上国のフィールドで行う家計調査であっても、簡便化された実験により行動経済学的情報を集めることは可能である。

　利用可能なデータと分析手法の選択肢は、多ければ多いほど望ましい。なぜなら途上国の開発課題は歴史的・地域的文脈に依存し、その文脈に応じて適切な分析が必要となるからである。

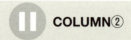

銃口とベールの向こう側：パキスタン

　パキスタンの北西辺境州で1996年以来、継続的に農村家計調査を行っている。この州はインド亜大陸の北西の端に位置し、植民地時代にイギリスの対ロシア政策上の「辺境・前線」と位置づけられたことに名前の起源をもつ。

　調査村の１つは、最も開発の遅れた天水依存型の農村である。雨期の終わりの時期でも主作物のトウモロコシが植えられた畑はわずかで、農地全体が埃っぽい。村の家はすべて、泥でできた高い壁で覆われており、その壁が隣の家とつながって、居住地区内の曲がりくねった道路の両側にそびえ立つ。

　まるでスターウォーズに出てくる迷路みたいだと息苦しさを感じながら、道角を曲がる。出た！　黒いマントをかぶったダース・ヴェイダー卿！

　しかしダース・ヴェイダー卿にしては背が低いし、ライトセイバーももっていない。それは「ブルカ」をかぶった村の女であった。ブルカとは、全身を頭から覆い、眼の部分に外を覗くためのメッシュを貼ったベールつきマントである。「パルダ」という南アジアに共通に見られる女性隔離の社会風習に加えて、この地には、成人女性を家族以外の邪な眼から守ることがそれぞれの家の名誉を高めるとする部族社会の掟、「パシュトゥヌワーレイ」が強固に存在する。したがって女性は外出時に必ずブルカをかぶるし、家を覆う壁も他人が中を覗いたりできないようにする仕組みなのだ。

　私のような外来の客にとってうれしいパシュトゥヌワーレイの一側面は、客人歓待である。お客をもてなすことは家の名誉を高めるから、経済的に余裕のある家は、特別の応接間を設ける。これは家の外と中をつなぐ架け橋である。例え村人であっても、男性である限りここから先には入れない。ここに腰をかけると、奥の禁域からお茶が運ばれて世間話の花が咲く。

　ただしパシュトゥヌワーレイにおける客人歓待は、復讐と裏腹の関係にある。客ではなく敵だと認識されたとたんに、村人の対応は一変する。家の名誉を守るために武力をもって敵を排除し、万が一、家の名誉が敵人によって汚されたならば、血で復讐の制裁を加えることが掟の定めるところなのである。もう一度村の家の高い壁をよく見ると、他所からやってくる敵に備えた見張り台が３階部分に造られてあり、銃眼が開いているのに気がついた。幸か不幸か、最初の調査の間、流血事件を直接見聞きすることはなかったから、男たちのもつ銃も、半ば飾りのようにしか感じていなかったが。

　最初の調査から３年後に同じ村で同じ世帯の再調査を試みた。予想外の理由で再調査ができない世帯が１つならずあった。殺人事件に巻き込まれて家族が殺されたり、服役したりして、一家に誰も成人男性がいなくなった調査世帯である。このような世帯を外の人間が訪問調査することは、パシュトゥヌワーレイが許さない。よそごとのように思われていた銃口が、突然身近に現れてきた瞬間であった。

（黒崎卓）

第4章 零細自営業者や小農の経済学

　バングラデシュは、2015年の1人当たり所得が世界銀行推計でわずか1190ドル[1]という世界の最貧国の1つである——この理解は紛れもなく正しいが、無味乾燥で実感に乏しい。バングラデシュの首都ダッカの中央駅、そこから一歩足を踏み出した瞬間、あなたはこの国の貧困をたちどころに実感できる。数知れない男たちが自転車型のリキシャ[2]（写真）を引いてあなたを取りまき、必死の形相で客引きを始めるであろう。相場の料金であれば近所まで数10タカ（1タカ＝約1円）というほとんどただ同然の料金をめぐる交渉がまとまると、あなたはこのリキシャにどっかと腰を下ろし、リキシャ引きは自転車の重いペダルをゆっくりと漕ぎ始める。筋肉質のその鍛え抜かれた体には余計な脂肪のかけらもない。あなたの払ったわずかなタカ札が、彼の体を維持するわずかな食べ物（人的資本の維持！）に使われると、彼の稼ぎをあてにする子どもたちの栄養改善や教育（次世代への人的投資）に残るお金はほとんどない。これが貧困なのだ。

---

[1] 通常の為替レートで換算した場合。第2章で紹介した購買力平価換算では3550ドルとなる。いずれもデータ出所は World Development Indicators（http://databank.worldbank.org/data/、2016年9月16日アクセス）。

[2] 英語の rickshaw は日本語の「人力車」を語源とする言葉で、特に南アジアでは前が自転車式になった三輪の人力車が広く利用されている。本書ではこれを「リキシャ」と呼ぶ。

リキシャ

　本章の課題は、このリキシャ引きのような経済主体がどのように生活しているかをミクロ経済学的に分析し、経済発展とのかかわりを考察することである。「リキシャ引きのような経済主体」を一般化するやり方はさまざまに考えられるが、ここでは、「主にみずからの労働を用いて自営経済活動を行う小規模生産者」という側面に着目する。リキシャ引きや道端のスナック売り、家族経営の手機織業などの零細自営業者がその代表例である。また、低所得経済を支える農業部門も、家族労働に主に依存して自給的農業を行う小規模自作農・小作農などのいわゆる「小農」によって担われていることが多い[3]。このような小生産者は低所得国の経済において重要な位置を占めるから、彼らの生産活動がどのようになされ、市場環境が変化したときに彼らがどのように反応するかを分析することは、経済発展を考えるうえで非常に重要である。

4.1. リキシャ引きのミクロモデル

　あるリキシャ引きの「リキシャによる輸送」というサービスを抽象的に示したのが図4-1である[4]。横軸はこのリキシャ引きがどれだけ働くかとい

図4-1 リキシャ引きの生産関数

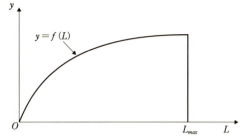

出所:筆者作成(以下図4-2〜6も同じ)。

う労働時間（L）、縦軸はリキシャ業からの粗収入（y）を示している。まったく働かなければ生産量はゼロ、働く時間が少ないうちはリキシャ引きへの

---

3) 経済発展と農業との関連について考える際、経営の主体と土地の所有を基本に農業従事者を分類することが重要である。本書で用いる用語を整理しておく。自分で所有している土地を経営する者、例えば戦後日本の農家などは**自作農**（owner farmer）と呼ばれる。地主が所有する土地を地代を払って借り、その土地で経営を行うのが**小作農**（tenant farmer）である。本書では両者をまとめて**農民**（farmer）と呼び、その世帯概念として**農家**（agricultural household）を用いる。農民のうち、比較的経営規模が小さく、主に家族労働を用いて経営する小規模農家や零細農家に属する者が、**小農**（peasant farmer）と呼ばれる。機械化が進展していない途上国においては、規模が大きい農家の場合、家族外から雇った労働者に農作業を委ねざるをえない。そのような大規模農家は小農には含まれず、ときに**資本主義的農民**（capitalist farmer）などと呼ばれる。それとは対照的に、主に大規模農家、ときには小農にも雇われて農作業を行い、その代償として貨幣や現物（コメなど）を支払われる者は、本書では**農業労働者**（agricultural laborer）と呼ぶ。経営をみずから行う農民と、雇われて農作業をするだけの農業労働者は、少なくとも理論上は明確に区別されねばならない。両者の経済基盤はまったく異なっており、例えば生活水準の平均が同じくらい低い農業労働者と零細小作農であっても、飢饉への脆弱性などがまったく異なるからである（Sen [1981] を参照）。ただし実証上の区別はそれほど単純ではない。地主の指示に完全に従って農作業を行うような小作は実質的には農業労働者に近いし、零細自営農家の場合、自分の農地では家族労働を使い切れずに他の農民に雇われて働き、しばしばその賃労働所得の方が多かったりするからである。

4) 本章のミクロモデルを作成するに当たっては、バングラデシュのチッタゴン市におけるリキシャ引きに関する詳細な実態調査を行った高田（1992）を主に参照した。この他、バングラデシュのリキシャ引きについてはGallagher（1992）、インド・デリー市のリキシャ引きについては黒崎（2013）も参照のこと。

図4-2　リキシャ引きの一般消費と余暇の無差別曲線

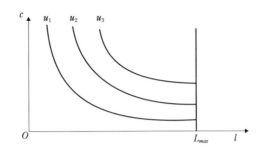

需要が集中する時間帯や地域に集中して働くから、稼ぎの効率がよいが、長時間働く場合には割の悪い時間帯や場所でも仕事をせざるをえないから、時間に比しての稼ぎが少なくなる。図4-1の右上がりの曲線はこの関係を示しており、数学的には**生産関数** $y = f(L)$ と表される。つまり労働の**限界生産性**（生産関数曲線の傾き $f'(L)$）が逓減する生産技術が想定されているのである。リキシャ引きが1日に働ける時間には肉体的な上限（L_{max}）があるから、生産曲線はそこで終わっている。

次に、このリキシャ引きの厚生水準を示したのが図4-2である。横軸はこのリキシャ引きが働かないでどれだけ休息するかという余暇時間（l）、縦軸は食糧などの一般消費支出（c）を示している。ここでいう「余暇時間」とは、厳しい肉体労働をしないですむ時間を意味するミクロ経済学の用語であり、その消費が多ければ多いほど厚生水準が高まると想定する。リキシャ引きが1日にとれる余暇時間の上限は労働時間上限と同じ L_{max} となる。また、一般消費支出が多ければ多いほど、当然ながら厚生水準は上昇する。両者の消費のバランスを示すのが図4-2に3本描かれた消費者の**無差別曲線**である。1つの曲線上の点はすべて同じ厚生水準に、右上に位置する別の曲線はより高い水準に対応している。この関係をミクロ経済学では**効用関数**、$u = u(c, l)$ として表現する。

ではリキシャ引きの消費支出はどのように決まるであろうか。バングラデシュやインドのリキシャ引きの多くは、自分でリキシャを所有しているのではなく、親方からリキシャを借りてリキシャ業を自営している。リキシャ賃

図 4 - 3　リキシャ引きの均衡

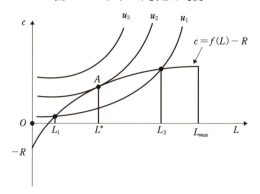

借料に関しては、契約時間ごとの固定料金制が一般的であり、いったん借りてしまうと、リキシャ引きがどれだけ実際に働くかに関係なく支払わなければならない。この賃借料 R がリキシャ引きにとっての**固定費用**となる。つまり R を差し引いた残りがリキシャ業からの純収入となる。したがって、彼の所得が他に何もないと想定すれば、$c = y - R = f(L) - R$ という関係が導かれる。

この関係を利用して、図 4 - 1 と図 4 - 2 を 1 つにまとめたのが図 4 - 3 である。図 4 - 3 では、図 4 - 2 の無差別曲線が横軸に関して反転した描き方になっていることに留意されたい。横軸を右向きに見るとリキシャ業への労働投入量（ないし労働供給量）を表しているのに対して、L_{max} から左向きに見ると、消費者としての余暇消費量を表す。

4.2. ハウスホールド・モデルによるアプローチ

このリキシャ引きにとって最適な資源配分について、図 4 - 3 を用いて考えよう（数学的議論については付論を参照）。L_1 という労働投入量の場合、働く時間が少ないから余暇は十分にあるが消費支出額が少なく、リキシャ引きは餓えてしまうであろう。逆に L_2 という労働投入量の場合、消費支出額

が多い反面、働きすぎで余暇があまりに少なく、長期的にはリキシャ引きは身体を壊してしまうであろう。したがってL_1とL_2の労働に対応する効用は、u_1という低い水準になる。しかしながら消費支出額が多く、たくさん休めるという望ましい状況に対応する効用水準u_3は、実現不可能である。

　図からわかるように、効用が最大化されるのは、消費支出額と労働量とが適当なバランスを取る点A、すなわち無差別曲線と消費可能額を示す曲線$c = f(L) - R$とが接する点である。このとき、実現可能な中で最も高い効用u_2が得られる。無差別曲線の傾きは**限界代替率**、消費可能額を示す曲線の傾きは労働の**限界生産性**であるから、点Aは限界代替率と限界生産性とが一致する点、と言い換えることができる。このような均衡は**主体均衡**（subjective equilibrium）と呼ばれ、限界代替率と限界生産性が等しくなるその傾きを一種の価格に見立てて、労働・余暇の消費支出に対する主体均衡価格、すなわちシャドー賃金（shadow wage）と呼ぶ。この場合、リキシャ引きは自分から自分に賃金を払うわけではなく、賃金支払いが外に現れることはないので「シャドー」がついている。しかしリキシャ引きはシャドー賃金、つまり自分の労働生産性を他の労働機会や余暇を過ごすことの喜びと常に比較していることから、余暇・労働の配分を考えるうえでの１つの重要な概念なのである。

　実はこのモデルは、ミクロ経済学の一般均衡における最も単純なモデルである１生産者・１消費者・１生産財・１生産要素の「ロビンソン・クルーソー・モデル」と数学的には同じである。リキシャ引きの主体均衡は、リキシャ引きの（１人ではあるが）生産企業としての側面と、消費者の側面に二分して考えるとわかりやすい。まずリキシャ引きは、企業家として労働を用いて、乗客の移送というリキシャ・サービスを行う。このリキシャ・サービス生産活動によって利潤を最大化するような労働投入量をリキシャ引きは割り出すのであるが、その労働投入量は賃金[5]水準に依存して決まる。利潤が最大になるのは、限界生産性と賃金が等しいときであることが知られている。

---

[5] 正確には生産物１単位当たり賃金である。リキシャ引きの例では走行距離１メートル当たり賃金を指す。

あらゆる賃金水準に対して対応する労働投入量（つまり労働需要量）、生産量、ひいては利潤が割り出されるのである。賃金水準と労働需要量の関係は**労働需要関数**と呼ばれる。

次にこのリキシャ引きは、消費者として自分の効用を最大化する。つまり、あらゆる賃金水準とそれに対応した利潤に対して、自分にとって最適な財・サービスの消費量と余暇の消費量（上限 L_{max} から労働供給量を引いたもの）を割り出す。具体的にはそれぞれの賃金と限界代替率が一致するように、財・サービスの消費量、余暇消費量を決めるのである。余暇消費量と労働供給量は裏腹である。したがってあらゆる賃金水準に関して、リキシャ引きが消費者として選択する労働供給量が決まるが、この賃金と労働供給量の関係を**労働供給関数**と呼ぶ。

最後にこのリキシャ引きは、そのようにして得られた労働需要量と、消費者としての労働供給量とが一致するような賃金を探し出す。この賃金がシャドー賃金であり、主体均衡価格である。

以上のメカニズムが1つの世帯内部で働いていることを分析する理論モデルをまとめて、ハウスホールド・モデルと呼ぶ[6]。図4-3はたまたまリキシャ引きのモデルとして説明したが、縦軸を農家が生産する食糧と考え、固定支払い R を地代や生産に必要なその他の投入費用と読み替えることで、同じ図がそのまま、小農の完全自給自足均衡を示す図となる[7]。つまりハウスホールド・モデルとは、世帯・家計という小宇宙の経済行動を、効用最大化という消費者理論による分析と、利潤最大化という企業理論による分析に分解し、両者を均衡させる世帯内部の調整過程を明らかにするモデルと言える。

とはいえ、なぜ、リキシャ引きや小農の素朴な生産行動を、このようなや

---

[6] ハウスホールド・モデルの詳しい分析は、黒崎（2001a）の第1〜3章、Singh et al.（1986）を参照されたい。簡単な紹介は Bardhan and Udry（1999）の第2章にも含まれている。

[7] ハウスホールド・モデルの出発点は、ロシアの零細農家をモデル化するチャヤーノフの「小農経済の原理」（Chayanov 1923）や、日本の農家の生産行動を分析する中嶋の「農家主体均衡論」（中嶋1956）にある（黒崎2001a、第1章）。

やこしい論理で説明する必要があるのか、読者は怪訝に思われるかもしれない。図4-3に示されているのは、リキシャ引きや小農のような貧しい経済主体だからこそ、生存のためには労働と消費の適当なバランスを取って経済活動を行っているというストーリーであり、そんなことはわざわざ数理モデルの形を取らなくても当たり前だと言われそうである。そこで市場環境の変化に対する小生産者の反応という観点から、このモデルの特徴をさらに探ることにしよう。

4.3. 市場需要変化の影響

　リキシャ引きの商売は過酷である。ときにはいくら待ってもお客が来ないかもしれない。それまでいい顧客だった都市中間層が自転車や車を所有しはじめると、リキシャにはあまり乗らなくなってしまう。小農の生活も同様である。不作が襲う可能性、わずかな余剰作物を売ったときにその価格が暴落する可能性、等々……。

　そこで、彼らが生産する財への需要が低下した場合の反応を、ハウスホールド・モデルを用いて検討しよう。生産財需要の低下は、図4-1における粗収入の生産関数が乗数的に縮小する状況とモデル化できる。図4-4は、当初の均衡を A 点で示し、需要が低下した場合の消費可能額曲線を新たに加えてある。当初の労働投入量を変えない場合、点 B に対応する消費パターンをこの世帯は享受することになるが、それは均衡とは言えない。消費支出が少なすぎるからである。この世帯の新たな均衡は、例えば点 C となる。点 C に対応する資源配分においては、消費支出を回復させるために世帯の労働投入が強化され、それによって生産財の生産量も増えるが、消費可能額は生産財需要縮小のためにむしろ減少している。

　この反応を、通常の企業理論における生産反応と比べてみよう。賃金を所与として行動する競争的企業の利潤最大化において、粗収入関数が生産財需要低下（つまり生産物価格の下落）ゆえに乗数的に低下した場合、労働投入量を減らし、生産量を減らすことが最適な対応となる[8]。しかし図4-4は

図4-4 市場需要低下の影響

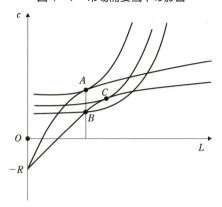

これとは逆、すなわち生産財価格低下に対して生産増加で対応するという「逆転した反応」を示している。このような逆転反応は、一見、低所得国の小生産者が市場誘因に合理的に反応しないことの現れであるかのようである。しかし前段落の説明からわかるように、この小生産者の反応は経済学的に見て理にかなっている。

では通常の企業理論と、図4-4に示された小生産者の世界のどこが違うのであろうか。それは、賃金が前者では外生的に固定されていて外部からの労働者の雇用や外部の労働機会への参加が可能であるのに対し、後者では外部の労働市場と小生産者の労働投入が隔絶しているため、賃金が世帯の内部で主体均衡的に決まることである。生産財価格の低下は、小生産者世帯を窮乏化させ、それゆえに余暇を消費する余裕がなくなる結果、主体均衡価格としてのシャドー賃金が大幅に低下する。この世帯において逆転反応が生じる原因はシャドー賃金の低下であって、経済的合理性の欠如ではないのである。ただし、常に逆転反応が生じるとは限らない。詳しくは付論を参照されたい。

---

8) より厳密には、労働投入量、生産量とも増えることはない。これは、限界生産性逓減の生産関数のもとで、一般的に成立する。

4.4. 賃労働市場との関係と人的資本

とはいえリキシャ引き世帯のような小生産者の労働投入が、外部の賃労働市場と隔絶して決まるという説明は、途上国の実態にそぐわない面がある。そこで、小生産者の労働需給と外部労働市場との関係について、ハウスホールド・モデルを用いて考えてみよう。

まずリキシャ引きの場合、その多くは教育を受けておらず、他の技能もないから、リキシャ業以外に就業可能な仕事が非熟練肉体労働だけの場合を考えよう。都市部の建設労働、農村部の農業労働や建設労働など、この種の労働市場は南アジアではよく発達していて、かつ競争的である。この労働市場で得られる賃金率が、例えば図4-5のw_1のような水準であった場合、このリキシャ引きはどのような就業行動をするであろうか。

彼が非熟練労働市場で働いた場合、どれだけ働くかを自分で選択できるならば、新たな均衡は、点Bで示される。リキシャ業に従事した場合の主体均衡を示す点A同様、点Bにおいても消費と余暇の限界代替率が賃金率に等しくなっているが、点Aではその賃金がシャドー賃金なのに対し、点Bでは市場賃金である。点Aの効用水準の方が点Bよりも高いため、このリキシャ引きはリキシャを引き続けるであろう[9]。

しかしそのような貧しいリキシャ引き生活がずっと続くとは限らない。図4-5には熟練労働市場の賃金率をw_2とした場合の最適な労働供給を点Cと

---

[9] この状態は、既にリキシャ業に参入しているリキシャ引きにレント（余剰）が発生していることを意味するから、労働市場における均衡であるためには、リキシャ業への参入に何らかの障壁があることを想定する必要がある。高田（1992）のバングラデシュの事例や黒崎（2013）のインドの事例によれば、手入れの行き届いたリキシャを借りるためには仲介者の紹介が必要であり、参入可能性が誰にでも同様に開かれているのではないから、この想定はおおむね当てはまろう。かりにまったく参入障壁がなければ、点Aを選択するリキシャ引きと点Bを選択するリキシャ引きとが共存することはありえず、非熟練労働市場でそれまで働いていた者のうちリキシャ業に参入する者の数が増える結果、2つの点が一致するまでリキシャの賃借料Rと非熟練労働市場の賃金w_1が上昇するであろう。

図4-5　リキシャ引きの賃労働市場への参加

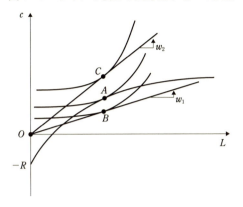

して示してある。この効用水準はリキシャ業に従事した場合の最適な資源配分を示す点Aよりも高いため、可能であれば彼は転業を望むであろう。しかし熟練労働市場に参入するにはある程度の教育水準などの人的資本が必要な場合が多いから、いまのままのリキシャ引きには高嶺の花かもしれない。それでも点Aと点Cの間の厚生水準の差が十分に大きければ、彼は現在の消費を少し控えて、教育などの人的投資にお金を回し、数年後の彼、あるいは彼の息子がリキシャ引きを卒業して、熟練労働市場で活躍することになるかもしれない。本章の図はすべて、技術進歩や人的・物的資本蓄積の可能性のない静学的なものだが、このような動学的な資源配分問題の分析もまた、ハウスホールド・モデルの得意とするところである[10]。

　順調に経済成長している途上国においては、図4-4に示したようにリキシャ業への需要が長期的には低下するかもしれないが、図4-5に示したような高い賃金率の労働需要が急速に増え、そこに労働者が流れていくというダイナミックなプロセスも同時に進展している。その場合、図4-4の点C

---

[10] 人的投資を行うために現在の消費をかなり削らなければならないというここでの想定は、将来の稼ぎが増えることを担保にしてお金を借りることができないという異時点間の資金の流動性制約を意味している。詳しくは本書第5章、黒崎（2001a）第2章、および黒崎（2009）第6章を参照されたい。

に見られる「貧困の悪循環」的状況は、短期的なもの、部分的なものにとどまるであろう。

4.5. 小農の賃労働市場へのかかわり

図4-5はリキシャ引きの例で説明したから、賃労働市場との関係はリキシャ引きを続けるか転業するかの二者択一であったが、小生産者一般のモデルを考える場合、自営業の人手が足りなければ外部から雇い入れ、人手が余っていれば家族の一部が外に働きに出るという連続した選択を考えることができる。

そこで小農のモデルとして図4-5を書き換えたのが図4-6である。点Aはこれまで通り、小農の家族労働依存の主体均衡を示している。農業賃労働市場が発達し、点Aでのシャドー賃金よりも安い賃金率w_1で農業労働者を雇うことが可能になれば、農業経営は点B_1で行い、消費支出と余暇の配分は点B_2で行うという、生産と消費が分離された資源配分が可能になる。点B_2に対応する労働供給量L_2は、点B_1に対応するこの農家の労働需要量L_1よりも小さいが、その差を外部労働者の雇用で埋めることになる。点B_2の効用水準は点Aにおける効用水準を上回っており、その差は外部市場を利用することのメリットと解釈できる。

たまたまこの図では点B_2が点B_1の左側にきているが、世帯内の働き手が多い場合には図4-6の無差別曲線がもっと右に位置し、それゆえに当初の自給自足均衡におけるシャドー賃金がw_1より低いことも考えられる。その場合、農業労働市場が利用できるようになると、逆に点B_2が点B_1の右側にくること、すなわち点B_2に対応する労働供給量がこの農家の労働需要量を上回るために、その差の分だけ、家族の一部が賃金率w_1のもとに外部農業労働市場で働くような均衡もありうる。

最後に、この農家の人的資本蓄積が進み、図4-5の高い賃金率w_2が支払われるような熟練労働市場に参入可能となった場合を考えよう。賃金率w_1の外部農業労働市場は引き続き存在すると想定する。この農家は、農業経営

図4-6　小農の生産行動と賃労働市場・兼業化

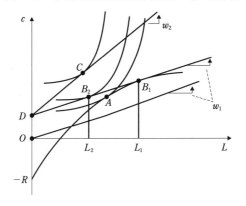

に関しては安い賃金率 w_1 で外部から労働者を雇い入れることができるのに対し、本人の機会賃金率はこれを大幅に上回る w_2 であるのだから、外部から雇い入れた労働者に農作業を任せ、みずからは熟練労働市場で働いた方が割がいい。したがって、図4-6に示すように、農業経営面では点 B_1 に対応する農業経営を外部労働者に完全に依存しつつも継続し、自分は賃金率の高い方の労働市場で働くという点 C のような資源配分が可能になる。経済発展の過程で生活水準の高い兼業農家が多数誕生するメカニズムを、ハウスホールド・モデルで説明すると以上のようになる。

　図4-3や図4-4と違って、図4-6における小農の意思決定は、まず（1）市場賃金率 w_1 を所与にして農業利潤を最大化する生産行動と、（2）そこから得られる農業利潤と参入可能な労働市場の賃金率を所与にして労働供給を最適化する消費者・労働者としての行動とに明確に分けられ、世帯内部で労働需給を調整するようなシャドー賃金の調整過程が必要なくなっている。このような資源配分を可能にしたのは労働市場の発達である[11]。生産者が消費者としてどのような嗜好をもっているかにかかわりなく、生産活動が

---

[11] このような特徴をもつ場合を分離型（separable）ハウスホールド・モデルと呼ぶ。生産に関する財・サービス市場が完備している場合に、分離性が成立する。詳しくは黒崎（2001a）第1～3章、Singh et al.（1986）Part 1 を見よ。

点 B_1 の組み合わせで実現し、最適化利潤が OD で表されていることに留意されたい。

4.6. ハウスホールド・モデルの強み

　以上見たように、途上国で重要な零細自営業者や小農の経済行動を分析するツールとして、ハウスホールド・モデルのアプローチはさまざまな興味深い面をもっている。一見非合理に見える行動を、不完全な市場環境のもとでの主体均衡価格の変化を考慮することによって経済的一貫性のある行動として分析できること、経済発展に伴う世帯レベルの変化を理論的に整合性のあるモデルに取り入れることによって、さまざまな経済環境変化の影響をシミュレーションできること、などがそれに当たる。本章では不完全な市場環境の例として、de Janvry et al. (1991) や Singh et al. (1986) 同様に賃労働市場の有無を取り上げたが、他にも信用市場の不完全性（Sadoulet and de Janvry 1995；Eswaran and Kotwal 1986）、保険市場の不備（Kurosaki and Fafchamps 2002）、世帯内部での協調の失敗（Udry 1996）などが、途上国における小生産者の行動を利潤最大化から乖離させる重要な要因として挙げられる。また、近年、貧困削減政策として脚光を浴びているマイクロクレジット（第10章参照）は、基本的に零細自営業のための資金を無担保で貧困層に融資するものだから、その効果を定量化するためのツールとしても、ハウスホールド・モデルはうってつけである。

　2000年代以降、ハウスホールド・モデルの理論・実証面での拡張はさらに進んでいる。実証面では、観察不可能な経済主体の多様性（unobservable heterogeneity）が引き起こす内生性を適切にコントロールすることが不可欠になっている。内生性を明示的にモデルに取り入れ、生産と消費のプロセス全体を含む構造的なハウスホールド・モデルを推定するアプローチ（Kurosaki and Fafchamps 2002）、理論面で家計内部の複数の世帯員間でどのように資源配分が行われるかの分析が進んだことを受けて、家計内交渉の重要性がどのくらい現実の途上国のミクロデータからサポートされるかを検

定するアプローチ（Fuwa et al. 2006）、そもそも内生性が生じないようなデータを自然実験やランダム化比較実験（RCT、第3章参照）によって収集し、それに基づいて家計内資源配分を検証するアプローチ（Ashraf 2009）などが模索されている。ハウスホールド・モデルに盛り込まれた消費者の最適化行動、生産者の利潤最大化行動、両者のバランスを保つような価格の調整という3つの側面は、農業を含む零細自営業者の資源配分のみならず、一般的な市場均衡をミクロ経済学的に考察する際の基本的なツールでもある。次章以降、開発途上国の経済問題を分析する際にこれら3つの側面が形を変えて登場することになる。

付論　自営業者の主体均衡

(1) 主体均衡の特徴

図4-3に示されたリキシャ引きの最適化問題は、数学的には次のように示される：

$$\max_{c, l, L} u(c, l) \tag{4-1}$$

subject to

$$c = f(L) - R \tag{4-2}$$

$$l = L_{max} - L \tag{4-3}$$

この最適化問題の解が満たすべき一階の必要条件は、消費者としての側面に関しては

$$\frac{\partial u/\partial l}{\partial u/\partial c} = \frac{\mu}{\lambda} \tag{4-4}$$

生産企業の側面に関しては

$$f'(L) = \frac{\mu}{\lambda} \tag{4-5}$$

（ただし λ は制約条件 $c = f(L) - R$ のラグランジュ乗数、μ は制約条件 $l = L_{max} - L$ のラグランジジュ乗数）となる。(4-4)式の左辺は消費者の**限界**

代替率、(4-5)式の左辺は労働の**限界生産性**、両方の式の右辺は**シャドー賃金**率である。

　消費と余暇の間の限界代替率を賃金率と等しくするというのは、消費者・労働者の通常の効用最大化で得られる均衡の特徴と同じである。賃金率をw、不労所得をπとして上記最適化問題の制約条件(4-2)式を

$$c = wL + \pi \qquad (4\text{-}2')$$

で置き換えれば、[(4-4)式の左辺] = wという一階の必要条件が導かれるからである。

　労働の限界生産性が賃金率と等しくなるまで雇用するという行動は、企業の通常の利潤最大化で得られる均衡の特徴である。$\pi = f(L) - wL - R$と利潤を定義し、Lについて利潤を最大化すれば、$f'(L) = w$という一階の必要条件が導かれるからである。

　そして、前者から決まる労働供給と後者から決まる労働需要とが一致するように賃金率wが変化して、経済全体の均衡が達成されるというのは、通常の労働市場均衡の条件である。つまりハウスホールド・モデルの主体均衡には、消費者の消費需要・労働供給決定、企業の労働需要・製品供給決定、財・労働市場を均衡するような価格決定、というミクロ経済学のエッセンスが凝縮されているのである（de Janvry et al. 1991）。

(2) 市場需要変化の影響

　(4-2)式を書き換え、$c = pf(L) - R$としよう。パラメーターpはこの世帯が生産する財・サービスの価格と考えればよい。(4-2)式は市場需要を固定して考えたから、単純化のために$p = 1$を想定していたことになる。ここでpが上昇した場合、(4-5)式の左辺が大きくなって、等号が成立しなくなる。

　とりあえずは(4-5)式の右辺が変化しないものとすれば、等号を回復するためにはもっと多くの労働を投入し、生産量を増やして、$f'(L)$を小さくすればよい。これが賃金率を外生とした場合の、通常の企業の反応である。

　しかしリキシャ引きや小農の場合、(4-4)式も同時に満たされねばならない。労働投入を増やせば、余暇が減るため余暇の限界効用（(4-4)式左辺の分子）は大きくなり、収入が増えるため消費の限界効用（(4-4)式左辺の分

母）が小さくなるため、(4-4)式左辺全体がかなり大きくなって、等号が成立しなくなる。(4-4)式の等号を回復させるためには、その右辺であるシャドー賃金率が上昇する必要がある。シャドー賃金率が上昇すれば、(4-5)式の等号が再び成立しなくなるので、等号を回復させるには賃金率を外生とした場合に比べて労働投入を減らせばよい。

どのくらいシャドー賃金率が上昇すれば全体の均衡が回復するか、その新しい均衡点における労働投入が当初の均衡での投入量よりも大きいか小さいかは、パラメーターの値に依存する。de Janvry et al.（1991）が示しているように消費需要関数や生産技術の特徴によって決まってくるため、実証的な問題となる。途上国農家のデータから推定したパラメーターのもとでは、図4-4に描いたように、点Cが点Bよりも右側に位置する可能性が少なからず存在する。すなわち生産財への市場需要上昇に対する「逆転した反応」は、かなりの頻度で起こり得るのである（de Janvry et al. 1991）。

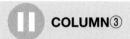

地主の大うちわ：パキスタン

　パキスタン・パンジャーブ州南部、ムルターン地方に、前国会議員Ｄ氏の農場を訪ねた（1989年）。1959年の土地改革で所有地を大幅に失ったＤ氏は、その後小作地をすべて自作地に変え、訪問時は、借り入れ地も含めて800ヘクタールを超す規模の農場を経営していた。

　一面の綿花畑に私を案内しながらも、こまめに送水や施肥状況をチェックし、差配に指示を出す。農場では10台のトラクターと100人を超す労働者が忙しく働いている。彼はそんな農場を経営する、まさしくパンジャーブの「資本主義的農民」そのものに見えた。

　ムルターン名物の埃と40度近い暑さから逃れるように、1930年築の彼の家に飛び込む。「館」という言葉がぴったりする豪邸も、メインテンスの悪さから古色蒼然としている。5メートルを優に超す高い天井が暑さを和らげるが、それでも扇風機なしでは息苦しくなる。

　Ｄ氏のところに次から次へと村人が相談ごとを抱えてやってくる。休息をかねてその一部始終を見守る私。

　彼はふむふむとうなずきながら、ゆっくりと村人の話を聞く。そして、何らかの指示を与えたり、ときにはなにがしかのお金を渡したりする。村人のＤ氏への信頼は厚い。差配はひどい人だが、地主は慈悲深いお方ということになっている。封建地主として村人を絶対的に服従させることが不可能な現在、かなりのコストを払って、このような村人との関係を維持しているＤ氏のような地方名士が、パキスタンにはいまも数多い。

　ふと高い天井を見上げると、なにやら2つの鈎がある。それもすべての部屋に。中庭にすら空中にパイプが渡され、そこに同じ2つの鈎がついている。あれは何だとＤ氏に尋ねると、ファンだという答え。解せない顔の私に彼が説明してくれた。

　「いいかね、この家が建った1930年には電気などなかったから、ああして各部屋の天井に鈎をつけて、そこに大きな布をぶら下げたのさ。そしてその布の先につけた紐を部屋の外から使用人が引っ張って、一晩中風を起こしてくれたというわけだ。いまは使っちゃいないけど」

　それは大うちわの鈎だったのだ。灼熱のムルターンの夏、人々は屋外に編みベッドをおいて寝るが、それでも暑さは容赦ない。その傍ら、邸壁の向こうには、使用人に一晩中この大うちわを引かせて安眠する地主。

　資本主義的農民としての顔と、地方の名士としての顔、Ｄ氏の2つの顔が同一であった時代、その権力はいかほどだったのか。そのいったんを垣間見せてくれた天井の鈎であった。そのＤ氏ももう故人である。

(黒崎卓)

第5章 途上国の信用市場

「手持ちのお金が足りないので、少し貸していただけませんか？」そう聞かれたら、読者の皆さんはどう答えるであろうか。常識的には、こんな曖昧な質問には答えようがない。貸してほしいといった人（あるいは企業）がどんな性格で、あなたとの関係がどうなっているのかに始まり、このお金を何に使うのか、どれだけどのくらいの期間貸してほしいのか、返すときには利子をつけるのか、返せない場合にどうするのか、担保はあるのか、等々、さまざまな条件をチェックして初めて、あなたは金を貸すかどうかを決めるであろう。

お金の貸し借りのことを経済学では「信用」(credit) の取引と呼び、その取引が行われる場を抽象的に「信用市場」と呼ぶ。市場であるからには信用を供給する側（貸し手）と需要する側（借り手）が存在し、取引量に相当するのが貸し借りの額、価格に相当するのが利子率である。しかし信用の取引は、例えばリンゴを売買するのとはかなり様子が違う。リンゴの場合、買い手がその品質について確かめたうえで、その場でリンゴと代金を交換して取引完了である。これに対して信用の場合、貸したお金を返してもらうのは将来のある時点であるから、現時点では貸し手は借り手を「信用」して相手にお金を渡すという一方向のみの取引となる。まさに人を「信用」することが信用取引の背後にあるわけである。

このような取引を、**異時点間**（intertemporal）取引と呼ぶ。本章の課題

は、代表的な異時点間取引である信用市場についてミクロ経済学的に分析し、経済発展とのかかわりを考察することである。前章では、零細自営業者や小規模農民（小農）がどのように生産活動を行い、市場環境が変化したときにどう反応するかを分析したが、その関係で言えば本章は、前章の話を異時点間の動学モデルに拡張することを意図している。零細自営業者や小農の多くは、資産や手持ちの資金が少なく、苦労してお金を遣り繰りしている。異時点間の資源配分が効率的に行われるかどうかは、経済発展がスムーズに進むかどうかを決める重要な要因なのである。

5.1. 信用の経済的役割(1)：生産資金の調達

図 5-1 は、零細自営業者や小農といった小生産者の利潤最大化問題を示したものである[1]。投入財 X の利用によってこの生産者は収入関数 $f(X)$ に沿って粗収入を得るが、この投入財の利用には単価 w の割合で費用がかかる。また、生産活動には R という固定費用がかかるため、生産者が得る利潤は $\pi = f(X) - wX - R$ となる。他に制約条件がないときに、この利潤最大化問題の解は、$f'(X) = w$、すなわち投入財の限界生産性がその機会費用に等しいという一階の必要条件を満たすことが知られている。これを示したのが図 5-1 の点 A で、投入財を X_1 だけ利用することによって、線分 AB の長さに対応する最大利潤が得られる。

日銭で商売を行うリキシャ引きであれば以上の想定もあながちおかしくはないが、手機織業を家内工業として行う自営業世帯や、農産物を自給および販売の両方の目的で生産する小農の場合、実際の生産活動と、生産物を売って収入を得る活動との間にかなりの時間差があるはずである。前者をかりに

---

[1] これは前章の図 4-6 を書き直したものである。図 4-6 では労働という投入財についての市場が完備していると想定したため、小生産者の効用最大化問題が、生産企業としての利潤最大化問題と、消費者としての効用最大化問題に分離可能となった。その生産企業としての利潤最大化問題の解である図 4-6 の点 B_1 が、図 5-1 における点 A に相当する。

図5-1　小生産者の利潤最大化と信用制約

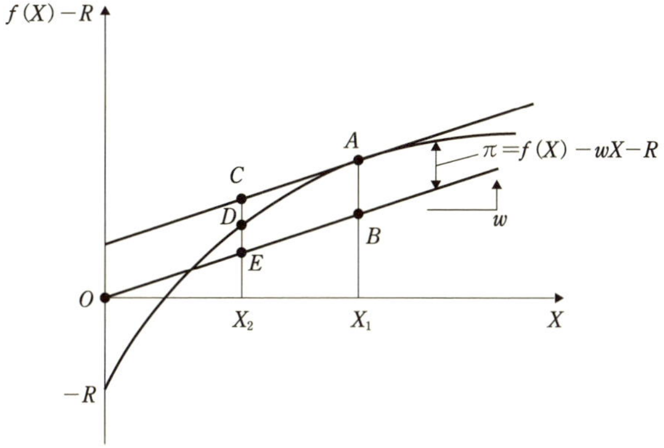

出所：筆者作成（以下図5-2も同じ）。

「生産期」、後者を「収穫期」と呼ぼう。その場合、生産期には$wX+R$を払うだけで他に収入はなく、収穫期にまとめて$f(X)$が入ってくる。小生産者が生産期に支払い可能な手持ち資金をK_0で表そう。この生産者の手持ち資金が十分大きければ$wX_1+R \leqq K_0$となるであろうから、点Aでの最適な生産計画を実現することが可能である。

しかしこの生産者の手持ち資金がもっと少なくて$wX_1+R > K_0$の場合、手持ち資金だけで経営しようとすれば、点Aで生産することはできない[2]。生産規模を縮小して$wX_2+R = K_0$となる図5-1の点Dのような生産計画を余儀なくされる。点Dにおいては、本来取得可能であった利潤AB（$= CE$）のうち、線分CDに相当する分だけ実現していないから、社会的に非効率な資源配分であると言える。数学的には点Dにおいて$f'(X_2) > w$が成立しており、限界生産性と機会費用が乖離している（付論参照）。

手持ち資金がもっと小さければ、$R > K_0$ということすらありうる。その場合、他に資金を得ることができなければ、この世帯は生産活動をあきらめて、単純労働者世帯に身を落とすしかないであろう。前章の図4-5におい

---

[2] 以下の生産における信用制約のモデルは、黒崎（2001a）第1章およびSadoulet and de Janvry（1995）Chap.5を参考にした。

て、効率的な自営業生産を示す点 A での経済活動ができずに、これよりも厚生水準の低い非熟練労働者世帯の均衡点 B に陥るわけである。

　これらの社会的非効率を弱め、小生産者の手許に残る利潤を高めるのが、**生産信用**（production credit）である。一定の利子率で信用を得ることができて、その借金で手持ちの資金 K_0 を補えば、信用市場が利用できなかったときには実現不可能な点 A での生産を含む幅広い生産計画が可能になり、社会的非効率も小さくなる。つまり信用市場は生産面での異時点間資源配分を効率化する機能をもつのである。将来から現在に資源を移転したいと思う十分な額を、信用市場から調達できない場合、調達できる資金の上限をミクロ経済学では**信用制約**（credit constraint）と呼ぶ。

5.2. 信用の経済的役割(2)：消費の平準化

　次にもう1つの重要な信用の機能として、**消費の平準化**（consumption smoothing）について説明しよう。途上国の経済主体の消費行動を、いまと将来という2時点間の資源配分モデルとして単純化する。

　ある世帯の現時点での手許の資金を y_1、将来手に入る収入を y_2 とする（単純化のため y_2 の値は確実であってリスクはないと仮定する）。世帯は、いまの消費水準 c_1 と将来の消費水準 c_2 を決定する。この2時点間の消費水準に関しても、第3章で紹介した2財の消費と同様に、無差別曲線を想定することができる。この世帯は、どちらかの期の消費が極端に多い消費パターンより、どちらの期も平均的に消費することを好むと仮定する。これは無差別曲線が原点に対して凸であるのと同じ意味である。本書で焦点を当てる開発途上国の貧困層の場合、一時的な消費の落ち込みが飢餓を意味するかもしれないから、このような仮定は適切であろう。図5-2に3本描かれた無差別曲線において、1つの曲線上の点はすべて同じ厚生水準に、右上に位置する別の曲線はより高い水準に対応している。無差別曲線の傾きは、この世帯が現時点の消費を将来の消費よりも好む度合いが強ければ強いほど急になる。これらの関係を効用関数 $U = u(c_1, c_2)$ と表現する。

図5-2　異時点間の消費平準化と信用

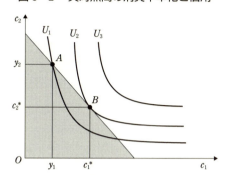

　現時点よりも将来の収入の方がかなり大きい場合（図5-2の点A）、手持ちのお金をそのまま全部消費するという点Aのような資源配分は、2時点間のバランスが悪いから低い効用U_1しか生み出さない。この場合に利子率rで消費信用を得ることができて、その借金で手持ちの資金y_1を補えば、消費は平準化されて、厚生が改善される。貸し借りの利子率が同一のrという値を取り、貸し借りの額に上限がないという意味で完全な信用市場を想定すれば、この世帯の現時点での価格表記による予算制約式は、

$$c_1 + c_2/(1+r) \leqq y_1 + y_2/(1+r)$$

となる。これを示すのが線分ABを含む図5-2の塗りつぶし部分である。世帯はこの制約条件のもとに効用を最大化する。図5-2で明らかなように、効用が最大となるのは予算制約式と無差別曲線とが接する点Bにおいてである（数学的詳細については付論を参照）。この場合、現在の消費水準は、手持ち額のy_1に消費信用として借り入れた額$(c_1^* - y_1)$を加えたものとなり、将来の消費水準は、将来の収入y_2から消費信用の返却額$(1+r)(c_1^* - y_1)$を差し引いた残りの額となる。

　点Bにおいては、点Aと同じ総所得から、U_1より高い効用U_2が得られている。信用市場は消費平準化を通じて、消費面からも異時点間の資源配分を効率化するのである。

5.3. 信用の経済的役割(3)：消費平準化を通じた生産投資推進

　図5-1では単純化のために、生産投資に用いることができる資金K_0は外生的に決まっており、小生産者は「生産期」に消費を必要とせず、「収穫期」に得られる利潤を消費して効用を得るという静学モデルが暗に仮定されていた。しかしこの仮定は現実の途上国の貧困層を考えるうえで不十分である。生産期にも消費のための資金が必要であるから、その必要額との関連で、生産投資に用いることができる資金K_0も内生的に決まってくると考えるべきである。

　図5-2では単純化のために、現時点で消費に利用可能な資金フローy_1、将来手に入る収入フローy_2のどちらも外生的に決まっており、消費者はこれを異時点間でいかに配分するかということに焦点を当てた。しかし第4章で議論したような小生産者としての消費者の場合、y_1とy_2のフローがどのようなパターンになるかを、生産面での決定を通じて調整することが可能である。

　そこで、図5-1と図5-2それぞれに込められた考え方を組み合わせる必要が生まれる。まずは単純な例として、図5-1の「生産期」が図5-2の「現時点」、図5-1の「収穫期」が図5-2の「将来」に相当し、不確実性のない2時点モデルを考えよう（数学的詳細は付論参照）。現時点での手持ちの資金をK_0とすると、信用市場から資金を借りることがまったく不可能な場合、世帯はこの資金で現時点の消費c_1と生産資金$wX+R$のすべてを賄わなければいけない。収穫期に得られる消費c_2は、粗生産額$pg(X)$、および生産期に使い残した資金があればそれを利子率rで運用したものとの合計となると仮定する（ただし$g(\cdot)$は生産量で測った生産関数、pは収穫期におけるこの生産物の価格）。

　付論の数学的詳細に示すように、このモデルの最適化問題からは、投入財の限界生産が異時点間消費の限界代替率に等しいという条件が導かれ、その条件を満たすような投入財利用すなわち生産レベルは、手持ちの資金K_0が増えれば増えるほど大きくなり、K_0がある水準K^*を超えると図5-1での

効率的生産水準 A が実現されることがわかる。つまり、同じ生産技術をもっているにもかかわらず、手元の資金 K_0 が少ない生産者、すなわち貧困層ほど、有利な生産機会を見逃して、非効率な過少生産に甘んじる結果となる。手元の資金 K_0 がある程度に達した非貧困層のみが効率的な生産を行えるのである。

ここで留意すべきは、K^* の値は、効率的生産計画 A に必要な最低資金である $wX_1 + R$ よりもかなり大きいことである。消費平準化のための信用を得られない以上、たとえ手持ちの資金が $wX_1 + R$ を賄うのには十分であったとしてもそれほど大きな額でない場合には、$wX_1 + R$ 全額を払ってしまうと、手持ち資金の減少から、生産期の消費水準は大きく落ち込んでしまう。貧困層にとってこのような消費の落ち込みは生存維持を困難にするかもしれないため、生産費を縮小して現時点の消費水準をある程度に保つ必要がある。したがって、K_0 が K^* を下回る貧困層にとって最適な生産水準は、生産技術だけでなく、異時点間消費の限界代替率といった消費者としての世帯特徴の影響を受ける。K_0 が K^* を上回る富裕層にとっての最適な生産水準が、生産技術と利子率を含む市場価格のみによって決定され、消費者としての世帯特徴の影響を受けないのと対照的である。

同じモデルにおいて、信用市場からの借り入れが自由にできるようになると、K_0 の値に関係なく、貧困世帯・非貧困世帯すべてが社会的に効率的な生産 A を選択することができる（付論参照）。この状況では、小生産者の生産・消費行動を、（1）利子率 r のもとで生産信用 $wX_1 + R$ を借り入れて、生産利潤を最大化する生産者としての利潤最大化行動と、（2）そこから得られる通時的な総所得の制約条件と利子率 r のもとで消費を平準化する消費者としての効用最大化行動とに、分けて考えることができる[3]。

消費平準化のための信用を得られるかどうかが、生産面での決定に影響を与える度合いは、生産に**不確実性**（例えば農業における不作のリスクなど）があるとさらに強まる。図5-2の c_1 と c_2 を、異なる時点の消費ではなく、リスクが存在するときに、将来のある時点の異なった2つの状態（state）

---

[3] これは第4章で扱った分離型（separable）ハウスホールド・モデルに相当する。

における消費水準と読み替えた場合、この図の無差別曲線は、どちらかの状態における消費が極端に多い消費パターンより、どちらの状態でも平均的に消費できる方が、どちらの状態が実現するかわからない現時点での評価としては厚生水準が高いこと、すなわち**リスク回避**（risk aversion）を表現していると解釈できる。平均の消費水準が低い途上国の貧困層にとってリスク回避を想定することは適切であろう。将来の生産にリスクがあり、生産者がリスク回避的であるにもかかわらず、消費平準化のための信用を得ることが難しければなおさら、現時点で思い切った投資的な生産計画を採用することが難しくなる。将来の不測の事態に備えて現時点の支出を減らすことは、**予備的動機による貯蓄**（precautionary saving）と呼ばれ、途上国の貧困層の動学問題を考えるうえで重要である（黒崎 1998a, 1998c, 2009）。

　消費平準化のための信用が不十分なために点 A という生産計画を選べないこれらのメカニズムは、貧困層が貧困の罠を長期的に脱却できない1つのミクロ的理由になっている可能性がある（Fafchamps and Pender 1997; Rosenzweig and Wolpin 1993）。長期的に所得水準を上昇させるための生産計画として、教育などの人的投資を挙げることができる。途上国の貧困層であっても教育の重要性はよくわかっており、教育投資が経済的にもペイすることを意識していることが多い。しかしそれを可能にする信用市場へのアクセスがなければ、現時点での低い消費をさらに切り詰めて教育投資に回すことは難しい（Jacoby and Skoufias 1997）。信用制約と家計の教育投資の関係については、2000年代以降、さらに多様な実証研究が途上国経済を事例に行われ、教育推進・児童労働撲滅のために有効な政策介入についての理解が深められつつある（黒崎 2015; Sawada and Lokshin 2009）。また、収益性の高い新技術の採用においても、新技術が失敗した場合のリスクをカバーするような消費平準化信用へのアクセスをもたない貧困層は、その採用に消極的にならざるをえないことが、同様のモデルから導かれる（Besley 1995, pp.2192-93）。

5.4. ミクロの信用制約とマクロ経済

このように、信用市場の不完全性、例えば国民の一部しか信用アクセスをもっていなかったり、手持ちの資金の多い者だけが投資可能であったりする状態では、そうでない場合に比べてマクロ経済パフォーマンスが悪化すると考えられる。そこで、国民の間で信用を得る機会の不平等があった場合に、その後のマクロ経済成長率や不平等度がどのように変化するか、という点に着目した理論研究が、1980~90年代に多数発表された。不平等が経済成長に影響を与える経路としては、信用制約以外にも、投票を通じて所得再配分的政策がどのように採用されるかに着目した政治経済学的アプローチや、社会不安などを通じて投資率を引き下げることに着目する議論などもある(Bénabou 1996)が、本章の課題に鑑みここでは信用制約に議論を絞る。

信用市場が不完全な場合、初期時点で資産を多くもっていた者のみが、図5-1や図5-2に描かれた有利な投資機会を利用することができる。逆に資産が少なく、信用制約に直面していた貧困層は、この機会を逃さざるをえないから、前者に雇用されることになる。このような労働者と企業家という職業選択を通じて実現する不平等の長期的経路を、信用市場の不完全性とリンクさせて議論する代表的な理論モデルには、Evans and Jovanovic (1989)、Banerjee and Newman (1993)、Lloyd-Ellis and Bernhardt (2000) などがある[4]。

Evans and Jovanovic (1989) のモデルは、信用市場が不完全な場合に自営業を始めるには自己資金が必要であることに着目する。個人の自営業能力が多様であることを仮定し、自営業能力が高い個人ほど大きなビジネスに優位をもつためにより多くの資金を需要するとされる。対照的に Lloyd-Ellis

---

[4] これらの理論モデルの構造パラメータを実際の途上国のミクロデータから推定し、信用制約と不平等の長期的関係に関する構造的実証分析を行った研究に、Giné and Townsend (2004)、Paulson and Townsend (2004) などがある。すなわち1990年代までのこのテーマに関する理論モデルの多くが、その後、実証的裏づけをもつようになった。

and Bernhardt（2000）は、個人の自営業能力が高いほど低い設立費用で有利な投資を行うことができるので資金需要は小さいと仮定してモデルを組み立てている。自営業能力の多様性をモデル化するうえで、どちらの仮定にも一理ある。

この対照的な仮定にもかかわらず両者は、経済成長が不平等度の上昇を伴うという同一の結論を得た。これは、信用制約ゆえに労働者として生活せざるをえない階層の資産は、投資機会を有効に生かせるだけの水準になかなか到達しないのに対し、たまたま十分な資産と自営能力をスタート時にもっていた階層はその富をさらに蓄積することができるためである。つまり信用制約の存在は、最適なマクロ経済成長よりも成長率を下げるのみでなく、より不平等な成長を実現する可能性が強いことが、理論的に明らかになっているのである。

5.5. 途上国の信用市場の特徴

以上から、異時点間の資源配分を効率化し、平等な経済成長を達成するうえで、信用市場の整備がプラスの効果をもたらしうることが明らかになった。では、現実の途上国では、具体的にどのような機関や制度が信用市場を構成しているのであろうか（コラム④「農村でのお金の貸し借り：ミャンマー」も参照）[5]。

まず挙げられるのは、銀行、開発金融銀行、協同組合などの近代的金融機関である。どんな開発途上国であれ、大都市には銀行が立ち並び、企業の多くがそこから資金を借りている。農村においても、上層の農家がトラクターを購入する際などには、農業協同組合や農業開発銀行といった金融機関から

---

[5] 経済発展における金融の役割については、奥田・黒柳（1998）が手際よく論点を整理している。なかでも、インフォーマル信用に詳しく言及しているのは同書所収の三重野（1998）である。途上国の信用市場と金融に関するより詳細な研究展望としてはBell（1988）、Besley（1995）を参照のこと。

融資を得ることが多い。

　しかし途上国の金融市場について考える際に見逃せないのは、地主・商人が金貸し業を兼ねるケースがあったり、あるいは雇い主からの借金をする、友人・親類との間で信用のやり取りをする、あるいは「講」[6]を結成するなどという形で、多様な**インフォーマル金融**が活用されているということである。近代的金融機関を借り手として利用できるのは多くの場合、会社組織を取る企業や担保となる農地を十分にもった上層の農家であって、零細家内企業や小農にとって融資の機会はまだまだ限られている。さらには、途上国の場合、消費者金融機関はほとんど発達していないから、小額の消費信用はもっぱらインフォーマル金融が担っている。

　また、途上国の信用市場を考えるうえで忘れてならないのは、政府介入がさまざまな側面で見られることである。例えば、途上国農村部においても農業の商業化を通じて資金需要が高まった1950～60年代には、多くの途上国において、一般の農民を対象とした低利優遇融資政策が採られた。その政策の背後には、インフォーマル金貸し業者が不当に高い利子率を取って人々を苦しめているというステレオタイプの見方があった。このため、農民向けの低利の優遇融資を民間の金融機関に対して半強制的に割り当てる、あるいは補助金つきの融資を行う専門の公的機関として農業開発銀行を設置するといった政策と、民間金貸し業に対して利子率の上限規制を設けるような措置とが組み合わされて実施された。しかし一般的に言ってこれらの政策は成功しなかった。融資を受けた富農層の多くが戦略的に借金を踏み倒した一方、小農はその後も公的融資から除外されるという状態が一般化してしまったのである。1980年代には構造調整（第1章参照）の名のもとに、金融自由化政策や開発金融機関改革が行われたが、それでも零細企業や小農の生産資金需要や

---

[6]「講」とは、メンバーが定期的に集まって毎回一定額を供出し、毎回の合計額をメンバーの誰か1人が順番に一度だけ受け取る制度である。順番はくじ引きあるいは入札で決められる。英語では Rotating Savings and Credit Associations（ROSCA）と呼ばれる。早めに講の支払いを受けたメンバーの場合、借り手である期間が長くなるが、最後に支払われるメンバーにとっては毎回一定額貯金したのと同じことになる。詳しくはBesley et al.（1993）などを参照のこと。

低所得消費者の消費信用需要は十分満たされないままであった。

　政府による公的金融機関設置も、市場による配分機能を重視した金融自由化も、低所得国の信用市場を効率化させるのにあまり効果的でなかったのはなぜであろうか。このことを考えるために、信用取引の特徴についてさらに検討してみよう。

5.6. 信用と債務不履行

　冒頭に挙げたリンゴの取引と信用の取引の例に戻ると、リンゴの取引がスムーズに行われる理由がいくつか挙げられる。まずその場で決済して、取引を完了できる。次にリンゴの質についての買い手と売り手の情報の差が少ない。もちろん売り手の方が自分の売るリンゴについてよく知っているであろうが、買い手からすれば自分が消費して満足を得られるかどうかがわかればよいから、例えば試食することにより自分に必要な情報はほぼ得られ、あとは価格を交渉するだけでよい。またリンゴの売り手も買い手も多数存在して、どちらもその交渉に満足できなければ別の取引相手を簡単に探すことができる。

　これに対して信用とは、第1に異時点間取引であるから、本当に返してもらえるかどうか不確実なのに金を貸し与えてしまう。借り手がなかなか返してくれない場合には、返させる努力を貸し手が行わなくてはいけないかもしれない。こういった努力に伴う費用は**履行強制**（enforcement）費用と呼ばれる。しかし貸し手がどれだけ履行強制のために努力しても、借り手に本当にお金がなければ取り戻しようがない。約束の額が返されない事態を**債務不履行**（デフォールト：default）と呼ぶ。もちろん貸し手は相手が返してくれるという信用のもとにお金を貸すのであるが、将来のことである以上、貸したお金が債務不履行になる可能性を常に考慮して行動せざるをえない。

　このことを考えると、貸し手と借り手のもっている情報量の差が問題になる。借り手がどのような借り手であるのか、借りたお金をどのように使うのかによって、デフォールトの可能性は変化する。これらの情報を、借り手は

よく知っているのに対し、貸し手はその全貌をなかなかつかみきれない。このような状態を**情報の非対称**と呼ぶ。借り手の情報が完全につかめない以上、信用の価格に相当する利子率だけに基づいて取引を行うのは危険である（この点については以下で詳しく説明する）。

債務不履行の可能性を考慮すると、信用取引というのは匿名者同士の競争的取引ではありえない。例えば、資金を必要とする農民は、これまでお金を貸してくれた地主との個人的関係が悪化したからといって、それまで信用取引のなかった別の地主からすぐに資金を借りられるわけではないのである。

5.7. 非対称情報下の逆選択とモラルハザード

信用市場においては利子率が通常の価格のようには機能しないことを、Stiglitz and Weiss（1981）の**信用割当**（credit rationing）モデルで説明しよう。信用割当とは、その貸付条件を受け入れる借り手がたくさんいるにもかかわらず、貸し手は利子率を引き上げて全員に貸し付けすることをせずに、低い利子率を保ったまま、信用の供給を少数の者だけに割り当てることをいう。

ここで借り手は資金 K を利子率 r で借りて、何らかの投資を行い、その投資が収益 π を生むとしよう。ただし π には不確実性があるものとする。例えば、借りた運転資本 K で化学肥料を買って農業生産を行った場合、天候不調や病害によって収穫が皆無になるかもしれない。信用供与の際に抵当 C を用いることが可能とすれば、$C+\pi \geq (1+r)K$ のときに貸し手は債権を回収できて、rK に相当する利子所得を得る。しかしたまたま不作になったり、投資プロジェクトが失敗したりして、$C+\pi < (1+r)K$ となれば、債務不履行が生じる。その場合貸し手が回収できるのは最大限 $C+\pi$ となり、ネットの利子所得は $C+\pi-K < rK$ となる。

非対称情報が問題になる第1のケースは、借り手の性格、能力およびそれらによって決まる収益リスクの大きさが借り手ごとに異なっているのに貸し手にそれがわからない場合である。単純化のために π の期待値（＝平均）

はリスクの小さい（つまり極端にπが低くなる可能性が低い代わりに、極端に高い可能性も低い）借り手とリスクの大きい借り手で同一であるとする。ここで利子率rが低ければリスクの小さい借り手も大きい借り手も資金を借りたがるであろう。しかし、ある程度利子率を上げると、リスクの小さい借り手にとって資金を借りることが割に合わなくなる。ところがその水準より高い利子率でも、リスクの高い借り手は資金を借りたがる。なぜならπの期待値が同じでそのリスクが大きいということは、事業がたまたまうまくいって膨大な利益が上がる可能性が高いということだからである。もちろんそれは同時に、事業が大失敗する可能性も高いということであるが、その場合に借り手は債務不履行に陥るから、どれだけ借りたかにかかわらず、損失の上限はCと決まっている。したがって成功の利益は借り手に、失敗の負担は主に貸し手に帰属することになる。つまり、貸し手が借り手の債務不履行の可能性を事前には完全に把握できないために、利子率を上げると逆にリスクの大きい借り手ばかり集まってしまう。この現象を**逆選択**あるいは**逆淘汰**（adverse selection）と呼ぶ。

　逆選択は貸し手が借り手を選択する際の問題であったが、貸し手が借り手を選択して融資を行った後でも、非対称情報の問題は残る。通常貸し手は、借り手が借りた金をどのように使うかも正確には捕捉できないからである。ここで借り手は同質であるが、リスクの大きい投資案件（例えば農民が市場向けの野菜一種類を作付けするなど）と、リスクの小さい投資案件（例えば農民が収量も価格も安定した穀物を何種類も作付けするなど）をもっていて、貸し手は借り手が信用をどちらの案件に用いるのかをコントロールできないものとしよう。すると、逆選択とまったく同じ論理により、利子率rがある程度以上高くなると借り手はリスクの大きい案件にのみ投資するようになる。というのは、成功した場合には投資に比例した収益を受け取るのに対して、失敗した場合には損失の上限がCに固定されているからである。このように、情報をより多くもっている人が、情報の非対称ゆえにリスクのより大きい行動に走ってしまうという現象を**モラルハザード**（moral hazard）と呼ぶ。この場合で言えば、貸し手が借り手の投資行動を完全に監視できないために、利子率を上げることは、その高い利子を支払えるようなリスクの

大きい事業に借り手の投資を向かわせるというモラルハザードを生むのである。

　逆選択（契約前機会主義）の場合もモラルハザード（契約後機会主義）の場合も、高い利子率を受け入れる借り手がさらに存在するからといって、借り入れを希望する借り手全員に信用を与えれば債務不履行が頻繁に起こってしまうから、貸し手の純利潤はむしろ減ってしまう。したがってこのことを知っている貸し手は利子率を上げない代わりに、利用可能な情報を駆使して借り手の数を絞ることを選択する。これが信用割当に他ならない。つまり情報の非対称があると、利子率rは信用の需給を一致させる価格としての機能を十分に発揮することができずに、信用市場における配分は歪められてしまうのである。

5.8. 信用市場、貧困、非対称情報

　逆選択とモラルハザード、そして履行強制の費用に着目すれば、単純な金融自由化が零細企業の信用ニーズに十分応えることができなかったことや、インフォーマル信用を含む各種金融主体が現在も正規の銀行と共存していることをある程度説明できる。まず、自由化された金融機関は、信用への超過需要が存在するからといって利子率を上げれば借り手の質がむしろ悪化してしまうことを知っているため、利子率を上げて超過需要に応えることに消極的になる。自由化されればなおさら、貸付額に比べて履行強制費用が割高で抵当も十分でないような小口融資には慎重になるであろう。

　これに対し、インフォーマル金融の場合、貸し手は借り手との長い個人的付き合いや、信用取引と他の取引（商人であれば農産物販売、地主であれば小作関係など）とを組み合わせること（**インターリンケージ**［interlinkage］**取引**[7]）などを通じて、非対称情報と履行強制の問題を軽減することができる。例えば地主が小作人に対して表面的にかなり高く見える利子率で融資し

---

[7] インターリンケージ取引について詳しくは黒崎（2001a）第6章やBell（1988）を参照。

ていたとしても、それが履行強制費用等をも織り込んだものである場合には正当な水準でありうる。そのような場合には、利子率に上限を設定することはその経済にとって有害である。というのは、上限設定によって、抵当になるような資産をもたない階層の信用へのアクセスを、むしろ縮小させかねないからである。

　信用へのアクセスは、貧困問題と深く関連している。本章で詳しく見たように、生産のための手持ち資金が少なすぎたり、消費平準化のための信用が利用できない場合、同じ生産技術をもっている小生産者であっても、手持ち資金の多い富裕層は利潤を最大化する生産計画を選択できるのに対し、手持ち資金の少ない貧困層は利潤最大化の資源配分をみすみすあきらめて、より少ない利潤を甘受することになる。この生産効率の格差が所得格差を生み、貯蓄行動を通じてさらに資産格差につながり、富裕層と貧困層の地位を固定させ、格差を拡大させるであろう。

　情報の非対称に由来する逆選択とモラルハザードの問題も、借り手が十分な抵当を提供することができて、かつ投資案件がうまくいかなかった場合の履行強制を可能にする諸制度が整っていれば、かなりの程度緩和される。しかし十分な抵当を提供することができるのも、履行強制に関する諸制度、とりわけ行政や司法を利用することができるのも、富裕層であるというのが多くの途上国の現実である。

　これらの理由から、安価で効率的な信用へのアクセスを保証することは、1つの有効な貧困削減政策であり、同時にマクロ成長促進政策でもありうる。金融自由化も低利の公的融資もこれに成功しなかったという事実に鑑み、情報の非対称という課題に答える抜本的な政策が必要とされる。その1つの試みが、1980年代以降、多くの国々で試みられているマイクロクレジットである（第10章参照）。

　本章で取り上げた情報の非対称の問題は、信用市場のみならず、労働市場（次章参照）、生産物市場においても重要である。取引相手との間で情報が共有できないことは、履行強制の費用を高め、逆選択、モラルハザードといった機会主義的行動の余地を生み出す。完全競争均衡がパレート最適の配分を実現するという「厚生経済学の基本定理」は非対称情報のもとでは成立しな

いから、政策介入が効率性を高める余地が生まれ、適切な介入の指針を与えるツールとしてミクロ経済分析が活躍する場が与えられるのである。

付論　信用の経済効果のモデル分析

(1) 生産信用

信用がまったく得られず、手持ち資金 K_0 のみを用いて生産を行う場合の最適化問題の解は、投入財利用水準 X について

$$\max_{X} \pi = f(X) - wX - R \tag{5-1}$$

subject to

$$wX + R \leqq K_0 \tag{5-2}$$

を解くことで得られる。制約条件(5-2)式が、生産費を手持ち資金のみで賄わなければいけないことを示している。これを解くと、一階の必要条件は

$$f'(X) = w + \lambda \tag{5-3}$$

（ただし λ は手持ち資金制約条件のラグランジュ乗数）となる。λ は、手持ち資金が豊富なために点 A での生産が手持ち資金のみで可能な場合には、制約が効いていないためにゼロとなり、手持ち資金が不足するために点 A での生産が不可能な場合（例えば点 D で生産している場合）には、制約が効いているために正となる。制約が効いている場合、投入財の限界生産がその直接的費用である w を上回っているわけであるから、投入水準は過少で非効率となっている。

ここに貸し借りの利子率が同一の r という値を取り、貸し借りの額に上限がないという意味で完全な信用市場が導入された場合、小生産者の粗収入 $f(X)$ は生産期の価格で評価して、$f(X) = pg(X)/(1+r)$ と表すことができる（ただし p は収穫期の生産物の価格、$g(X)$ は生産物の量で表示した生産関数）。信用を利用する必要がある生産者の場合、手持ち資金で賄える分の投入財、すなわち $X_0 \equiv (K_0 - R)/w$ をまず利用したうえで、信用供与を利用してさらに利用する投入財の量 ΔX を決定することになる。この資金として $w\Delta X$ を生産期に借りて、$(1+r)w\Delta X$ を収穫期に返すから、生産期価格

表示での利潤最大化問題は、

$$\pi = pg(X_0+\Delta X)/(1+r) - R - w(X_0+\Delta X)$$
$$+ [w\Delta X - (1+r)w\Delta X/(1+r)] \qquad (5\text{-}4)$$

をΔXについて最大化すればよい。右辺の角かっこの中身が信用市場の利用を表している。簡単な計算により、この式は

$$\pi = f(X_0+\Delta X) - K_0 - w\Delta X$$

となるから、利潤最大化によって図5-1の点Aすなわち

$$f'(X) = w \qquad (5\text{-}5)$$

という資源配分が導かれる。

(2) 消費平準化のための信用

図5-2の消費者の最適化問題は、消費水準c_1、c_2について

$$\max_{c_1, c_2} U(c_1, c_2) \qquad (5\text{-}6)$$

subject to

$$c_1 + c_2/(1+r) \leq y_1 + y_2/(1+r) \qquad (5\text{-}7)$$

を解くことである。この制約条件の左辺は、市場利子率rで評価した2時点消費の現在評価額、右辺は同じくrで評価した2時点所得の現在評価額である。この所得制約以外には消費水準c_1、c_2に制約がついていないところに、完全な信用市場、すなわち一定の利子率rのもとで任意の額の貸し借りができることが表現されている。第1期の借入額は、c_1-y_1（この値がマイナスの場合は貸出を意味する）、第2期の返済額は$(1+r)(c_1-y_1)$である。これを解くと、一階の必要条件として、

$$\frac{\partial U/\partial c_1}{\partial U/\partial c_2} = 1+r \qquad (5\text{-}8)$$

が導かれる。左辺は異時点間の限界代替率、右辺は利子率によって決まってくる異時点間の相対価格である。異時点間の分離性を想定して$U = u(c_1) + u(c_2)/(1+\delta)$とした定式化も頻繁に使われる（$\delta$は主観的割引率）。この場合、上の式は

$$\frac{u'(c_1)}{u'(c_2)} = \frac{1+r}{1+\delta} \tag{5-8}'$$

と単純化される（詳しくは Deaton [1991, 1992]、黒崎 [2001] 第 2 章、黒崎 [2009] 第 6 章を参照）。

(3) 消費平準化と生産投資

異時点間の分離性を想定したうえで、まずは信用市場から借入できないケースを考えよう。この場合の世帯の最適化問題は、消費水準 c_1、c_2、第 1 期の貯蓄 S、および投入財利用水準 X について

$$\max_{c_1, c_2, S, X} U = u(c_1) + u(c_2)/(1+\delta) \tag{5-9}$$

subject to

$$c_1 = K_0 - wX - R - S \tag{5-10}$$
$$c_2 = pg(X) + (1+r)S \tag{5-11}$$
$$S \geqq 0 \tag{5-12}$$

を解くことである。最後の制約条件(5-12)式が信用制約を表現している。信用市場が機能していないのに余剰資金 S の運用で $(1+r)S$ という資金が第 2 期に得られるという(5-11)式の想定は矛盾しているように聞こえるかもしれないが、借りることはできなくても貸すことはできる場合もあること、他人に貸さなくとも自分でこの資金を金（きん）や穀物の形で蓄えることができること（その場合には r はゼロやマイナスの値をとると考えられる）などを表している。言い換えれば(5-12)式は、この世帯が第 1 期に資金を借りること（$S<0$）を排除している。

この最適化問題をラグランジュ法を用いて解いてみよう。

$$L = u(K_0 - wX - R - S) + u(pg(X) + (1+r)S)/(1+\delta) + \lambda S$$

（ただし λ は制約条件(5-12)式のラグランジュ乗数）を X について微分して、

$$pg'(X)/w = (1+\delta)u'(c_1)/u'(c_2) \tag{5-13}$$

同じく S について微分して、

$$(1+\delta)u'(c_1)/u'(c_2) = (1+r) + (1+\delta)\lambda/u'(c_2) \tag{5-14}$$

という一階の必要条件が得られる。ここで $\mu = (1+\delta)\lambda/\{(1+r)u'(c_2)\}$ と定義すれば、2つの式を整理して

$$pg'(X)/w = (1+r)(1+\mu) \qquad (5\text{-}13)'$$

$$(1+\delta)u'(c_1)/u'(c_2) = (1+r)(1+\mu) \qquad (5\text{-}14)'$$

という関係が得られる。(5-14)′式の左辺は異時点間の限界代替率を示し、(5-13)′式の左辺は投入財 X の限界生産を相対価格で正規化したものに相当するから、2つの式は、投入財の限界生産が異時点間消費の限界代替率に等しいという条件を示している。

問題は μ の符号である。$S^* > 0$、すなわち(5-12)式が制約となっていない場合には、$\lambda = 0$ すなわち $\mu = 0$ となるため、(5-13)′式は(5-5)式と同じ条件、すなわち図5-1における点Aでの生産が最適となることを示している。また、この時(5-14)′式は(5-8)′式と同じになる。ということはつまり、第1段階として生産量を決定するために、異時点間の総利潤の現在価値を最大化するように投入財 X の量を選び、次に第2段階として、それによって得られた利潤と当初の手持ち資金とをあわせた額を所得制約として効用を最大化するように消費量を決定するという逐次的なプロセスで世帯の資源配分は記述できる。これは、前章で扱った分離型ハウスホールド・モデルに相当する。

他方、$S^* = 0$、すなわち(5-12)式の制約が効いているときは、$\lambda > 0$ となるため、$u'(c_2) > 0$ という仮定と併せると $\mu > 0$ である。つまり(5-13)′式は(5-5)式に比べて投入財の限界生産性が高すぎること、すなわち生産水準が過少であることを意味している。また、このとき(5-14)′式は(5-8)′式に比べて第1期での消費の限界効用が高すぎることを示している。第1期の消費の限界効用が高すぎるということは、第1期の消費を増やして第2期の消費を減らした方が、効用が上がることを意味しているが、信用制約ゆえに、第1期の消費をこれ以上増やせないのである。

$S^* = 0$ のとき、$\partial\mu/\partial K_0 < 0$ となることが(5-13)′、(5-14)′の連立式を微分することから導出できる。つまり μ は K_0 が小さいという貧困層であればあるほど大きな値をとり、生産面での過少投入という非効率も大きくなる。この非効率の度合いはまた、δ など異時点間消費の限界代替率に関連した

消費者としての属性によっても左右される。K_0が大きくなりある水準 K^* を超えると、$S^* > 0$ すなわち貯蓄余剰が生じて、非効率は解消される。

このモデルから信用制約を取り除く、すなわち一定の利子率 r で任意の額を借り入れることも貸し出すこともできる状態を仮定した場合は、(5-9)式を(5-10)、(5-11)という2つの制約条件だけのもとで最大化する問題と同値になる。したがってその一階の最適化条件は、(5-13)′、(5-14)′式において μ を常にゼロとおいたものになる。つまり、K_0 の水準に関係なく、効率的な生産が行われる。これが、信用市場が消費平準化を通じて生産投資を効率化する1つのプロセスである。

COLUMN④

農村でのお金の貸し借り：ミャンマー

　ミャンマーはイラワジ河デルタの稲作地帯で農村調査をしていたときの話である（2001年）。この地域では農村人口の約半数が土地なし農業労働者。彼らが土地持ち農家よりもさらに貧しいのは、着ている服の破れ加減からも明白だった。

　当時、収穫労働の日雇賃金は150チャット。市場為替レートで評価すればおよそ0.2米ドルに相当するから、世界でも類のない低賃金である。この賃金では金（きん）などの形で資産を蓄える余裕などないから、たまたま仕事が減ると、彼らはすぐ生活に困る。それでも仕事さえあれば、この賃金で5人家族なら1日分のコメが買えるほど米価が安いので、夫婦で働いて何とか生活できる。

　「いま現在、金融機関からの負債はありますか？」

　質問票の項目をそのまままじめに聞く調査助手。土地なし労働者にとって、町に行って面倒な書類を書いて金融機関からお金を借りることなどできるはずがない。国営の農業融資銀行は作物生産のための短期ローン（4～6か月）を月利1.25％で貸すが、対象は農家であって土地なし世帯は門前払いである。

　「では質屋や商人、親戚・友人などからの負債はありますか？」

　次のこの質問なら、土地なし労働者からもときどきイエスという答えが返ってくる。公営質屋では、金（24k）を担保に、その評価額の70～80％相当額を月利3％で借りることができる。民営質屋では、金、農機具、自転車などを担保に、月利3～5％で借りることができる。ただしこれも、町まで行かねばいけないし、質草になるような資産が何もない労働者世帯もたくさんいる。友人や親類間のインフォーマル信用では、抵当ありで月利4～5％、抵当がない場合の農家間の貸し付けでは月利10％程度でお金の貸し借りが見られる（以上の利子率はすべて単利計算）。近年のミャンマーの年間インフレ率は20％前後だから、ここに挙げた利子率は決してべらぼうに高くはない。

　生活が苦しいにもかかわらず、表向きは負債のない労働者世帯が多い。これは見方が逆。最も貧しく、何の資産もない土地なし労働者世帯は、月利10％の抵当なしインフォーマル信用を与えるだけの「信用」すらない存在と、村で見なされているのだ。

　「賃金を雇用主から前借りしたことがありますか？」

　やっと彼らの大部分がイエスと答える質問の順番になった。150チャットの賃金を2カ月前に前借りすると、100チャットになってしまう。月利は単利計算で25％にも相当する。これはやはり暴利というべきだろう。それでも生き延びるためには頻繁に前借りせざるをえない。

　ミャンマーでは、抵当なしで月利4％前後のお金を貸すマイクロクレジットが2000年代より導入されはじめた。役人が案内してくれたプロジェクト実施村を見る限り、信用アクセスが皆無だった貧困層でも小ビジネス（行商、家畜飼養など）の資金を村の中で借りることができるようになり、生活改善が見て取れた。ただしイラワジデルタの調査村には、プロジェクトは到達していなかった。

（黒崎卓）

第6章 貧困層の賃金はなぜ低いままか

　1980年代後半、日本の景気がよかった頃、日本に大勢の外国人労働者が訪れた。特に目立ったのはバングラデシュ人、パキスタン人やイラン人であった。当時日本は世界のほとんどの国とビザ免除協定を結んでいて、旅行者が短期間お互いの国を訪問するに関してはビザなしで入国ができることになっていた。そこで日本で働きたいと考える外国人たちは、まずは旅行者として入国し、その後ビザなしで滞在できる期間が過ぎても帰国せず、就労を続けたのである。これに気づいた日本政府がいくつかの外国人労働者の送り出し国との間のビザ免除協定を停止した結果、それらの国からの労働者流入は下火となり、90年代後半から日本が不景気になるに至って外国人労働者についての議論も活発でなくなった（佐々木 1991；矢内原・山形 1992）。しかし21世紀に入ると、少子化への対応の1つとして、外国人労働者の問題が再び脚光を浴びつつある（中村他 2009）。

　1980年代後半に外国人労働者が日本に来た理由は、日本と自分の母国との間の非常に大きな賃金格差だった。当時、日本の労働者の賃金は途上国の数十倍に相当した[1]。見知らぬ土地で、慣れぬ食べ物を食べ、礼拝等それまで自分たちが日々親しんできた習慣から隔絶され、しかも家族と離れて生活するのは、彼らにとってつらいことであるが、それを我慢してまで彼らが日本に来ようとするだけの大きな賃金格差があった。

　このような大きな賃金格差は、先進国と途上国の間でも見られるが、途上

国内においても観察される。それは都市と農村との間の格差であったり、フォーマル・セクターとインフォーマル・セクターの間の格差であったり、異なった社会階層間の賃金格差という形で現れる（Rosenzweig 1988）。

　第4章と第5章では、小農やリキシャ引き、零細自営業主といったように、自分自身の考えや意図をもって生産・サービス活動のやり方を決める広義の経営者としての行動について分析したが、途上国の貧困層の中には、そのような経営者の指示に従って働く労働者も大きな割合を占めている。そこで本章は、そのような労働者の行動や賃金決定メカニズムについて分析する。

6.1. 労働供給の基本モデル

　土地も資産ももたない人にとって、所得の源は自分の労働力のみである。その労働力を発揮して行った労働への対価が賃金であり、その多寡によって労働者の生活は左右される。そこでまずは、ミクロ経済学の教科書に必ず出てくる消費者・労働者の標準的な労働供給決定モデルから始めよう。図6-1は、第4章図4-2でも登場した余暇・労働と消費支出のトレード・オフを示す無差別曲線に、通常の予算制約を加えたものである。消費者にとって、消費支出 y が高ければ高いほど、その満足（効用）が大きくなる。他方、横軸の L_{max} は労働と余暇に配分可能な最長時間（時間の賦存量）を示し、この消費者は労働者として L_{max} を余暇 l と労働時間 $(L_{max}-l)$ に配分する。労働すれば賃金を得られるから、その分消費支出を増やすことができる。これを示すのが点 A から左上に上がっていく予算制約直線である。働いて賃金収入を増やせば消費が増えて効用は高まるが、余暇時間が減ってそ

---

[1] 1995～99年の間にデータとして利用可能な法定最低賃金の国際比較によれば、この間の日本の最低賃金が1万2265米ドルだったのに対し、ナイジェリアでは300ドル、マリでは459ドル、インドネシアでは241ドル、タイでは1083ドル、インドでは408ドル、バングラデシュでは492ドル、メキシコでは768ドルで、ブラジルでは1308ドルであった。World Bank（2001）Table 2.5を参照。

図6-1 賃金と労働供給

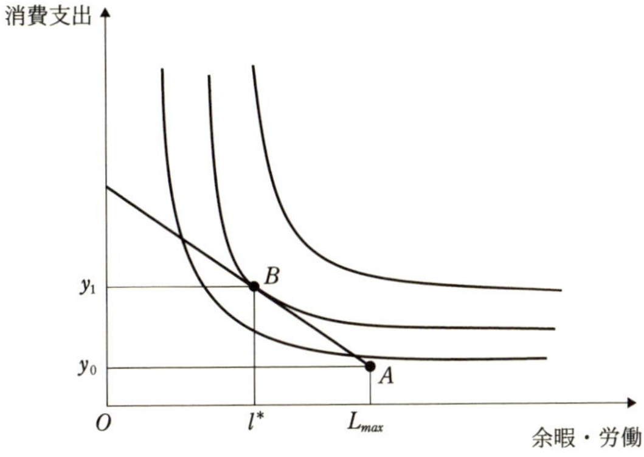

(縦軸：消費支出、横軸：余暇・労働。点 B で y_1、点 A で y_0、l^*、L_{max})

出所：筆者作成。

の分効用は下がる。そのバランスを示すのが無差別曲線である。

このモデルでは、労働は苦痛であり、どれだけ働くかを労働者が決定でき、その賃金は働く量にかかわらず一定であると想定されている。これらの想定は、途上国の貧困層にとっての代表的仕事である日雇いの肉体労働の市場を分析対象とし、横軸を年間労働日数で測れば、文字通り当てはまろう。サラリーマンの場合には、どれだけ働くかを労働者が決定できる余地が小さくなり、賃金も残業手当ての単価は高くなるなどの調整が必要になるが、それについてはミクロ経済学の教科書を参照されたい。

労働者がまったく働かない場合の消費と余暇は点 A で示される。これに対応した消費水準 y_0 は、不労所得、例えば地代受取や自家菜園に自然に生えてくる作物の消費などに対応する。しかしこれでは消費水準が低すぎる。この消費者の効用は、予算制約直線と無差別曲線が接する点 B、すなわち第4章の付論で示したように消費と余暇の間の**限界代替率**が賃金率と等しくなったときに、最大化される。これが彼にとってバランスのよい消費・余暇の配分である。

賃金が上がった場合にこの消費者・労働者の労働供給がどう変化するかを表すのが、**労働供給関数**である。この理論モデルでは、賃金が上がったときに労働供給量が必ずしも増えない。賃金上昇は消費に対する余暇の相対価格

を引き上げるため、いわゆる代替効果により、余暇を減らして労働供給を増やすインセンティブを労働者に与えるが、同時に労働者の所得を引き上げるため、いわゆる所得効果により、余暇を増やして労働供給を減らすインセンティブも生まれるからである。とはいえ途上国の貧困層においては、前者の効果が後者を上回るために、賃金上昇の労働供給への影響はプラスであることが多い。ただし途上国の場合、どれだけ賃金が下がっても、労働供給がゼロになってまったく働かない点 A が均衡になることは考えにくい。ある程度賃金が低くなれば、途上国の貧困層はインフォーマル・セクターで自営する道を選ぶであろう。これは第4章の図4-5で議論した通りである。

6.2. 賃金の決定要因：労働生産性

ではその賃金の水準はどのようにして決定されるのだろうか。最も基本的な賃金決定要因は、労働者の生産性、つまり**労働生産性**である。金額で測ったある財・サービスの生産関数を $f(A, N, R)$ とする。ただし A は雇用される労働者の能力、N は労働時間、R は労働以外の投入物の使用量である。この生産関数を用いて労働のみを投入財として用いる企業の利潤 π は、賃金率を w とすれば、$\pi = f(A, N, R) - wN$ と定義できるから、利潤を最大化するような企業は、第4章の付論で示したように、関数 f を N で偏微分した労働の**限界生産性**が賃金率と等しくなるまで、雇用する。したがって労働市場で成立する賃金は、労働の限界生産性を反映したものとなる。

ただし限界生産性をデータから直接計測することは難しい。そこで、通常仮定されるように限界生産性が逓減する生産関数においては限界生産性が高ければ平均生産性も高く、その逆も成り立つから、ここでは、平均生産性を用いて議論を進めよう。労働の**平均生産性**は以下のように定義することができる。

$$\text{労働生産性} = \frac{f(A, N, R)}{N} \tag{6-1}$$

ある労働者が1時間当たり50円の価値をもつ生産物を生み出し、別の労働

者が1時間当たり100円の生産物を生み出したとしたならば、後者が前者の2倍の賃金をもらって当然である。なぜならば後者は前者の2時間分の働きを1時間でやってしまうからである。

(6-1)式からわかるように、第1に労働生産性は労働者の能力（A）に依存する。労働生産性を左右する能力としては、運動能力・体力、忍耐力、観察力、一般的な知識、その仕事に関する特別の知識や経験など、さまざまなものが挙げられる。生産への貢献度が高い能力をもつ労働者は、そうでない労働者よりも、一般に高い報酬が支払われる[2]。途上国では教育があまり普及していないことから、人々が後天的に能力を高める機会が先進国に比べて乏しい。これが途上国の労働者の賃金が低い1つの理由となっている。

次に労働生産性は労働時間（N）によって左右される。通常労働時間が長引けば労働効率は下がるであろう。労働時間を増やせば生産量は増えるが労働効率は下がる。したがってその2つの効果の適度なバランスをとる水準に労働時間と生産量が決定される。

最後に労働者の生産性は、労働者自身の能力のみならず、その他の生産活動への投入物の使用量（R）にも依存する。縫製労働者はミシンや布、糸がないと衣服を作れないし、農業労働者の生産性は、肥料や灌漑が供給されなければ低いであろう。また、電力、通信、交通といった公共サービスも生産活動への重要な投入物である。途上国と先進国の労働者の間に見られる賃金格差の理由の1つがこの点に求められる。途上国では先進国に比べて公共サービスが不十分であったり安定的でなかったりするので、かりに先進国と途上国の労働者の能力が同じで賃金も同水準だったとしても、企業は先進国に

---

[2] 上述のように能力にもさまざまあり、ある種類の能力が労働生産性に大きく反映される職種・業種と、その能力が生産性にあまり大きく影響しない職種・業種がある。例えばパキスタン農村部の例では、労働者の教育水準が高いほど非農業部門での賃金が高いのに対し、5年以上の教育と農業労働賃金の間には統計的に有意な関係が観察されない（Kurosaki and Khan 2006）。これは、教育を受けたことによる労働者の能力向上が、非農業労働では生産性を高めるのに対し、単純肉体労働に限られた農業賃労働においては生産性と関係をもたないためと解釈できる。複数の種類の能力をもつ労働者が、それらの能力を集約的に用いる度合いが異なる業種に、それぞれの比較優位に応じて雇用される様子をモデル化したものとして Roy（1951）がある。

立地することを選ぶであろう。公共サービスを海外から輸入することはほとんど無理なので、途上国が企業を海外から誘致するには労働者の賃金が安くなければならないのである。

6.3. 労働生産性の決定要因としての賃金

以上の説明とは逆に、賃金が労働者の能力（A）に影響を与え、労働生産性の決定要因となる場合もある。例えば、労働者の運動能力や体力がその労働者の栄養摂取量に依存し、栄養摂取量はその労働者が得る賃金水準に依存するような場合である[3]。通常、賃金が下がることは雇用主にとって費用の減少を意味するから、雇用主は賃金が低下することを望む。しかし、もし賃金を下げることがその雇用主のもとで働く労働者の栄養摂取量の低下につながり労働者の作業能力も低下するなら、賃金を下げることが雇用主にとってかえってマイナスになることもありうる。

このことを説明するために、前述の生産関数の要素のうち、労働者の能力（A）と労働以外の投入物（R）の変化を捨象し、労働投入にのみ着目しよう。ただし、ここで問題となる労働投入とは時間 × 人数で測った労働投入量（N）だけではなく、労働の質としての労働効率ないし**努力**（英語で efficiency および effort なので e で表す）をかけた実効労働投入（Ne）であると想定する。すなわち生産関数は $f(Ne)$ と仮定する。労働者の努力は雇用主には直接観察できないため、賃金は労働投入量 N に対して支払われる。ただし雇用主は賃金率を変化させることを通じて、労働者の効率 e に間接的に影響を与えることができる。賃金と栄養の関係を例にして言えば、賃金率が非常に低い労働者は栄養失調ゆえに満足に働くことができないが、ある程度賃金率が高くなればその労働者に体力がついて労働効率は改善されると考えられる。この関係を示すのが、図 6-2 の $e = h(w)$ という関数である。

この雇用主が、賃金 w と雇用量 N の両方を選択して利潤 $\pi = f(Nh[w])$

---

[3] 以下の説明は Dasgupta and Ray（1986）によっている。

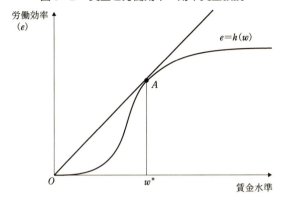

図6-2 賃金と労働効率・効率賃金仮説

$-wN$ を最大化するならば、最適な賃金 w^* は図6-2の点A、すなわち $w/h(w) = 1/h'(w)$ となる点で決まる。$w/h(w)$ は労働の効率単位当たりの費用、すなわち**効率賃金**（efficiency wage）を示すから、選択可能な範囲でこの効率賃金が最小となる水準に賃金が決定されると理解すればよい。

重要なのは、賃金がこの w^* で下げ止まりの最低水準となることである。この経済には失業者がいて、彼らがその下げ止まりの水準以下の賃金で働くことを雇用主に申し出たとしても、雇用主は彼らの労働効率が賃金の減少率以上の割合で減少することを知っているので、その申し出に応じない。これによって賃金は下方硬直性をもつと同時に、ある水準の失業が均衡状態として存在することとなる。同じ議論を、労働者の運動能力でなく、労働意欲に賃金が影響を与えるという観点から展開することもできる。

このように本来雇用主が関心をもつのは労働者1人当たりの賃金ではなく、それらの労働者ひとりひとりの労働効率を調整した労働1単位当たりの賃金、すなわち効率賃金である。賃金水準が労働効率に影響を与えるとする仮説は**効率賃金仮説**と呼ばれる（Akerlof and Yellen 1986）。効率賃金仮説は賃金の下方硬直性と長期的な失業の存在という、ルイス（Lewis 1954）以来開発経済学者が途上国の労働市場の特徴と考えてきた2つの説を理論的に説明するものであった。これによって職を得た労働者と失業したままになってしまう労働者の賃金格差も説明できることから、効率賃金仮説は開発経済

学者の大きな関心を呼んだ[4]。

6.4. 人的投資と労働生産性・賃金

再び(6-1)式に戻って、労働者の能力（A）と賃金の関係について考えてみよう。実際には、労働者の能力にもさまざまある。生まれつきの素質と幼年期から現在にいたる栄養水準に依存する運動能力や体力のような能力もあれば、自然・人文・社会科学的知識、理解力などのように、生まれつき備わっているわけではなく、自分自身や家族または学校、教師等が時間をかけ、費用をかけて獲得および付与していくものもある。いずれにしても、各人の能力（A）が向上するに際しては物的および時間的費用がかかるのが一般的で、その費用をかけることにより、時を追って能力が向上していく。このような人間の能力の向上が、物的資本設備の生産力の向上と同様の側面をもつことから、人間の能力向上のためにかける費用を**人的投資**と呼び、その投資によって蓄積された能力（A）は**人的資本**と呼ばれる。

人的投資によって労働者の能力（A）が向上する。例えば雇用主が労働者に訓練を受けさせて、それによって労働者の能力が向上するという場合には、訓練にかかる費用が人的投資額である。訓練にかかる費用には、直接的なものだけでなく、労働者を訓練に回すことによって生じる生産量の減少も、広い意味では訓練のための（間接的な）費用と言える。この間接費用は、雇用主が労働者に生産活動をさせる機会を放棄して訓練に従事させるための費用という意味で、**機会費用**（opportunity cost）と呼ばれる。

---

[4] ただし、最低限のカロリーが摂取されているかどうかで労働の効率性を議論するタイプの効率賃金仮説に関しては、否定的な実証結果が多い（Rosenzweig [1988]、およびより新しい研究展望として Behrman [1999] を参照）。とはいえ、低賃金ゆえに栄養水準が悪化し、生産性も下がるという関係は長期的なものとして捉えるべきであるから、賃金とカロリー摂取、そして労働生産性の間の短期的な関係を計量的に検定したこれらの実証研究の発想そのものが不適切であるという批判（例えば Dasgupta [1997b]）にも耳を傾ける必要がある。

もし労働者の能力向上が生産増加に貢献し、その貢献が評価されて労働者の賃金が上がるのであれば、その労働者は自分の能力向上のための費用を、幾分でも自分で支払ってもよいと思うであろう。それは労働者にとって悪い話ではない。というのは、その訓練によって将来の自分の能力が向上し、将来の賃金が上昇するからである。将来の賃金上昇が十分大きければ労働者は現在の賃金低下を甘受するであろう。第5章で議論したように、異時点間の消費平準化信用が不十分な場合には、労働者は人的投資が経済投資としてペイするとわかっていても、信用制約ゆえに十分な人的投資ができないかもしれない。このような場合に、信用制約を受けていない雇用主が労働者の人的投資に一種の補助金を与えることは理にかなっている。

　特に1990年代までの日本の労使関係において顕著に観察されたように、勤続年数に応じて賃金は一般に上昇する。この勤続年数に応じた賃金の変化を賃金プロファイルと呼ぶが、この賃金プロファイルの傾き、つまり勤続年数の上昇に応じた賃金上昇の度合いは、勤続年数に応じた労働者の生産性上昇の度合いより大きいことが多い。つまり労働者の生産性の変化と賃金の変化には齟齬が見られるのであるが、これは入社後数年間に訓練が集中し、その費用を人的投資として労働者が企業に対して支払っているので、見かけ上の賃金の額が若いときほど少なくなっていると解釈することができる。このように、人的投資を労働者が企業に勤めてから行い、その企業における自分の勤続年数内に自分が生産に貢献した貢献分を、その勤続年数内トータルでもらえればそれでいいと労働者が考える場合には、6.2.節で説明したような賃金と労働生産性の対応関係は毎期毎期には妥当しない。

　この他に賃金と生産性の対応関係が崩れる要因として、情報の非対称性下でのインセンティブの問題がある。第5章で取り上げた信用市場において借り手と貸し手の間に情報の非対称があるように、労働市場における労働者と雇用主との間にも情報の非対称がある。ある労働者が雇用主にとって望ましいタイプの労働者かどうか（逆選択の可能性）、またその労働者が実際に真面目に働くかどうか（モラルハザードの可能性）、ということについて雇用主は完全にはわからない。そこで雇用主が賃金プロファイルの勾配をきつくしたり、退職金制度を設けたりするなどして、賃金報酬の支払いをなるべく

先延ばしにする結果、毎期毎期の労働生産性と賃金が乖離する場合がある。

6.5. 児童労働と人的投資

　人的投資には、企業内訓練のように労働者が就職してから本人の希望を入れて行われるものもあるが、教育投資、とりわけ初等教育では、将来労働者となる子どもの教育を親が決める側面が重要である。つまりここに、親世代と子世代の間で投資の負担者と受益者が異なるという問題が生じる。とりわけこの問題が先鋭に現れるのが、**児童労働**（child labor）である[5]。

　国際労働機構（International Labour Organization：以下 ILO と略）のホームページによれば、2013年時点での児童労働者数は1億6800万人（5歳から17歳の子どもが母数）、そのうち8500万人が危険有害労働に従事しているという[6]。この最大の理由は親の無関心や貧困であると言われる。子の将来に対する親の無関心も児童労働の重要な要因ではあるが、ここでは低所得ゆえに子どもを学校にやる余裕がなく、その代わりに子どもを働かせて家計の助けとする側面に焦点を当てる。低所得ゆえに子どもへの教育投資ができない背景には、第5章で議論したような信用制約の問題がある。Fuwa et al.（2012）は、インド南部の農村での児童労働が信用制約によって顕著に増えていることを、厳密な実証研究によって明らかにしている。そして低所得ゆえの児童労働は、教育を十分受けずに人的資本の少ない成人労働者を生み出すため、低所得と低い水準の人的資本が世代を超えて引き継がれるという貧困の悪循環を生み出す。

　この悪循環の背景には、低所得・児童労働蔓延の低位均衡と、高所得・児童労働なしの高位均衡との**複数均衡**（multiple equilibria）[7]の問題がありう

---

[5] ILO は2つの条約によって児童労働を禁止している。1つは「就業が認められるための最低年齢に関する条約」であり、いま1つは、「最悪の形態の児童労働の禁止及び撤廃のための即時の行動に関する条約」である。中村・山形（2013）を参照のこと。

[6] http://www.ilo.org 内の資料より（2016年9月16日アクセス）。

[7] 複数均衡について、より詳しくは第7章を参照。

第6章 貧困層の賃金はなぜ低いままか

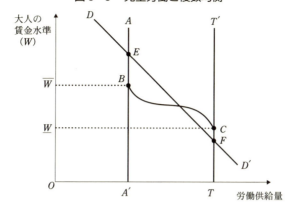

図6-3 児童労働と複数均衡

ることを示したのが Basu and Van (1998) である。彼らのモデルをより単純化して示した Basu (1999) に沿って説明しよう。

図6-3の縦軸は成人労働者の賃金 W、DD'曲線はこの経済の労働需要関数を示し、通常の右下がりと仮定されている。横軸は労働供給量を示す。単純化のために成人の労働供給は OA' の量で非弾力的とする[8]。子どもが働くかどうかは、親である成人労働者が決定し、親は自分の賃金が図6-3の点 B すなわち $\overline{W}$ 以上の場合には生活に余裕があるため子どもをまったく働かせないが、それを下回ると徐々に子どもを働かせるような嗜好をもつと仮定する。児童労働は成人労働よりも効率が悪いので、子どもはその分だけ割り引かれた賃金、γW（ただし $0<\gamma<1$）を支払われる。単純化のために γ は定数とする。横軸の $A'T$ の長さはしたがって子どもの数に γ をかけたものとなる。成人労働者の賃金が図6-3の点 C すなわち $\underline{W}$ を下回ると、生活苦からすべての子どもがフルタイムで労働に従事することになる。

このモデルでは、労働需要関数の形状や親の嗜好の組み合わせいかんで、図6-3に示したように、3つの均衡が生じうる。これら3つのうち中央の

---

[8] 6.1.節の枠組みで言えば、親の賃金が親の労働供給に与える影響は所得効果と代替効果とが完全に打ち消しあうという仮定である。あるいは成人の労働時間は制度的に決まっているという理解もできよう。

均衡は不安定なので除外すると、この経済には点 E（高所得・児童労働なしの高位均衡）と点 F（低所得・児童労働蔓延の低位均衡）の2つの安定的な均衡が存在する。もしある低所得経済が点 F という低位均衡の罠に陥っているならば、成人労働者賃金の引き上げによって、この経済は高位均衡に移行することが可能になる。このモデルで複数均衡が生じるのは、労働供給関数 $ABCT$ が BC の間で、右下がりになっていることによる。右下がりになっているのは、親が子どもの労働供給量を決めており、親の賃金が下がれば下がるほど生活が苦しくなるゆえに、子どもの賃労働による収入を親が求めるようになるためである。親の賃金と子どもの賃金は同じ比率で変化するから、子どもの賃金が下がると子どもの労働供給が増えることになり、その意味で、6.1.節で述べた低所得国で一般に見られる労働供給反応とは逆の仮定である。しかし子どもの労働供給量を親が決めること、「子どもに労働をさせない」ということが最貧国の親にとっては一種の贅沢であることの2点は、最貧国においてはそれほど不自然な仮定ではないだろう。

以上が Basu and Van（1998）のモデルのエッセンスである。このモデルにおいて子どもが働かなければならない理由は家族の生計維持なので、単純に児童労働を禁止することや、児童労働によって生産された製品の輸入をボイコットすることは、問題の根本的な解決にならない。これらの措置は、工場から閉め出された子どもたちが学校に行くようになることを保証しないし、彼らの家族の所得も低下するといった逆効果を生む可能性がある。このような弊害を未然に防ぐためには、児童労働を禁止するだけでなく、彼らの就学を促進する措置が同時に採られなければならない[9]。例えば1990年代半

---

[9] 賃金と人的資本の関係を考慮すると、児童労働に従事しない子どもが学校教育を多く受けることで生じる動学的な影響が Basu and Van（1998）ではモデル化されていない点が不満である。児童労働に関連した複数均衡の動学的拡張については Basu（1999）で簡単に議論されているが、Ljungqvist（1993）の人的資本市場が欠如した一般均衡成長モデルがその出発点となる。また、Basu and Van（1998）では企業を誰が所有しているのかという利潤の分配の問題や、成人労働者に一定量の失業者が存在する可能性がモデルに入っておらず、これらを考慮した場合には成人労働者賃金の政策的引き上げは児童労働削減につながらない可能性があることも、問題として指摘されている（Swinnerton and Rogers 1999）。

ばに問題となったバングラデシュの縫製産業における児童労働に関しては、同国の縫製産業の業界団体、ILO、国連児童基金（United Nations Children's Fund：以下 UNICEF と略）の合意のもと、14歳未満の児童労働者の解雇と、学校に通い始める児童への奨学金の給付が組み合わせられている（村山 1996）。児童労働の禁止は、それによって就業先を失った子どもの人的投資奨励措置を伴って初めて、貧困削減対策としての意義をもつのである。

6.6. 一国内の賃金格差

6.4.節までで見てきたように、人的投資などの理由から賃金と生産性の間に短期的な乖離が生じることもあるが、大まかに言って賃金は労働生産性と対応していると言ってよい。したがって、労働者の能力に応じた階層間の賃金格差が生じることになる。

同様の論理により、一国経済内部において、各部門の間で労働生産性に違いがあれば、それによって賃金格差が生じうる。具体的に経済発展の文脈で重視されてきたのは、近代部門と伝統部門の間の賃金格差である（Harris and Todaro 1970）。近代部門には高めの最低賃金が適用されて、雇用はそれに見合った低い水準となる。これに対して伝統部門ではその余剰労働力を低賃金で雇用できる。そのうえ、近代部門での就業機会を求める労働者は雇用機会を待つ間、失業したりインフォーマル・セクターと呼ばれる零細業種で職を得たりすることもある。このようなメカニズムによって部門間賃金格差が生じうる。

また、ほとんどの途上国において、高めの賃金が適用される近代部門は都市部に、伝統部門の多くは農村部に位置する。したがって部門間賃金格差は、都市・農村間という地域間格差として現れることが多い。その場合、部門間労働移動は空間的な労働者の移動を伴うことになる。

6.7. 人的資本蓄積、経済成長と国際賃金格差

　人的資本蓄積の違いによる労働者の賃金格差に着目することにより、国際的な経済成長格差の問題に新たな視点が生まれる。労働者の能力を高めるような人的資本の蓄積率が異なれば、労働者の能力の向上にも違いが生じ、経済成長率も違ってくるからである。

　そもそも経済成長の源泉は資本蓄積である。毎期毎期資源の中から現在の消費に充てられるものと将来の消費のための投資に充てられるものが振り分けられる。投資に充てられる比率が高まれば高まるほど、現在の消費に比べて将来の消費が大きくなり、消費の成長率が高まる。投資が蓄積されたものが資本であり、資本は将来の消費を生み出すために用いられる。これは、通常の国民所得計算で扱われる物的資本蓄積にも、人的資本蓄積にも、また第8章で説明するように「知識」にも、同様に当てはまる。また、ここで用いた資源という言葉の範疇には、さまざまな財とともに時間も含まれる。1日の時間は現在の消費および余暇のために使われることもあるだろうし、将来のために教育・訓練という形で費やされることもある。将来のために使われる時間が長ければ長いほど、将来の所得が増えるので、成長率は高まる。

　一般に資本の生産性は資本蓄積とともに低下していくと考えられている。その理由は、労働力など資本と補完的に生産活動に用いられる投入物が同じペースで増加しなければ、資本蓄積による生産増の効果は小さい、と考えられるからである。資本生産性が資本蓄積とともに低下していくと、ある時点でそれ以上の資本蓄積が割に合わなくなる。その時点で資本蓄積は停止し、それによって経済成長の源泉が尽きてしまうので、それ以上の経済成長を望むことはできない。これが1950〜60年代に開発された**新古典派経済成長理論**の結論であった[10]。

　一方で、戦後の世界経済は半世紀にわたって経済成長が続いたし、世界の国々の中には日本や東アジア諸国をはじめとして、長期間にわたって非常に高率で経済成長を遂げる国が現れた。この事実を新古典派経済成長理論で説明することはできない。1970〜80年代には、外生的技術進歩を導入した新古

典派経済成長理論を用いて戦後の世界各国の経済成長を説明することが試みられ一定の成果を上げたが、現代の技術進歩の多くは研究開発など広い意味での投資活動の成果として（内生的に）達成されるため、外生的技術進歩は現実に起こる技術進歩のうちごく一部を占めるに過ぎないと考えられる。技術進歩が努力や投資なしに経済の外から自然発生するという外生的技術進歩は、それがまったくありえないとは言えないものの、これを経済成長を説明する中心概念として扱うわけにはいかない。

そこで1980年代半ばに開発されたのが、**内生経済成長理論**（endogenous growth theory）である（Lucas 1988 ; Romer 1986）。そのうちの１つの有力なモデルは人的資本の役割を強調するものであった。

通常、機械や建造物といった物的資本の蓄積が進むにつれて物的資本の生産性は低下する。しかし、物的資本を補完して生産活動に用いられる人的資本が同時に成長すれば、２つの資本の生産効果が相まって、それぞれの資本の生産性低下を免れることができるかもしれない。そうすれば人的・物的資本蓄積が継続し、長期の経済成長が可能となる[11]（Lucas 1988 ; Rebelo 1991 ; Uzawa 1964）。人的資本蓄積を考慮に入れることで、戦後世界各国で起こったような長期的成長を、成長理論によって説明することが可能になったのである。

また、新古典派経済成長理論では資本の生産性が徐々に低下して経済成長率が長期的にはゼロになると同時に、当初から１人当たり所得が高かった国も低かった国も最終的には同じ１人当たり所得水準に**収斂**（convergence）

---

[10] 正確に言えば、ここで問題にしている資本蓄積とは１人当たり資本の蓄積である。人口増加があれば、人口成長と同じ伸び率だけ、長期的に資本蓄積および経済成長が起こる。また技術進歩が、そのための費用をまったく必要とせず、外生的に起こる場合（外生的技術進歩の仮定）も、同様に技術進歩率の分だけ資本蓄積、経済成長が起こる。その理由は、人口成長や技術進歩が資本生産性を高める効果と、資本蓄積によって資本生産性が低下する効果が相殺され、人口成長や技術進歩の分だけ資本蓄積が可能になるからである。詳しくはSolow（1956）、岩井（1994）を参照のこと。

[11] 厳密に言えば、物的資本であれ人的資本であれ何であれ、蓄積可能な投入財に対して生産関数が規模に関する収穫一定か逓増である部門が、経済に少なくとも１つあることが、長期成長の条件である。Rebelo（1991）を参照。

することが予測された。これは、1人当たり所得と賃金が長期的には同じ水準に落ち着くことを意味する。しかし単純な収斂は現実のデータによって支持されない（Barro and Sala-i-Martin 1992）。つまり、新古典派経済成長理論では、長きにわたって継続する大きな国際賃金格差、ひいてはそれに促される大規模国際労働移動を説明することができなかった。

　これに対し、内生経済成長理論は経済成長が永続するメカニズムを示したものであるので、当初から1人当たり所得が高かった国も低かった国も同じプラスの成長率でもって成長し、所得格差ひいては賃金格差がまったく解消しない、という均衡状態を表現することができる。つまり内生経済成長理論は、国際的な賃金格差が永続し、国際労働移動が収束しないという世界経済の現状を説明する材料を含んでいるのである[12]。

　このように人的資本蓄積は、生産性と経済発展について分析するための1つの鍵となる。いま1つ重要な経済発展の源泉として技術革新があるが、これについては、技術革新を生み出す原資となる利潤、不完全競争とそれらによって生じる貧困の罠の問題を第7章、技術革新と普及のメカニズムを第8章で取り上げる。

---

[12] ここで注意点を述べておくと、人的資本蓄積を導入した内生経済成長理論、およびその他の内生経済成長理論も、実証分析において強く支持されているわけではない。Bils and Klenow (2000) は、学校教育と経済成長に関する国際データにおける相関関係のうち、教育から成長への因果関係で説明される部分はかなり小さいと主張している。また Jones (1995a) は、制度変更が行われて経済が好転すると、それによって投資が投資を生むようにして高成長率が永続するといったメカニズム（恒久的ショックの経済成長率に対する永続的効果）は実証的には観察されないとして、内生的メカニズムで経済が永遠に成長するという内生経済成長理論の中心的特徴に関して疑義を唱えた。彼はこの点に改良を加えた経済成長モデルを提案している（Jones 1995b）。

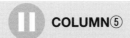

やればできるはず：ナイジェリア

　母、伯母、叔母と米国の首都ワシントンDCに観光に行ったことがある。スミソニアン博物館の建物が並ぶ芝生の広場で小学校低学年かと思われる子供たちが何か叫びながら戯れていた。すると海外旅行が初めての叔母が興奮して言った。
「ほら見て！　あの子供たちあんなに小さいのに英語しゃべってるよ！」
　同じ感慨をナイジェリアの小学校で味わったことがある。1993年7月にナイジェリアの大都市ラゴスに遊びに行った。折しも軍政から民政への移行期で、大統領選挙結果の公表差し止めがきっかけとなって、街は騒乱状態にあった。こうなると遠出をするのは危険である。外を眺めると隣は小学校らしく、子供たちがサッカーをしていた。そこで小学校を訪ねてみた。
　学校のグラウンドに足を踏み入れると、サッカーをしていた小学生が一目散にこちらに走ってきた。そこで英語で、学校は休みなのか、と尋ねてみた。するときちんとした英語が返って来るではないか！　いわゆるブロークンではない、文法の整った英語である。つっかえつっかえ話しているこちらが恥ずかしくなるほどである。旧英領植民地の大都市であるラゴスでは、こんなに流暢に英語をしゃべる小学生がいるんだなあ、と感心した。
　彼らが学校を案内してくれた。前日その教室では社会の授業があったらしい。黒板には以下のようにあった。
「ナイジェリアの1人当たり所得はなぜ低いのでしょうか。以下から選びなさい。
　A．ナイジェリアには資源がないから
　B．外国がナイジェリアを貧しくしているから
　C．ナイジェリア人が働かないから」
　さて、どれが正答なのだろうか。ナイジェリアは産油国なのでAが誤りなのは明らかである。では正答はBとCのどちらなのだろうか。先生が外国をスケープゴートとして、生徒のナイジェリア国民としての愛国心を強めようとするのであればBを正答とするだろう。しかし、児童を叱激励して「やればできるはず」ということを植え付けようとするのであれば正答はCとされるだろう。
　生徒たちに聞いてみた。
「それで答はどれなの？」
「Cです！」「Cです！」の大合唱である。
「えー、本当？　皆さんのお父さんお母さんは一生懸命働いているでしょう！」
「そう。でも……」
　そこから先を問いつめるのは酷というものだろう。一生懸命働けば国が豊かになると素直に信じている、英語のうまい少年たちが大活躍する日が早くくればいいと思う。

（山形辰史）

第7章 貧困の罠からの脱出

　経済史家によると、イギリスで産業革命が始まる前には世界のあらゆる国々において経済成長はなきに等しい水準だったという。これを変えたのが産業革命であった（Clark　2014；*Economist* 1999；Kuznets 1971；Maddison 1991）。イギリスで始まった産業革命とそれがひき起こした経済成長は、ヨーロッパおよび当時の新興国アメリカに波及していき、極東の日本にまで及んだのである。特に日本は戦後の1960年代に、平均で年率10％以上という高度経済成長を経験した。

　このような経済の急成長の以前にも、人々は生活水準向上のために、不断の努力をしていた。それなのにどの経済にも努力をしても報われない長い時間があり、一方でその努力が急に花開く時期、そしてその後トントン拍子に発展が進む時期といった３つの局面が経済発展のプロセスに存在する。このような段階をロストウは**経済発展段階説**と呼び、努力が急に花開くことを**離陸**（take-off）と言い表した（Rostow 1960）。例えば、1990年代、多くのサハラ以南アフリカ諸国は努力がなかなか花開かない離陸前の段階にあり、1960年代の日本や1960～70年代の韓国、台湾は離陸後のトントン拍子に発展が進む段階にあったのではないか、というわけである[1]。

　「貧しい国で行われる開発への努力は、その国が貧しいがゆえに報われな

---

[1] 本章と同じ趣旨のサーベイとして山形（1997）がある。

い」と過去の開発経済学者は言い表した（Nelson 1956；Nurkse 1953；Myrdal 1957）。そのような状態を彼らは**貧困の罠**（poverty trap）、**貧困の悪循環**（vicious circles）と名づけた。特にライベンスタインは、途上国の開発への努力を花開かせるには、努力あるいは努力の蓄積がある一定の水準（閾値：threshold）を超えることが必要だ、と主張し、その努力水準を**最小臨界努力**（minimum effort）と呼んだ（Leibenstein 1957）。最小臨界努力を超える努力、これはしばしば多大な努力、つまりビッグ・プッシュ（Rosenstein-Rodan 1943）であるかもしれないが、そのような努力をすることによって、途上国は貧困の悪循環から成長局面へとジャンプできる、というわけである。貧困の罠は低位均衡、成長局面は高位均衡と見なされ、このような経済には低位均衡と高位均衡という**複数均衡**があると考えられた。

また、21世紀に入り、中国やタイ、マレーシアといった1980年代以降高成長を遂げた東アジア諸国の一部では、低所得国を脱出することにこそ成功したが、先進国に仲間入りできない状態が継続していることが問題になっている。これを**中進国の罠**（middle income trap）と呼ぶが、この現象とそこからの脱出に資する政策について理解するためには、複数均衡の考え方が有益である。そこで本章では複数均衡の議論を紹介する。

7.1. 何から何へジャンプするか

しかし「貧困の悪循環から成長局面へとジャンプする」とは、具体的に何が変わったことによって起こることなのだろうか。1つの例として考えられているのは、技術のタイプが変わることである。Murphy et al. (1989) は、このようなアイデアを用いて以下のようなモデルを構築した。ここで、1つの技術のタイプとして、生産量の多少にかかわらず生産性が変わらないような技術と、いま1つ、たくさん作れば作るほど生産性が上がるような技術があると考えてみよう。前者を**収穫一定**技術、後者を**収穫逓増**技術という。収穫一定技術の場合、生産量にかかわらず生産性が一定なので、努力（言い換えれば、生産活動への資源の投入）をすれば、努力した分だけ生産が伸びる

という意味で、努力と成果の関係が比例的である。このイメージから、収穫一定技術は**線形**技術とも呼ばれる。他方、収穫逓増技術のもとでは、生産量が少ないうちは生産性が低くて、生産量が上がると生産性も上がるので、生産量が少ないうちは努力に対する見返りが少ないが、生産量が多くなると単位当たりの努力に対する見返りも大きくなる。努力と成果の関係が比例的でないので、収穫逓増技術は**非線形**技術の一種である。収穫逓増技術には**規模の経済**（economies of scale）があり、収穫一定技術には規模の経済がないという言い方もされる。

収穫一定技術と収穫逓増技術に先験的に優劣をつけることはできない。なぜなら、生産量が非常に少ないときには収穫逓増技術の生産性が収穫一定技術の生産性より低く、生産量が多くなって初めて収穫逓増技術の生産性が収穫一定技術の生産性を上回ることが多いからである。実際に生産活動を行う人々は、それぞれの生産量に応じて生産性が高い方の技術を選ぶであろうから、少量生産する場合には収穫一定技術を、大量生産する場合には収穫逓増技術を選ぶであろう。

したがって、経済の総需要が小さいうちは生産量は少量に留まるので収穫逓増技術を用いた場合の生産性は低く、収穫一定技術を用いた場合の生産性の方が高くなるので収穫一定技術が用いられるであろう。他方、総需要が十分大きければ、生産量が大きくなって収穫逓増技術の方が収穫一定技術よりも生産性のうえで有利になる。その場合には作れば作るほど生産性が上がるので、生産性上昇を原動力とした持続的な経済成長が実現しうる（Romer 1986）。総需要が小さいうちには生産性は一定のレベルに留まっているが、総需要が拡大して、収穫逓増技術の生産性が収穫一定技術のそれを超えるレベルを過ぎると、生産増に生産性上昇が伴って成長が持続するのである。これはロストウが言うところの離陸に似ている。

ただし一般に、総需要は生産量と強い関係がある。生産量が増え所得が増加することで総需要が拡大するのである。もちろん、政府支出のような政策変数を用いて総需要を操作することも不可能ではないが、財政赤字を累積させたくなければ、政府支出増加の範囲は一定レベルに留まるであろう。したがって、生産量が少ない場合には所得が低く、総需要も小さいがゆえに収穫

一定技術を用いざるをえず、生産性は一定レベルに留まる。対照的に、生産量が多い場合には所得が高く、総需要も大きいので、収穫逓増技術を用いることが割に合う。その結果、その経済は持続的成長経路に乗るであろう。

前者の場合を一国が貧困の罠に陥っている状態に準え、後者の場合を、離陸して経済が成長経路に乗った状態と解釈することが可能である。つまり規模に関する収穫一定の技術と収穫逓増の技術が併存することから、1つの経済に対して、1人当たり所得が持続的に伸びる「高位均衡」と、1人当たり所得が停滞する「低位均衡」の複数均衡が存在しうることが説明できるのである。

7.2. 規模の経済の具体例

さてここで、収穫一定技術と収穫逓増技術の具体例を考えてみよう。収穫一定技術の例とは以下のようなものである。1人の農民が1台の小型耕耘機と1ヘクタールの土地をフルに活用して、5トンのコメを生産しているとしよう。コメの生産を2倍にするためには、投入物（農民の数、耕耘機の台数、土地の面積）をすべて2倍にすればいい。このような技術は、生産量を増やしたとしても、労働生産性、資本（この場合は耕耘機）生産性、土地生産性とも不変なので、収穫一定技術である。

では収穫逓増技術にはどんな例があるだろうか。1つの例は固定費用を必要とするような生産技術である。例えば鉄鋼を生産するにあたっては、鉄鋼を何トン生産するかにかかわらず高炉が必要である。また客船を生産するにあたっては、客船を何隻生産するかにかかわらずドックが必要である。このように生産量の多少にかかわらず、その財・サービスの生産を始めるために必要な初期投資を**固定費用**という。固定費用が生産に必要とされるような産業では生産量を増やせば増やすほど生産物1単位当たりの費用が減少するので、このような産業の技術は収穫逓増技術である。

もう1つの規模の経済の例は、1つの企業の生産技術として現れるものではなく、複数の企業、あるいは複数の産業が並行して生産活動を行う結果、

相互に**補完性**（complementarity）を発揮して生産性を高めるというものである。これは**マーシャル的外部性**として知られている（Marshall 1920；伊藤他 1988、第5章）。具体的には、（1）ある産業の成長の経験が他の産業の生産活動に活かされ、前者から後者への対価の支払いがないのに後者が前者から好影響を受ける場合（具体例としては対価の支払われない技術伝播等）や、（2）1つの産業に属する企業が1つの地域に集中して立地しているがゆえに、その産業が必要とする特殊な投入財、労働力などがその地域で安価に利用可能となる場合（錦見・浜口 1997）等である。このような場合には、1つの産業が成長することが他の産業の利潤を増加させることによって、その産業の成長を促すといった形で好循環が形成され、補完性を及ぼし合うグループの産業全体の生産量が増加するのである。

7.3. 規模の経済と市場均衡

では収穫逓増技術をもつ財・サービスが存在する場合、どのような市場均衡が可能だろうか。収穫逓増技術と完全競争市場は相容れないことが知られている。なぜなら収穫逓増の領域では生産の限界費用（MC）が平均費用（AC）を下回るため[2]、完全競争市場の想定通り限界費用に一致するように価格を設定すると価格が平均費用を下回るので当該企業には赤字が発生する。その場合には企業はその産業への参入を断念するので生産が実現しないからである。

規模の経済と整合的な市場均衡は2種類ある。第1は**外部性**が存在して、生産の社会的限界費用が私的限界費用より低いという点に規模の経済性が現れる場合である。例えば、ある地域の同一業種の企業間にマーシャル的外部性が存在する場合、ある一企業の生産増加は他の企業の費用低下をもたらす。それによってその他企業も生産を増やせば、結果的に最初に生産を増やした企業の限界費用も下がる。このようにマーシャル的外部性が存在する場合、一企業の生産と費用の直接効果だけを考慮した私的限界費用は、一企業の生産が他企業の生産に与える間接効果まで考慮した社会的限界費用より高

いのである。

　通常、企業それぞれは、自分の生産増加による他企業の費用低下がそれらの企業の生産を増加させて、最終的に自企業の限界費用低下につながるかどうか定かでないので、その確信が得られない場合には、この間接的なプラスの効果を勘案せずに自分の生産量を決定してしまう。したがって、間接効果を勘案したときに比べて過少な生産量を選択してしまう。このような形で規模の経済を伴う市場均衡が成立しうる（Azariadis and Drazen 1990）。

　収穫逓増技術と整合的なもう1つの市場均衡は**不完全競争**均衡である。市場支配力をもった生産者は右下がりの需要曲線に直面する。つまり生産者は生産量を減らせば価格が上昇することを考慮したうえで生産量を決定するので、価格は限界費用より高くなり、均衡生産量は限界費用と価格が等しくなるような生産量に比べて少なくなる。一方、価格が限界費用を超えて平均費用と等しいか、またはそれを超えれば、利潤はもはやマイナスではないので、企業がその産業から撤退する理由はない（Dixit and Stiglitz 1977）。

---

[2] 固定費用の例を想起いただきたい。固定費用があると、生産量が少なかったとしても固定費用の分だけ平均費用は高い。しかし、限界費用は生産量の限界的な増加に対応する費用の限界的上昇の大きさによって決まってくるので、高い固定費用は問題にならない。したがって収穫逓増の領域では MC < AC となるのである。収穫逓増は費用逓減と同義である。生産水準が上がれば上がるほど、増加する生産物1単位に対応する費用の増加分が小さくなっていくのであるから、MC < AC となるのも道理である。厳密に言えば、ある企業の生産技術はあるレベルの生産量において収穫逓増で、また別のレベルの生産量において生産逓減ということがありうる。ミクロ経済学の教科書においてしばしば用いられる逆S字型費用関数は生産レベルが低いうちは費用逓減、生産レベルが高くなると費用逓増になるので、その好例である。完全競争市場において逆S字型費用関数をもつ企業は、規模に関する収穫一定の局面（MC = AC）になって初めて、プラスの生産量をもつ供給関数が定義できたことを思い出してほしい。完全競争の仮定のもとでは、限界費用が右下がりの局面は、利潤最大化の一階の条件は満たしても、二階の条件を満たさないため、この範囲の限界費用曲線は完全競争市場における企業の供給関数から除かれるのである。

7.4. 《むだ》と補完性

　効率性の1つの定義である**パレート最適性**の特徴は「あちらが立てばこちらが立たず」という状況が生まれるまで効率化が進むことである。効率的であるためには、誰かの効用を一定にしたまま他の誰かの効用を増加させるような《むだ》があってはならないのである。外部性、市場支配力といった市場の失敗がなければ、完全競争市場均衡がパレート最適性を満たすことが**厚生経済学の第1基本定理**として知られている。

　しかし「あちらが立てばこちらが立たず」で特徴づけられる均衡は貧困の罠の存在を許すような複数均衡の1つではありえない。なぜなら異なる生産分野の補完性が作用して「あちらも立ってこちらも立つ」という余地が残っていることが複数均衡の条件だからである[3]。完全競争均衡＝パレート最適の世界には《むだ》がないので低位均衡から高位均衡へジャンプする余地がない。一方で外部性や市場支配力のある市場では市場均衡の結果が最適ではないので、異なった部門間の補完性を活用してより効率的な高位均衡にジャンプする余地がある（松山 1994）。具体的に言えば《むだ》とは、外部性均衡の場合には社会的限界費用と私的限界費用の差に、不完全競争均衡の場合には価格と限界費用の差に対応している。

　投入財の補完性が作用して複数均衡が生じる興味深い事例に**人口転換**（demographic transition）がある。人口転換とは、ある社会の出生率、死亡率は、その双方が高い値から始まって、まず最初に死亡率が低下を始め、続いて出生率が同様に低下した後に、死亡率、出生率とも低い水準に落ち着く、という現象を指す（大淵 1974）。高出生率、高死亡率の均衡から低出生率、低死亡率の均衡に移るという意味で、人口転換に至る前と後の状態は、複数均衡の一例と考えられる。高出生率、高死亡率の社会は子沢山となりがち

---

[3] この点について厳密に検討した論文として Cooper and John (1988) がある。彼らはゲーム理論的に定義された**戦略的補完性**（strategic complementarity）が複数の対称ナッシュ均衡の存在条件であることを示した。

で、ひとりひとりの子どもに十分な教育を与えることはできない。一方、低出生率、低死亡率の社会では、少ない子どもに十分な教育を与えることができる。この人口転換に伴う複数均衡は、人的資本蓄積に規模の経済性がある、つまり最初の1単位の人的投資と、追加的なもう1単位の人的投資の間に補完性が作用して、人的投資が蓄積されればされるほど人的投資の生産性が高まり、人的投資への報酬が高まる、と仮定することによって説明できる（Becker et al. 1990）。これは例えば、教育が外部性をもつような場合、すなわち、ある人が教育を受ける意義が、周囲の人も同様の教育を受け、知識や規範を共有することによって高まるような場合を想定している。所得水準が低い段階では人的資本蓄積も低水準で、人的資本の生産性、つまり教育の収益率も低い。それゆえ子どもに教育を授けて人的資本を蓄積することのメリットは小さいうえ、手間暇をかけてたくさんの子どもを育てることが割に合う。つまり人口転換前の子沢山と低い教育水準の均衡が成立する。ところが所得が上がって人的資本の蓄積が進むと外部性が作用して人的資本の生産性および教育の収益率が上昇する。すると子どもに教育を授ける意義が増すうえ、教育を得た親が手間暇をかけてたくさんの子どもを育てることが割に合わなくなってくる。こうして人口転換後の少産少死と高い教育水準の均衡が成立することになる。第6章で取り上げた児童労働の場合も、大人が低賃金で働き子どもも労働に従事する児童労働のある均衡と、大人の賃金が十分高く子どもが労働に従事しない複数の均衡が見られた。このように複数均衡の例は身近にもいくつかあることがわかる。

7.5. 貧困の罠からの脱出

　さて、開発途上国が貧困の罠に陥っているとしよう。どうしたら罠から脱出して高位均衡に到達できるのだろうか。前述のMurphy et al.（1989）では、総需要と生産量が互いに双方を規定し合い、「小さい総需要＝少ない生産量＝収穫一定技術」という均衡から「大きい総需要＝多い生産量＝収穫逓増技術」の均衡に転換できないことが問題であった。このような場合には、

政府が経済体系の外から政府支出を増やしてやり、総需要を増やすことによって、その経済が低位均衡から高位均衡へ移る可能性がある。経済を低位均衡から高位均衡へと移す元となった体系外からの刺激は、**ビッグ・プッシュ**と呼ばれる。

　これに対して、一定の総需要に対して複数の均衡が成り立つ場合もある。このような場合に低位均衡と高位均衡のどちらに現実の均衡が決まるかは、体系外の要因によるであろう。それを人々の「強気」、「弱気」といった期待（belief）に求める経済学者もいる。よく挙げられる例に以下のものがある。太陽に黒点が現れると景気が悪くなる（太陽黒点説）と皆が信じているとしよう。すると黒点が現れた年には皆が弱気となり、自分の生産増に応じて他の皆が生産を拡大すると思えないので、自分自身も生産増を断念し、結果的に経済全体の生産量が小さくなってしまう。実際には太陽黒点が物理的にその経済に何の影響を与えていなくとも、太陽黒点説が人々の予想を統一してしまうので、不況が実現してしまう。このように複数均衡のどれが実現するかを決める期待、予想あるいは信念といったようなものを**自己実現的予言**（self-fulfilling prophecy）と呼ぶ（具体例としては Ciccone and Matsuyama [1996] を参照）。複数均衡のどちらに現実の途上国経済があるかを決めるうえで自己実現的予言が重要な場合には、人々の期待を変えることがビッグ・プッシュとなりうる。政府による民間投資の調整（coordination）は、民間企業家の期待を変える効果ももつであろう。

　このように、ビッグ・プッシュによって開発途上国が高位均衡に移る可能性があることは広く認められているが[4]、実際にビッグ・プッシュを開発戦略として採用するにあたっては難しい問題がいくつかある。第1に、どの産業がその経済にとって大きな補完性をもっているのか自明ではない。第2に、その産業を特定して政府がてこ入れしたとすると、すでにその産業に従

---

[4] 具体例として、戦後の日本で1947年から行われた石炭産業、鉄鋼産業への傾斜生産方式（香西 1981, 1989；岡崎 1997）が挙げられることがある。しかし、実現した石炭産業と鉄鋼産業の同時成長が、マーシャル的外部性によったのか、あるいは外部性によるのではなく両産業の強い連関性と寡占的性質によるのか（伊藤他 1988, 第6章）等、検討すべき課題が多い。

事している人々を利してしまうので、それ以外の人々から不満が出るという政治的問題がある。第3に、自国の産業が十分補完性を発揮できるかどうかは海外の競争相手の出方によっても変わるのであるが、それを正確に読むことは難しい。例えば、かりに鉄鋼産業が非常に強い補完性をもっていたとしよう。そこで日本が鉄鋼産業を大いにてこ入れして支援しようとしたときに、同時に隣国も同じことを考えていて、すでに鉄鋼産業の育成を終えているかもしれない。このような場合には鉄鋼を需要する日本の自動車産業その他は隣国の鉄鋼を買って済ませてしまうかもしれないのである。これは産業育成政策の選択の際に、国際環境が十分考慮されなければいけないことを示している。

　このような問題が解けないうちは、途上国政府による特定業種の支援(産業政策)に大方の賛意を得るのは容易でない。その結果、開発戦略としては、あらゆる産業に対して一律の支援策が採用されることが多かった。しかし近年では、開発戦略の変化が見られる。中国などの新興国の産業振興に刺激されて日本をはじめとする先進国も自国産業保護や育成に注力するようになったため、開発途上国における産業育成のための産業政策が再び前向きに再検討されるようになっている (Bardhan 2016；Harrison and Rodriguez-Clare 2010)[5]。

---

[5] WTOが設立される以前に主流であった産業政策は、国内産業の差別的優遇であった。近年議論されている産業政策の新しい役割は、(1)各国で比較優位がある産業を後押しすること (Lin 2012；Lin and Liu 2004)、(2)各国で比較優位がある産業が何であるかを探索すること (Hausmann and Rodrik 2003)、(3)インフラ建設、職業訓練、研究開発 (R&D、第8章参照) 支援などである (Harrison and Rodriguez-Clare 2010)。(3)の政策は、直接的な国内産業優遇には当たらない、ソフトな産業政策である。

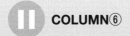
COLUMN⑥

労働は資本を代替する！：バングラデシュ

　現実と教科書はえてして異なるものである。学生の頃私がそう感じていたことの1つに「資本と労働の代替性」がある。ミクロ経済学の教科書では原点に対して凸の滑らかな等量曲線が描かれるが、私にはそれが信じられなかった。資本と労働の比率はおおよそ決まっているのではないか。例えば縫製業ではミシン1台に対して労働者1人とか。どうせ教科書なんて現実離れしたものなのだ。

　その認識が覆る光景をバングラデシュで何度か目にした。なにせ日本と同じぐらいの人口が日本の3分の1の土地に暮らしている国である。人が多い。

　一般にバングラデシュの縫製工場ではミシン1台に2人の労働者がついている。1人は縫製を担当するオペレーターで、もう1人はヘルパーと呼ばれ、ミシンを挟んでオペレーターの真向かいに座って、縫い終わった布から出た糸の処理等をする。賃金が安ければ資本労働比率は変化するのである！

　紡績工場でも同じ様を目にした。その工場では1978年米国製の紡機を使って綿糸を生産していた。昨今、自動化が進んだおかげで紡機の周りにはあまり労働者がいないものであるが、その工場では紡機の周りに労働者がたくさんいた。なぜかと言えば、紡機が古くて紡いでいる最中に糸がよく切れるので、待機している労働者がいちいちそれを手で撚り合わせなければならないからである。

　町中にも人はたくさんいる。例えばコピー機は「電話・ファックス・コピー」屋にあり、店員がコピーを取ってくれるのだが、コピー機にはソーターも両面印刷機能も自動ホチキス機能もないので、すべてそれらを手作業で行うのである。

　ある日、太いホチキス針でしっかり綴じてある厚い資料のコピーを頼みに、行きつけのコピー屋を訪れた。コピー屋のお兄さんが「このホチキス針外してもいいですか」と言うので、少々不安ではあったが「きれいに外せるなら」と答えた。最初彼は針外し器を使って外そうとしていたが、太い針がしっかり紙に食い込んでいる

綿ぼこり舞う紡績工場
（バングラデシュのガジプール県にて：2000年撮影）

ので、埒が明かなかった。業を煮やした彼は、あろうことかその資料にいきなり噛みついた。そしてなんと歯でホッチキス針を捉え、あごを振り上げて針を外してしまったのである。事を為し遂げた達成感から誇らしげに微笑む彼の糸切り歯には食いちぎられたホチキス針が光っていた。君たちはいつもそうやって資本の不足を肉体労働で補っているのか、と感嘆せざるをえなかった。　　　　　　（山形辰史）

第8章 技術革新・普及とその制度

8.1. エイズ等感染症と特許

　現代世界の脅威と考えられているのが、各種の感染症である。2000年代初めにエイズは世界で制御不可能な感染症ではないかと懸念され、先進国、開発途上国を問わず、大きな関心が寄せられ、解決への努力が傾注された。2001年6月末にニューヨークで国連エイズ特別総会が開催された。この会議においてエイズは「人類的な危機」を招来しうる問題と認められ、世界各国が問題解決に向けて協調していかなければならないことが確認された。統計で見てもエイズ問題の深刻さは明らかである。2001年末、世界には4000万人のHIV[1]感染者がおり、2001年の1年間で300万人がエイズによって死亡した。2001年末の成人感染者の実に90％以上が開発途上国の人々である。最も感染者の多い地域はアフリカで、サハラ以南アフリカの多くの国において、成人総数に占めるHIV感染者の比率が20％を超えていた（UNAIDS

---

[1] Human Immunodeficiency Virus（人免疫不全ウイルス）の略。このウイルスに感染すると体内の免疫システムが徐々に破壊され、感染者は他の感染症にかかりやすくなる。エイズとはHIV感染症の最終段階を指し、通常であれば重症に至らないような疾病に対しても免疫系が身体を保護できなくなる（World Bank 1997）。

2002a)。

　表8−1に示したように、ここ数十年に限っても、いくつかの感染症がまったく新しく生まれたり、再興したことにより、世界中で人々の健康への大きな脅威となっている。途上国では、熱帯地域・貧困層を中心に蔓延している寄生虫、細菌感染症（熱帯での失明の主因の1つとなっているオンコセルカ症、身体の皮膚が硬化し象皮病としても知られるフィラリア、蚊が媒体となるデング熱、狂犬病など）も深刻で、これらは、3大感染症（エイズ、マラリア、結核）と比べて、先進国の医学関係者や医薬業界からあまり関心が向けられず、そのために十分な対策がとられてこなかった。WHO は、これら17の疾患群を**顧みられない熱帯病**（Neglected Tropical Diseases：NTD）と指定している。途上国で深刻な感染症の代表はエイズで、1981年に発見され、今日でもその治療薬、予防ワクチンの開発が急がれている。2002年に発生した重症急性呼吸器症候群（SARS）も、人類の眼の前に初めて現れた感染症であった。当初は病原体や感染経路がわからなかったため、それを特定する過程で、何人かの医療従事者が犠牲になった。その後も、2012年にSARS と同じコロナウイルスが病原体である中東呼吸器症候群（MERS）、2014年にエボラ出血熱、2015年にはジカ熱の感染が広がったことが記憶に新しい。これらの感染症のうちのいくつかは、世界の人々の平均寿命を著しく低下させるほどの影響を及ぼす。第2章で取り上げたように、平均寿命は経済発展の成果を測る重要な指標の1つと考えられている。

　このような感染症の予防や治療に決定的な役割を果たすのが治療薬や、予防のためのワクチンである。2015年に大村智がノーベル生理学・医学賞を受賞したのは、イベルメクチン等の抗寄生虫薬の開発に拠っている。イベルメクチンは、オンコセルカ症や象皮病に有効である。2015年に大村と共にノーベル生理学・医学賞を受賞したのはウィリアム・C・キャンベルと屠呦呦（Tu Youyou）である。中でも屠は、抗マラリア薬であるアルテミシニンを発見し、現代のマラリア治療を大きく進歩させた。中国人研究者として漢方医学に基づき、ヨモギの一種からアルテミシニンを開発したことは、画期的であった。大村や屠のような研究者が医薬品やワクチンの元となる成分や製法を開発し、それを製薬会社が大量生産可能な製品に作り上げることで、

表8-1　1980年以降に発生した主な新興・再興感染症

年	名称	病原体	初めて発生(再興)が確認された地域
1981	後天性免疫不全症候群(エイズ)	ヒト免疫不全ウイルス(HIV)	アメリカ
1997	鳥インフルエンザ	インフルエンザウイルス(A型 H5N1)	香港
1998	ニパウイルス脳炎	ニパウイルス	マレーシア
2002	重症急性呼吸器症候群(SARS)	SARSコロナウイルス	中国
2009	豚インフルエンザ	インフルエンザウイルス(A型 H1N1)	メキシコ
2012	中東呼吸器症候群(MERS)	MERSコロナウイルス	サウジアラビア
2013	鳥インフルエンザ	インフルエンザウイルス(A型 H7N9)	中国
2014	エボラ出血熱	エボラウイルス	ギニア、シエラレオネ、リベリア
2015	ジカ熱	ジカウイルス	ブラジル

出所：中島（2012）、平山（2013）、山形（2014）等をもとに作成。

人々の手に届くような医薬品が完成するのであるが、その基礎研究や大量生産技術に関し、特許に代表される知的財産権が発生する。知的財産を用いた一定年限の独占的経済活動が「特別に許される」ことで生じる利益を期待して、開発者は研究開発を行うのである。

　ただし、後に詳しく述べるように、特許を用いた知的財産保護という制度は、アイデアの開発の利益と普及の利益を天秤にかけつつ設計されている。たとえば2000年当時でも、エイズ治療薬は先進国のいくつかの製薬会社によって開発されていた。だが、エイズ治療薬を開発し特許をもつ製薬会社がつける薬価は高く、途上国の貧しい人々にはとても手が出なかった。HIV感染者を多く抱える南アフリカにおいては、1997年に薬事法が改定され、その改正点の一つとして、公衆衛生上必要がある場合には厚生大臣の裁量によって医薬品特許を無効とできることが定められていた。欧米の製薬会社らはこの改正が南アフリカの憲法に違反するとして訴訟を起こしたが、最終的にはブランド・イメージに傷が付くのを恐れてか、2001年4月、南アフリカ政府

に有利な条件で和解に応じた。同様に、多くの HIV 感染者を抱えるブラジル政府は、欧米の製薬会社が特許を有しているエイズ治療薬のコピーを認める強制実施を行って国内の感染者に広く提供する考えを示して、欧米の製薬会社らと同治療薬の値引き交渉を行った。これに対し、国内に同治療薬特許を有する製薬会社を抱えるアメリカ政府が WTO（世界貿易機関）に提訴していたが、2001年6月、アメリカ政府は、途上国や国際世論に配慮してか、ブラジルに有利な条件で和解に応じた。その後、2001年11月にカタールのドーハで開催された WTO 閣僚会議において、公衆衛生関連特許が貿易関連知的財産権（TRIPS）協定の適用を除外することが認められたことにより、途上国におけるコピー薬の普及は大きく進んだ（UNAIDS 2002b；*Economist* 2002a）。現在では、世界エイズ・結核・マラリア基金（Global Fund to Fight against AIDS, Tuberculosis and Malaria：GFATM）が低所得国に抗エイズ薬を無償供与していることにより、開発途上国の HIV 感染者は、抗エイズ薬を無料で入手できるようになっている。これは現在 HIV／エイズに悩む患者にとっては非常に喜ばしいニュースであるように思われる。

　しかし話はそれほど単純ではない。このような特許制度適用制限によって、より優れたエイズ治療薬やエイズ予防薬に対する製薬会社の開発意欲が殺がれるかもしれないのである（Lanjouw 2003；山形 2003a）。エイズ治療薬の薬価問題に典型的に現れた技術の開発と普及のトレード・オフという問題を、経済発展における技術革新のメカニズムという観点からミクロ経済学的に一般化して考え、技術普及を図りつつ技術開発を促進する政策や制度のあり方を探ることが本章の課題である。

8.2. 技術革新の理論

(1) 経済発展と技術革新

　経済発展と技術革新は双方向の関係である。技術革新によって生産能力が拡大し、生産量が増える。それによって所得が増大して需要構造が変化し、

需要が伸びた分野により多くの技術開発投資がなされる。このような関係を通じて、生産関連技術のみならず保健衛生や医学における技術革新も進み、人々の保健や寿命を改善してきたのである。

　近代以降、画期的な生産関連技術が開発され、技術革新が世界経済の成長を牽引した。まずイギリスの産業革命の際に蒸気機関に代表されるいくつかの発明が成し遂げられた。蒸気機関の発明が蒸気船、鉄道等に応用され、それらが相まって欧米の経済を拡大した。20世紀にはアメリカを中心として電気、電話、自動車、飛行機、化学製品等多くの発明がなされ、戦後にはコンピューター、原子力が実用化された。生産水準を大きく改善する技術革新は機械の発明のようなハード面の革新だけではない。工場という生産様式やトヨタの「看板」方式などのソフト面での革新もまた、企業成長、ひいては経済成長に大いに貢献した。

　経済発展における後発国は一般に、先発国が開発した技術や知識を、先発国が費やしたほどの努力をせずに利用できるので、自国の保健衛生水準や生産能力をより急速に高めることができた。これは**後発性の利益**と呼ばれている（Gerschenkron 1962）。

(2) 知識という資本としての技術

　さて、革新される「技術」とは何ものだろうか。技術という言葉を聞いたとき、熟練労働者やスポーツ選手の技能のように、本人さえそれが何なのかすべては説明できないような技を想起する読者もあろう。技術を理解することにおいて、このような暗黙性（tacitness）を重要視する向きもある（Evenson and Westphal 1995）が、本章で問題としたい技術とは、上に示した発明によって得られるような新奇性をもつアイデアである。アイデアは図面に描かれたり、文章で記録されたりすることによって、他人も理解することができると同時に多くの人が使用できる。このような性質によって、蒸気機関や電気や自動車やコンピューターが広範な地域の数多くの人々によって用いられるようになった。熟練労働者の技能のように他人に伝えにくい技術の重要性を否定するつもりはまったくないが、こうした新奇なアイデアの発見の積み重ねが、技術発展ひいては経済発展に大きな役割を果たしたのである。

アイデアが蓄積されたものは知識と呼ばれる。知識は人間の精神生活を豊かにするためにも用いられるが、保健衛生を改善させたり生産活動をより効率化したりするためにも用いられる。

　蓄積された知識は、財・サービスを生産するために用いられる。一方、知識は新しいアイデアを生み出すためにも用いられる。知識を生み出す担い手は、民間部門のこともあろうし政府部門のこともある。いずれの場合でも研究開発（Research and Development：以下R&Dと略）活動が行われ、そこには労働者として研究者が、また資本設備として実験器具などが用いられて、「アイデア生産活動」が行われる。民間部門がR&Dを行う場合には、財・サービスの生産活動との場合と同様に、企業の利潤最大化を追求するための経済活動として、研究開発がなされるのである。

　このように知識は、（1）フローとしてのアイデアが蓄積されたストックと解釈できるうえ、（2）知識は財・サービスやアイデアの生産に貢献する、そして、（3）アイデア自体も生産活動によって生み出されることが多い、という意味で、知識は経済学で通常用いられる概念でいうところの資本の要件を満たしている。つまり知識は資本の一種とみなすことができるのである。

(3) 公共財としての知識

　しかし知識を一般の資本財と同様に扱うことはできない。というのは、知識あるいはそのフローとしてのアイデアは、経済学で言うところの**公共財**的性質をもっているため、市場競争に任せておくとその生産量が過少な水準に留まってしまう恐れがあるからである[2]。公共財とは、同時に複数の人々が利用でき、他人の利用によって自分の利用がまったく妨げられないような財・サービスである。このような財・サービスは、1人の需要者が費用を払うことによって供給がなされると、他の需要者がまったく費用を払わずにその財・サービスを享受できる。つまり、ただ乗りができるので、誰も最初に費用を払いたがらず、それゆえに十分な供給がなされないという**市場の失敗**（market failure）が起こることが知られている。

---

[2] 公共財の最適供給量についての手際よい整理としては、土居（2001）を参照。

表8-2　公共財の要件

	競　合	非競合
排除可能	通常の財・サービス 人的資本 エイズ治療薬そのもの	衛星放送の番組
排除不能	海洋にいる魚	知識・アイデア、 エイズ治療薬の製法

出所：Romer (1993) Figure 1 に加筆修正。

　公共財の定義は2つの性質から成り立っている。1つは、誰か1人の利用が他人の利用を妨げないことで、この性質は**非競合性**（non-rivalry）と呼ばれている。いま1つは、費用を払わずにただ乗りしている人々を見つけ出して費用を払わせることが難しいという性質で、この性質は**排除不能性**（unexcludability）と呼ばれている。通常の財・サービスは、誰かが利用していれば他の人々は利用することができず、かつまた誰が利用するかを特定して費用を徴収することが容易だという意味で、競合性と排除可能性をもっている（表8-2を参照）。一方、海洋で泳ぐ魚は、誰かが捕って食べれば同じ魚を他の誰かは捕ることができないという意味で競合性はあるが、魚に所有権を明示して捕った人から費用を徴収することが困難であるという意味で排除不能性がある。かりに日本近海で生まれた魚を日本の所有物だと宣言したとしても、日本近海から大洋に泳ぎ出た魚を捕る外国人から「これは日本の魚だ」と主張して料金を徴収することは事実上不可能である。一方、衛星放送やケーブルテレビの番組は、一度に大勢の人がそのサービスを楽しむことができるという意味で非競合性をもっている。しかしよほど衛星放送のことに精通した人でなければ、テレビを改造して料金を払わずに衛星放送番組を見ることはできない。その意味で衛星放送番組は費用を払わないで楽しもうとする人を排除可能である。
　これに対して、知識やアイデアは非競合性と排除不能性をもっている。エイズの治療薬を例に取ろう。薬の開発には長い年月と多大な費用がかかるが、その製法がいったん開発されてしまえば、その製法に従って薬を製造することは簡単であることが多い。この場合、開発されたのはその薬の製法と

いうアイデアであり、そのアイデアを誰かが用いて薬の製造を行っているときに、同時に他の人も同じ製法を用いてその薬を製造することができる（非競合性）。また、誰かが多大なコストをかけた実験によってこの薬の製法を発見したとしても、それを横から見ていた誰かがその薬の製法を盗み見て売り出すことが可能であるし、盗んだ人が「これは自分が独自に開発した薬だ」と主張したらそれを反証することも難しい（排除不能性）。つまり開発に多大な費用を払った人が、費用を払わない人にただ乗りされてしまうという意味で、知識・アイデアはまさに公共財的性質を有しているのである。

　ここで注意したいことは、知識・アイデアを載せる媒体である人的資本や、調合された商品としての薬といった財は、競合性、排除可能性をもっているという意味で公共財ではないということである。人的資本と知識とでは、財の性質がまったく異なるのである。

8.3. 特許制度の意義

　知識・アイデアは公共財なのでその供給が過少になりがちであるという問題がある。多大な費用をかけて新技術を開発しても、それが他人にただ乗りされてしまうのであれば、誰も技術開発をしたがらないはずである。

　この問題を解決するために現在多くの国で採用されているのが特許制度である。特許制度とは、あるアイデアを初めて生み出した人に、それを用いて経済活動を行う独占的な権利を一定期間だけ「特別に許す」という制度である。これによって、アイデアを盗んだ人のただ乗りを排除することができる。新しいアイデアを開発した人は、特許を得て一定期間独占的にそれを利用することで独占利潤を得て、その独占利潤でもって当初の開発費用を埋め合わせるのである。もちろんその代わり、そのアイデアを用いた商品が売れない、あるいはアイデアを使った製法が生産性を上昇させないといった場合には、そのアイデアの開発のための努力はむだになるという意味で、特許制度は、開発者に対し自分が開発したアイデアの真の有用性について、本人に責任を取らせる制度だということができる。

特許制度による技術開発の利益の保護は、独占という形で取引を制限することによって可能となる。新しく開発されたアイデアが真に有用なものであるならば、そのアイデアの特許権の保有者は、価格を生産費以上に設定することにより、その分の需要減を勘案したとしてもプラスの利潤を上げることができる。逆にいえば、特許制度のもとでは、技術開発を保護するために、そのアイデアを利用した財・サービスの広範な利用を犠牲にしている。いったんアイデアが開発された後に、そのアイデアを用いた財を社会的に最適な水準まで供給しようとしたら、価格が限界費用を上回ってはいけないはずなのである。このように、特許制度は新しいアイデア開発の社会的利益と、開発されたアイデアを普及することによる利益のトレード・オフを折衷した形で成立している (Scherer 1970；岡田 1998)。その意味で特許制度は効率的なアイデアの生産と利用のための完璧な制度ではない。特許制度は独占という原罪を孕んでいるのだが、その原罪なしには技術開発が進まないので、独占は技術開発の必要悪と解釈できる。

しかしある特許が人々の生活の根幹にかかわるような財・サービスにかかわるものであった場合、独占価格でその財・サービスを購入しなければならない消費者は大きな困難に直面する。その典型的なケースが冒頭に述べたエイズ治療薬の特許問題である。

8.4. エイズ治療薬・予防薬開発の課題：技術開発と普及のトレード・オフ

(1) エイズ治療薬価格と開発のインセンティブ

途上国において無償で抗エイズ薬が普及しはじめたことは、現時点でHIVに感染している途上国の人々にとっては間違いなく喜ばしい進展である。しかし、途上国のHIV／エイズ問題の将来を心配する人たちは、この結果を手放しで喜ぶわけにはいかない。なぜならば途上国において抗エイズ薬に特許が適用されないことから、これまで抗エイズ薬を生産してきた製薬会社や、この分野に新規で参入しようとしていた製薬会社が、より進んだ抗エイズ薬およびエイズ・ワクチンに代表される予防薬を開発する意欲を失う

かもしれないからである。2001年に南アフリカやブラジルで争いの対象となった治療薬は、HIV に感染した患者の免疫不全の進行を妨げ、エイズの発症を防ぐタイプの薬で、HIV がレトロウイルスというウイルスの一種であることから抗レトロウイルス剤とも呼ばれているが、現在利用可能な抗レトロウイルス剤には副作用や、服用の仕方に煩わしい制限がある（青木・岡 2012；根岸 2001；藤井 2013；Klesius 2002）。また HIV は突然変異しやすく、すでに開発された薬剤に対する耐性を身につけやすいため、治療薬はすでに何種類かあるといえども、まだまだ研究開発が必要である。予防薬の代表であるエイズ・ワクチンに至っては、最も開発が進んでいるものは HIV の中でも先進国に多い B 型株を対象にしており、アジアやアフリカに多い HIV 株については相対的に研究が遅れている（IAVI 2002；*Economist* 2002a；樽井 2001）。このように、現在の HIV 感染者にとっても、また今後 HIV に感染しうる人々にとっても、新しい薬の開発インセンティブを高く保つことは大きな課題なのである。

　そのうえ、エイズのみならず開発途上国には熱帯特有の数々の感染症が蔓延している[3]。エイズの場合と異なりそれらの感染症のための薬需要は先進国では非常に小さい。「途上国は患者が多ければいつでもその病気に処方される薬の特許の適用を簡単に差し止めるものだ」という認識が広がったとしたら、製薬会社は、開発途上国で蔓延している病気のための薬開発の努力を現在よりも惜しむ可能性がある。

　この場合、製薬会社が努力を惜しんでいることを責めるのは難しい。第 1 に彼らは民間会社である。あるタイプの薬の開発・生産が得意な会社だけがその薬の開発を行うのである。「うちの会社ではもうエイズ治療薬を作る優

---

[3] なかでも感染者、死亡者の数で見ると結核、マラリアが注目される。結核は HIV 感染者の免疫機能が低下し、エイズを発症したときに最もかかりやすい感染症である。ただし、結核は先進国にもかなりの数の感染者がいる。マラリアは蚊を媒介とした感染症である。この 3 つの重要な感染症の治療・予防のために、世界エイズ・結核・マラリア基金が創立され、2002年 4 月に初めて、開発途上国における58事業に対して資金の配分が決定された。同基金のホームページ（http://www.globalfundatm.org/index.html）を参照のこと。

位性を失ってしまったから」という理由で、それまでエイズ治療薬開発に熱心だった会社が撤退してしまうかもしれない (Lanjouw 2003)。また現実問題として、ある製薬会社がエイズ治療薬開発の予算を減らしたとしても、それが公にされないかもしれない。製薬会社は知らず知らずのうちにエイズ治療薬開発から撤退するかもしれないのである。

民間部門が公共財であるアイデアの生産に不向きであるならば、公的部門がそれを担ってはどうか。確かに農業に関しては多くの国で国立の研究所をもっていたり、国際機関としての研究所が新技術の開発に多大な成果を上げてきた (Evenson and Westphal 1995)[4]。製薬の分野についても基礎研究は、特に米国において、公共部門が非常に大きく貢献していることが知られている。しかし基礎研究の成果を実際に薬の形に生成し、それを臨床で実験したり商業化したりするのは、一般に民間部門の方が向いているようである。Cockburn and Henderson (2000) は、医薬の専門家へのインタビューにより、1965～92年の間に最も影響力が強かったと思われる21の薬について、その開発が公共部門と民間部門のどちらによって主導されたかを明らかにしている。これによれば21のうち、公共部門が初期の重要な発見を主導したケースが14あった。その一方で、公共部門が実際に薬の合成にまで成功したケースは3つしかなかった。このように、初期の重要な発見から薬の合成、果ては商業化に至るまでのプロセスすべてを公共部門が担うのは無理があるようである。

(2) 研究開発促進のためのプッシュ・プル政策

民間部門の研究開発インセンティブを保つためには、大きく分けてプッシュ型とプル型の2つのタイプの制度がある (Kremer 2000a)。プッシュ型は

---

[4] 例えば1960年代後半に導入された「奇跡のコメ」(miracle rice) とさえ呼ばれたコメの高収量品種は、フィリピンに本部を置く国際稲研究所 (International Rice Research Institute：IRRI) が開発したものであり、アジアの食糧需給緩和に大きく貢献した。同時期に小麦の高収量品種も導入され、両者の普及を併せて「緑の革命」(Green Revolution) と呼ぶが、小麦の改良品種を開発したのも国際研究機関 (メキシコに本部をおく国際小麦トウモロコシ研究所：CIMMYT) であった。

最終的な研究成果が上がる前から行われる研究支援であり、プル型は研究成果が上がって初めて報酬が支払われるタイプの研究支援である。特許制度は研究成果が上がった後に、市場から報酬を徴収させようという制度なので、プル型である。他にも、上がった成果に対して賞金を払う仕組みはプル型であり、18世紀イギリスにおいて、航行中の船の位置する経度を正確に測る方法に対してつけられた賞金の例が有名である（Sobel 1995）。プッシュ型は各種研究助成金であり、これもまた一般的に用いられている。

　プッシュ型はインプット重視でプル型はアウトプット重視ということになる。どちらにも長所、短所がある。プッシュ型研究補助金は本当に望ましい用途に補助金が用いられるか、定かではない、という短所がある。金融市場について説明した第5章で紹介したような、情報の非対称の問題がここにもある。プッシュ型支援を受けた研究者が本当に真剣に当該目的のために研究を行ったのか、あるいは補助金を他に流用したのかは外部の人間にはわかりにくい。また、目的の開発が成し遂げられれば、当然支援もそこで打ち切られてしまうので、研究を完成させる強いインセンティブが働かない。もちろんすべてのプッシュ型支援が失敗に終わったわけではないが、典型的な失敗例として、1980年代に米国国際開発庁（U.S. Agency for International Development）がマラリア・ワクチン開発に対して行った資金援助がある（Desowitz 1991）。

　一方、プル型は成果が上がって初めて報酬が得られるので、潜在的な開発者に対して高い開発インセンティブを与えることができるという長所をもっている。しかしその一方で、発明が完成し、報酬を得られるまでは、開発者が開発プロセスで得られた知識を秘匿してしまうので、プッシュ型に比べて開発期間中の知識のスピル・オーバーという点で問題を残している。そのうえプル型としての特許制度は、独占を前提としているので、開発されたアイデアを用いた製品の普及が過少になるという問題を孕んでいる。したがって、両者が併存、あるいは組み合わせられる形で技術開発促進政策はデザインされることが多い。

(3) **エイズ、結核、マラリア治療薬・予防薬に対するプッシュ・プル型支援**

各先進国とも重要な医薬開発については多かれ少なかれ補助金が与えられているので、HIV／エイズ、結核、マラリア関連の技術開発にプッシュ型支援が与えられているといえる。そのうえ、これら3つの感染症の途上国での治療・予防に対して世界エイズ・結核・マラリア基金（GFATM）が資金援助を行っている。さらにエイズ・ワクチン開発については国際エイズワクチン推進構想（International AIDS Vaccine Initiative：以下 IAVI と略）というコンソーシアムが結成され、世界各国政府や国際機関、民間組織等が資金支援を行っている（IAVI 2002）。

医薬品は、公衆衛生上の配慮から、先進国においても特許の対象となったのは比較的最近のことである（岡田 1998）。徐々に先進国および開発途上国においても医薬に対する特許の適用が広まり始めているところであった（Lanjouw and Cockburn 2001）。それが、（1）前述した南アフリカやブラジルにおける抗レトロウイルス剤特許の適用停止、（2）2001年11月ドーハでのWTO閣僚会議における公衆衛生関連特許の適用除外容認決定、および（3）2002年6月のWTOによる2016年を期限とした後発開発途上国における医薬品に関する特許適用除外容認決定（WTO 2002）によって、開発途上国における医薬品の特許適用の可能性が狭くなっている。これによって、特に開発途上国向け医薬品開発のためのプル型技術開発支援が手薄になっていることは否めない。

HIV／エイズ、結核、マラリアに対する予防薬開発のためのプル型支援が構想されていないわけではない。2000年に世界銀行のウォルフェンソン総裁（当時）が、マラリア、結核、エイズのワクチンが完成したら、そのワクチンの購入資金を総額10億ドル規模で世界銀行が開発途上国に融資する考えがあることを発表した（Pilling 2000；Kremer 2000b）。この構想は、ワクチン買い取り補助金事前保証制度（Advance Market Commitment：AMC）として実現している。AMC は、Kremer（2000b）、Kremer and Glennerster（2004）において提案されたもので、予防が重要と認められた感染症を指定し、その感染症のための有効かつ安全なワクチンが開発されれば、これを開発途上国が購入しようとする際に、その購入資金を補助することを保証す

る制度である。しかしながら、対象となる感染症は今のところ肺炎球菌に絞られており、マラリアは次のターゲットと目されている（稲田他 2010；川合・山形 2009；山形 2014）。AMC を実施しているのは「ワクチン予防接種世界同盟」(Global Alliance for Vaccines and Immunization：GAVI) という国際機関である。GAVI はワクチン開発のために AMC を、ワクチン普及のために「予防接種のための国際金融ファシリティ」(International Finance Facility for Immunization：IFFIm) を運営している（稲田他 2010；Ratha, Mohapatra and Plaza 2009）。

これらの努力により、エイズ・ワクチン、マラリア・ワクチンには一定の進展が見られるものの、エイズ、結核、マラリアのいずれについても、決定的なワクチンは得られていないのが現状である（森内・森内 2012、Economist 2016）。

8.5. 競争と技術革新のタイプ

以上、HIV／エイズ、結核、マラリアの治療薬・予防薬開発を例にとって技術革新を活発にし、開発された技術を広く普及させるための制度について議論してきた。しかしその他、生活のあらゆる分野において、技術革新が人間の生活水準を大きく向上させてきたのである。技術革新が行われ、それが国内あるいは海外へ普及していくプロセスとは一般的にいってどのようなプロセスなのだろうか。

これまで述べたように、民間部門で行われる技術革新とは、開発された新しいアイデアを活用し、利潤を上げることを目指して技術開発投資が行われるプロセスである。投資の結果、望ましいアイデアが得られる場合と得られない場合があるので、そこに不確実な確率的要素が加わる。

技術革新は 2 つのタイプに分けられる。1 つは水平的技術革新で、それまで世の中に存在しなかったまったく新しい商品が開発されるタイプの技術革新である（Romer 1990）。もう 1 つは垂直的技術革新で、それまでに存在していた商品の品質が向上する、といったタイプである（Aghion and Howitt

1992)[5]。後者のタイプの技術革新はシュンペーターによって**創造的破壊**（creative destruction）と名付けられた成長プロセスに近い（Schumpeter 1942, Chap.VII）。というのは、新しいアイデアが開発されなければ、既存のアイデアが用いられていて、その発明者にはまだ利潤が入り続けていたであろうところへ、そのアイデアの実用的価値が消滅してしまう前に新しいアイデアが生まれることによって、古いアイデアの経済的価値が無に帰してしまうからである。

　どちらのタイプの技術革新の場合でも、特許によって一定期間独占が許され、利潤を確保できることが技術開発を可能にする条件である。独占利潤によって生み出される技術革新はシュンペーターが想定したプロセスでもあった。このことは競争が独占利潤を縮小させ、技術革新、ひいては経済成長を阻害する可能性を示唆する。実際、初期の創造的破壊モデルには独占度が低まると経済成長率が低下する性質が見られた（Barro and Sala-i-Martin 1995, pp.223-226）。しかしその後の研究により、ライバル同士の激しい競争が技術革新を速めたり（Aghion et al. 1997, 1999）、模倣が経済全体の技術水準を上昇させたりする（向山 1998）ことから、独占度の上昇は必ずしも経済成長を促進しないことが明らかになりつつある（Aghion and Howitt 1997）。

8.6. 途上国への技術移転と経済成長

　さて、開発途上国が自国の技術進歩を促進しようとする場合、なにもすべての技術を自分たちで開発する必要はない。前述のように、すでに開発された技術は非競合的で排除不能性をもっているのだから、特許制度で保護されていない、あるいは特許保護が有効には働かないような技術は、途上国に漏れていくであろう。もちろん技術によって簡単に漏れるものもあれば、かなりの程度の技術導入費用を払って初めて導入できる技術もあろう。一般論と

---

[5] もちろんその両者を組み合わせたモデルもある。Caballero and Jaffe（1993）を参照のこと。

して先進国の方が技術水準が高く、R&Dも活発なのだから、開発途上国としてはどのようにして先進国の技術を導入するか、ということが技術水準向上のための大きな課題となる。先進国の内部においてさえ、技術導入に支払われている額が、真の意味で技術開発のために支払われている費用の20〜30倍であるという推計もある（Jovanovic 1997）。このことから、開発途上国において技術開発より技術導入に焦点が置かれるのは当然に思える。

　経済学的に記述された技術導入のプロセスは、技術革新のプロセスと本質的に同じである。技術導入とは、海外で開発された技術を、何らかの導入コストを払って導入し、導入技術を利用してその企業が利潤を上げて、当初の導入コストを賄う、というプロセスである。技術革新の場合と同様に、導入コストを払っても、導入企業が新規の技術を咀嚼できない可能性もあるので、導入には不確実性が伴う。もちろん、導入できる技術が無限にあるわけではなく、そのときそのときの世界の技術レベルに制約される（Barro and Sala-i-Martin 1997；Easterly et al. 1994；Grossman and Helpman 1991）。

　開発途上国が先進国の技術を導入する場合に、先進国で用いられている技術がそのままの形で開発途上国においても有効とは限らない。気候など自然条件が異なることももちろんであるが、例えば労働豊富国に資本集約的技術をもち込んだ場合には、豊富に存在する労働者を有効活用できないことになってしまう。このことから開発途上国で用いる技術は先進国で用いられている技術そのものではなく、開発途上国の環境に合致した**適正技術**（appropriate technology）であるべきだ、との主張がなされた（Schumacher 1973）。また適正技術は、先進国の技術と開発途上国の在来技術の中間的なものになるだろうとの予想から中間技術とも呼ばれた。輸入技術が現地事情に合致しない際に、輸入技術を現地の事情に合わせて改良することは場合によって可能である。具体的には明治初期に富岡製糸工場等に導入された金属製の機械を、日本の中山社等が諏訪地方の経済環境を勘案して、木製に改良したり水車を活用したりするなどしてより経済的な技術を編み出したことは、適正技術の開発を技術輸入した側が行った例として挙げられる（竹内 1983；山本 1977、pp.32-56）。

　このように適正技術が開発される場所は、もともとの技術が開発された先

進国である場合もあろうし、中山社の例のように受け入れ国である場合もあろう。Acemoglu and Zilibotti（2001）は、先進国が自国向け（熟練労働集約的）および途上国向け（未熟練労働集約的）技術の双方を開発して途上国が自国経済の条件に合致した技術を採用する経済成長モデルを構築した。このモデルを用いることにより、彼らは、途上国における知的財産権制度の不備が先進国の途上国向け技術開発を阻害し、それが先進国と開発途上国の間の生産性格差の原因になっていると主張した。速水（2000）は、受け入れ国側において、その国で相対的に豊富に存在する生産要素をより多く用いる技術が開発される可能性を指摘した。このように相対的に安価な生産要素を多く使用する方向になされる技術革新は、**誘発的技術革新**（induced innovation）や**方向づけられた技術変化**（directed technical change：Acemoglu 2002, 2009）などと呼ばれ、上述の中山社の例のみならず、明治以降に起こった日本の繊維産業における技術発展の方向とも合致している（石井 1987；清川 1987；大塚 1987）。

8.7. おわりに：技術革新・普及と制度

　新古典派経済成長理論が現実の世界経済成長の近似として重視されていた時代には、その長期1人当たり経済成長率が外生的技術進歩率のみで決定された（Solow 1956）から、技術進歩の内生的側面、換言すれば経済活動としての技術革新の重要性は、今日ほど注目されてはいなかった。しかし考えてみれば、産業革命以降現在まで、それ以前には生じなかったような頻度かつ規模で技術進歩が進んでいるのは、当然ながら技術進歩が外生的に産業革命以降に偶然集中して起こったからではないのである。それはおそらくは18世紀以降、新しいアイデアの開発あるいは発見を奨励する制度が試行錯誤的に模索され[6]、特許制度その他の制度が生み出され、定着していったことが1つの大きな要因なのだと考えられる。事実、世界に先駆けて印刷、羅針盤、火薬等々の発明を実現した中国が、14世紀頃には世界で最高の技術水準を保っていたのに、その後の技術進歩は停滞してしまったのであるが、これは

Mokyr (1990) によれば、明の時代の後半に入ると当時の為政者たちが革新より安定を求めて、新技術の開発や輸入を抑制したことが一因だという。既存企業や労働者の既得権益を守るために、しばしば新しい技術をもって既存企業に挑戦してくる新規参入企業を、当該産業が過当競争状態にあるという名目で排除する傾向は、開発途上国を含む多くの国々で見られる (Parente and Prescott 2000, pp.107-111)。Acemoglu and Robinson (2012) は、個人の自由な経済活動が報われる**包括的制度** (inclusive institutions) を採用している経済は、経済活動の利益が一部の人々に独占されてしまう**収奪的制度** (extractive institutions) のもとにある経済よりも技術革新が起こりやすく、かつそれが持続しやすいことを主張し、包括的制度にあった経済の代表を、産業革命時のイングランドであるとした。当時のイングランドは、王の権力が制限されて議会に権限が委譲されることを通じて、個々人の投資、通商、技術革新への誘因が保たれたことが産業革命の基礎となった、と彼らは主張している。

　このように技術革新や普及の程度は、それぞれの国や国際社会がそれらを左右するどんな制度を構築するかに決定的に依存する。UNDP (2001) や *Economist* (2001a) が指向しているように、新技術開発と技術の普及を貧困削減に有効に結びつけるような新しい制度構築が求められている。

---

[6] Sobel (1995) は18世紀のイギリスにおける航海法開発の顛末を物語的に記述しており、その中に技術の開発と普及を促進するための制度模索の試行錯誤のプロセスが現れていて、大変興味深い。

第9章 貧困層への援助

9.1. 貧困削減政策の必要性

　筆者の1人（黒崎）が途上国研究を始めたきっかけの1つに、学生時代にバックパッカーとしてインドに貧乏旅行した経験がある。強烈な殺虫剤の匂いが充満したカルカッタ空港の建物から出ると、ぼろきれのようなわずかな衣類を身にまとっただけのタクシー客引きにとり囲まれ、彼らの汗の匂いにむせ返った。カルカッタ市内へのバス道中からは、おびただしい数のスラムとそこに住むやせ細った子どもたちに目を奪われた。われながら見事にステレオタイプなインドの貧困問題との出会いであった。

　いま思えば、この旅行をした1986年2月というのは、それまで閉鎖経済のもとでさまざまな歪みに悩まされてきたインド経済が徐々に自由化に動き出した時期であり、その象徴が、古風な国産車「アンバサダー」と並んで街を走るスズキとの合弁乗用車「マルチ」の軽快なスタイルであった（写真）。また、この時期には農業生産がインド各地で順調に伸びた結果、インド全国の貧困者比率も60年代末の60％を越える高水準から、80年代末に40％を割るところまで着実に下がっていたわけで、冒頭の個人的経験も日本との比較ゆえによりいっそう貧困が印象づけられたきらいがある。その後インドは、91年に外貨準備が払底する深刻な政治経済危機に見まわれ、IMFおよび世界

（上）アンバサダー（写真協力：原昌平）
（下）マルチ（写真協力：関口真理）

銀行借款に依存した大胆な経済自由化に着手、90年代にはマクロ経済パフォーマンスが着実に改善したが、その大きな流れはすでに80年代後半に始まっていたとも考えられる[1]。

　第6章から第8章では、マクロの経済成長を推し進める重要な要因として、人的投資に基づく内生経済成長、収穫逓増と複数均衡、技術革新とその普及などについてミクロ経済学的に考察してきた。この文脈からすれば、近年のインド経済の順調な成長は、IT 産業ブームに象徴される人的投資の進

---

[1] 1990年代のインド経済の変化を総合的に概観する研究書として絵所編（2002）が挙げられる。本文で取り上げた要点のうち、マクロ・パフォーマンスについては絵所秀紀序章および佐藤隆広、マルチ自動車革命については島根良枝、貧困指標の推移と貧困削減政策については黒崎卓・山崎幸治による各章を参照されたい。その後2000年代の変化をカバーした概説書としては、石上・佐藤（2011）を参照。

展や、経済自由化による技術革新・技術導入が可能にした「低位均衡」から「高位均衡」へのジャンプといったキーワードで説明できる。

にもかかわらず、インドに絶対的貧困問題がなおも残存していることを誰も疑わない。最初に描いたステレオタイプな貧困の光景は、2010年代のインドでも、あちこちで見つけることができる。このギャップは大きく2つの背景で説明される。第1に、インドが抱える貧困問題の大きさに比べて、経済成長が十分でないこと。この場合、問題はさらに経済成長を推し進めるにはどうすればよいかということになる。第2に、経済成長が起こっていても、その成果の配分に与かれない階層の貧困問題は残る。また、経済成長に伴って所得分配が著しく悪化する場合には、所得分配における下位層の問題である貧困が、悪化することもありうる。そこで本章と次章の2つでは、このようなミクロの貧困問題への取り組み、とりわけ個々の貧困者に焦点を当てた**貧困削減政策**について考える。労働市場に焦点を当てるのが本章、信用市場に焦点を当てるのが第10章である。

9.2. 開発目標としての貧困削減

(1) 開発援助の潮流変化

近年、**政府開発援助**（Official Development Assistance：以下 **ODA** と略）は、以前に比べてより厳しくその成果を問われるようになってきている。これは、公的支出の1つとして、国際協力の効果に関心が集まっていることによっている。1990年代、世界経済全体の低迷や、これまで行われてきたODAの成果が目に見えない国々があることから、先進国の間に援助疲れ現象が起こった（西垣・下村 1997, pp.100-110）。この間、図9-1で見られるように、主要援助国のODAは伸び悩んだ一方で、日本は円高効果も相まってドル建てでのODA供与を増やし、1990年代には世界一のODA供与額を誇った。その日本でも公的債務の累積からODAも「事業仕分け」の対象となり、他のドナーと同様に、開発援助の効果的な実施は、重要な政策課題と捉えられた。先進国ドナーのサークルである経済協力開発機構（Organisa-

tion for Economic Co-operation and Development：OECD）開発援助委員会
（Development Assistance Committee：DAC）においても「援助効果（Aid
Effectiveness）向上」が喫緊の課題と位置づけられ、この課題をテーマとす
る閣僚レベル会合が、2002年にローマで開催されたのを皮切りに、第2回会
合が2005年にパリで、第3回会合が2008年にアクラで開催され、最後の第4
回会合は2011年に釜山で開催された。特にパリ会合においては「援助効果向
上のためのパリ宣言」が採択され、このパリ宣言が21世紀初頭の国際援助政
策の主流をなした。

　さて、開発援助の効果的な実施のためには、まず対象となる目標を明確に
しなければならない。新ミレニアムの幕開けとなった2000年以降、世界の援
助国、国際機関によって共有された開発目標は貧困削減であった（柳原
2001；Ravallion 2016）。そもそも、それぞれの援助国が政府開発援助を行う
意図には、援助受け入れ国の貧困削減のみならず、より多くの国々を自国の
協力者として取り込むことや、援助を利用した自国企業の経済活動の活性化
なども含まれているのであるが（菊地 2001)[2]、それらのいわば「本音」よ
りも、「建前」としての貧困削減が前面に押し出される傾向が、この時期、
世界的に強まった。英国などは、2002年に施行された国際開発法（International Development Act 2002)[3]において、英国の援助は援助受け入れ国の
貧困削減に寄与する場合にのみ供与される、と定めたほどであった。貧困削
減以外の目的の援助は違法とするほどの徹底ぶりであった[4]。貧困削減を開
発目標として特に推進している国際機関としては世界銀行、国連開発計画
（UNDP）、アジア開発銀行が挙げられる（国際協力事業団国際協力総合研修
所 2001, pp.3-5）。主要援助国は特に1990年代後半から国連、OECD等の
場で開発途上国の貧困削減のための取り組みについて議論を続け、その結果

---

[2] 2015年に日本のODA大綱は開発協力大綱に置き換えられたが、開発協力大綱には、開発協力が日本の国益に資するべきであることが、初めて明記された。

[3] 以下のホームページで閲覧できる。http://www.legislation.gov.uk/ukpga/2002/1/contents

[4] その英国においても、貧困削減という建前の推進力は弱まり、自国企業を動員したインフラ建設に付随する借款を増加させる方向への政策転換が見られる。

図9-1 開発途上国に対する政府開発援助の流れ（単位：100万米ドル）

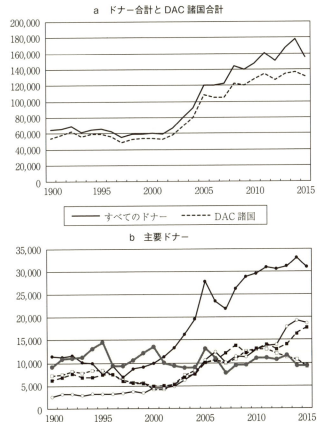

注：「ドナー合計」に漏れている主要ドナーの1つに中国がある。Kitano and Harada（2016）の推計によれば、2013年の中国のODAは71億ドルに相当し、図に示した主要5ドナーに次ぐ規模の援助を行っていることになる。
出所：OECDのデータ・サイト（http://stats.oecd.org）のTotal Flows by Donor [DAC1]。

は2000年に**ミレニアム開発目標**（Millennium Development Goals：MDGs）として結実した。ちなみに、これに至る中間生産物のDAC新開発戦略策定に際しては日本が主導的な役割を果たした[5]。

ミレニアム開発目標は2015年を期限とし、以下の8つの目標の達成を目指

すものであった[6]：（1）極度の貧困と飢餓の撲滅、（2）初等教育の完全普及、（3）ジェンダーの平等、女性のエンパワーメント（empowerment）[7]の達成、（4）子どもの死亡率削減、（5）妊産婦の健康の改善、（6）HIV／エイズ、マラリア等の疾病の蔓延防止、（7）持続可能な環境作り、（8）グローバルな開発パートナーシップの構築。世界銀行、IMF等が開発途上国に開発援助を行う際にこの目標を念頭に置きつつ受け入れ国政府と政策対話を行ったことから、ミレニアム開発目標は、2015年まで、開発途上地域全体の目標となった。2015年には国連において、貧困削減に加えて、地球規模の自然環境の持続可能性を追求する**持続可能な開発目標**（Sustainable Development Goals：SDGs）が採択され、国際社会の新しい目標となっている。SDGsには目標が17（1．貧困、2．飢餓、3．保健、4．教育、5．ジェンダー平等、6．水とトイレ、7．エネルギー、8．労働と経済成長、9．産業・技術・インフラストラクチュア、10．不平等、11．都市とコミュニティ、12．消費と生産、13．気候変動、14．海の環境、15．陸上の環境、16．平和と公正、17．パートナーシップ）あり、それらを達成するために169のターゲットが設けられている。

(2) **世界銀行報告書に見る貧困観と貧困削減政策**

　ミレニアム開発目標の設定に代表されるような貧困削減への取り組みにより、1980年代から貧困削減は一定程度の進展を見せている。全世界の貧困者数（ここでは、購買力平価で換算した1日当たりの所得が1985年価格で1米ドル未満の人々を指している）[8]は統計の取れる19世紀前半からほぼ一様に

---

[5] DAC新開発戦略は貧困の削減、保健・教育の改善および環境保護等の7つの「国際開発目標」を掲げたが、その後この国際開発目標が国連、OECD、国際通貨基金（IMF）、世界銀行で協議され、2000年9月の国連総会において、それぞれの目標は拡充される形で、ミレニアム開発目標として採択された。

[6] ミレニアム開発目標の詳細およびその達成状況の評価については、国連のホームページ（https://www.un.org/millenniumgoals/）等を参照のこと。

[7] エンパワーメントは、17世紀に法律用語として用いられた際には「公的な権威や法律的な権限を与えること」という意味で使われたという。その後の概念の展開については久木田（1998）を参照のこと。

増加し、第2次世界大戦前後の変動を経て1980年頃を境に減少傾向にあるといわれている（Chen and Ravallion 2000）。しかしそれでも世界の貧困削減の進行の速度は緩慢であった。2000年9月に公刊された世界銀行の『世界開発報告』（*World Development Report*）は、10年ぶりに貧困問題を正面から取り上げたのであるが（World Bank 2000a）、この報告書は、全世界の貧困者数は1987年の11億8320万人から1998年には11億9890万人へと微増したと推計している。同報告書によれば世界の貧困者比率は、28.3％から24.0％へ低下している。地域別に見ると、東アジアや中東および北アフリカ地域では低下傾向にあり、ラテンアメリカおよびカリブ諸国では微増傾向にある。その一方で、南アジアやサハラ以南アフリカの貧困者比率は、1998年現在もなお40％強を記録しており、それぞれの貧困者数は5億2200万人、2億9100万人に及んでいる。また、多くの国が市場経済への移行に試行錯誤した旧ソ連・東欧地域では、10年前に比べて貧困者数が大幅に増加し、その結果、貧困者比率は0.2％から5.1％にまで急上昇した。

またこの報告書では、貧困削減政策のキーワードとして、機会（opportunity）、エンパワーメント、リスクに対する保障（security against risk）の3つが挙げられている。言い換えれば、これらの欠如・剥奪を貧困とみなすという貧困観が示されている。さまざまな意味での経済的、社会的機会の欠如が貧困を生み出しており、貧困層はみずからの要求や主張を発言し、それを通すという意味での力をもっておらず、所得の変動、けがや病気といったようなリスク、あるいは農業に従事していれば農産物の不作等のリスクに対してなすすべがないことが貧困を深刻化させているのである。

---

[8] この貧困者数推計では、国際的な物価水準の違いを調整するために、名目の為替レートではなく購買力平価で換算している点で、それ以前の貧困者数推計より改善が見られる。とはいえ、国際比較を容易にするための貧困ラインとして一律に「1日当たりの所得が1米ドル」という基準を用いていることの問題点にも注意する必要がある。というのは、貧困を財やサービスの消費量で測った場合には、食料消費のカロリー摂取量のように、（気温その他の要因さえ考慮すれば）どの国にも妥当する絶対的な必要量を定義できるものがある一方で、衣服消費のようにその社会の標準に応じて必要量が変化するものもあるからである（Sen 1981）。また、生活水準は所得のみに反映されるわけではないので、その点も課題として残る。詳しくは第2章を参照。

9.3. 貧困層への「ターゲティング」

　これら3つのキーワードを実現するうえで世界銀行が最重要視しているのが、貧困削減に直接ターゲットを当てたミクロ的あるいは制度的な政策を採用すること、国際機関・援助国・被援助国の政府・民間・NGO・CBO[9]などすべての開発関係者が協調・任務分担すること、などである[10]。後者については第11章で取り上げることにし、本章では前者についてミクロ経済学的に考察を加えよう。

　世界銀行が開発戦略の中心に貧困削減を位置づけ直し、その手法として個々の貧困者に直接ターゲットをおくこと（**ターゲティング**：targeting）を宣言したことは、他の援助機関などにも大きな影響を与えた[11]。貧困削減政策にターゲティングを導入する最大の理由は、それによって非貧困層が貧困削減政策の受益者となってしまう可能性（非貧困者への「漏れ」）が減って、政策の効率性が改善することである。援助資金が地球規模で縮小しつつある現状では、限られた資金を効率的に使うことが望ましいのはいうまでもない。また、「漏れ」が小さいことはそれらの資金の究極の出し手である援助国の納税者に対する**説明責任**（accountability）という観点からも重要である。ただし、非貧困層への「漏れ」がなくなることが効率的な貧困削減政

---

[9] CBOとはCommunity-Based Organizationsの略で、「住民組織」と訳されることが多い。近年の開発援助においては、受益者個人と援助実施組織とをつなぐ中間組織が重視されている。それら中間組織のうち、受益者の居住地域の外部から働きかける非営利組織が狭い意味のNGO（Non-Government Organizations：非政府組織）、受益者の居住地域内部でローカルに機能する非営利組織がCBOと呼ばれる。

[10] 貧困削減へのアプローチとして世界銀行が現在進めている戦術が適切かどうかに関しては、議論の余地がある。経済学者からの批判としては、（1）経済全体のパイを大きくすること抜きの貧困削減が持続可能でないこと、（2）市場育成の処方箋は画一的でありえないが各途上国の現状に見合った形態でいかに市場を育成するかの視点が世界銀行の戦略に欠けていること、（3）貧困層へのベーシック・ヒューマン・ニーズの供与と補完的な政策として社会インフラ投資が不可欠なこと、などが指摘されている（大野 2000；速水 2001）。

[11] ターゲティングについて詳しく日本語で紹介した文献に井伊（1998）がある。

策に直結するかどうかについては一考の余地がある。このことについてもう少し詳しく見ていこう。

　費用を度外視した場合、正確なターゲティングと考えられる1つの方法は、国民ひとりひとりの所得と消費を実地で調査し、それらの水準が貧困ラインを下回っていた人々を貧困削減政策の受益者として認知することであろう。ただしこの方法では、国民の所得と消費に関する詳細な情報を集めるコストが膨大になる。そこで国民の生活に関する情報が限られている途上国の場合、所得と消費の詳細について全国民を調査するのではなく、標本調査によって貧困ラインを下回りがちな階層の特徴を抽出し、その特徴を代理変数としてターゲティングすることが多い。第3章で取り上げた世界銀行LSMSデータは、この作業に必要な基本情報を提供している。

　代表的な代理変数としては、世帯構成（寡婦世帯をターゲットとするなど）、農村であれば所有地の面積（土地なし世帯をターゲットとするなど）等が挙げられる。これは、最初の方法に比べると精度が落ちる（例えば農村の土地なしであっても金持ち世帯は存在する）が、その分、ターゲティングそのものの費用はある程度少なくてすむ。

9.4. 貧困層への所得移転政策

　いずれにしてもこのように直接的に個人の属性を測って貧困層を特定した後、彼らの貧困を削減するために採られる政策の1つとして所得移転政策がある。これは最も古くから実施され、先進国・途上国を問わず重要な福祉政策とされてきた。貧困者に対して、現金や現物を支給すればその貧困は軽減され、貧困ラインと現在の所得水準の乖離に相当する額だけ支給すれば貧困を脱出できるはずである。途上国の場合には基礎的食糧など現物による支給も頻繁に行われる。

　しかしこのような政策の評判は悪い。というのは、いったん生活保護を受けはじめると、受益者たちがそれに依存した生活に陥って働く意欲を失い、所得移転なしでは生活できなくなるケースがあるからである。こういった点

は先進国の福祉事業で特に問題になる。

　この問題は、第6章第1節で紹介した消費者の標準的な労働供給決定モデルで分析できる[12]。図9-2は、余暇・労働と消費支出のトレード・オフを示す無差別曲線に、通常の予算制約を加えたものである。貧困者がまったく働かない場合の消費と余暇は点Aで示される。これに対応した消費水準y_0は、貧困層の不労所得に対応する。しかしこれでは消費水準が低すぎる。この消費者の効用は、予算制約直線と無差別曲線が接する点Bで最大化される。単純化のため、この貧困者には賃労働以外にリキシャ引きのような自営業（第4章参照）を行うオプションはないものとする。このオプションを重視した貧困削減政策については次章で取り上げる。

　しかしこの生活水準はかなり低く、点Bに対応する消費（所得）水準y_1は貧困ラインy^*を大きく下回っているとしよう。このため政府はこの差額（$\Delta y = y^* - y_1$）を補填するという貧困削減政策を実施した。さてこれで貧困は撲滅されるであろうか。この所得移転によって、この（元）貧困者の消費・余暇の配分は点Cに移動し、確かに点Cにおいては消費水準が貧困ラインにまで達している。

　ここで問題は、点Cがこの（元）貧困者にとって最適な資源配分をもたらしていないことである。所得移転によって彼の予算制約を示す直線は上方に平行移動している。働かないでも得られる所得である$y_0 + \Delta y$を所与としたとき、当初の労働水準$L - l_1$は働きすぎなのである。彼の効用は新しい予算制約式と無差別曲線が接する点Dで最大化され、これに対応する消費水準は貧困ラインを下回ってしまう。つまり彼は再び貧困者に逆戻りすることを選ぶ。この現象を、生活保護（所得移転）が生み出した「怠け」と呼ぶことも不可能ではないが、ミクロ経済学的には合理的な行動であることに留意されたい。低い所得のもとで無理して働いてきたこの労働者に対して、点Cを強制することは経済的に意味のないことであり、点Dへの調整を許した方がその生活水準（＝効用）を向上させることができるのである。したがって、この（元）貧困者に貧困を脱出させるために真に必要な所得移転は、点

---

[12] 図9-2、図9-3のモデルについて詳しくは、黒崎（2001b）を参照。

図9-2 貧困層への所得移転と労働供給

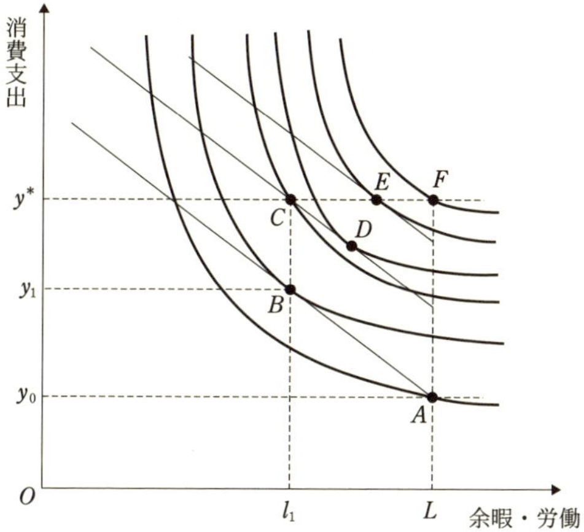

出所：筆者作成（以下図9-3も同じ）。

E に対応する水準であり、Δy よりもかなり大きくなる。

　ここまでの議論は、所得移転額が一度確定すると毎年変わらないという前提に基づいていた。かりに、より寛大な貧困削減政策が採用され、移転所得受給者の労働供給量にかかわらず、事後的に消費支出が常に y^* となるような所得移転を行うと政府が発表したら、どういうことが起こるであろうか。移転所得受給者の移転後の所得が事後的に常に y^* になるように所得補填が行われるならば、彼にとって働くだけ損になるので彼は働くのを嫌がり、消費支出と余暇・労働の組み合わせは点 F になってしまうであろう。点 F の効用水準が点 E よりも高いのはいうまでもない。これもミクロ経済学的には合理的な行動であるが、この状況はまさしく生活保護が生み出した「怠け」と呼ぶにふさわしい。点 E と点 F とを分けているのは、移転所得額が事前に固定されるか、事後的に調整されるかという貧困削減政策の制度設計の違いである。貧困削減のために必要な所得移転額をより正確に算定するために、移転額算定が時を置いて繰り返しなされるのであれば、移転所得額は事後的に調整されることになり、この「怠け」の問題は深刻になる。

9.5. ワークフェア・アプローチによる貧困削減政策

そこで、上に示した労働インセンティブ阻害効果の問題と、ターゲティング・コストの問題を同時に解決する方策として、経済学者がたどりついたのが、**ワークフェア**（workfare）による**セルフ・ターゲティング**（self-targeting）の考え方である。ワークフェアとはこの場合、労働提供することによって初めて受益資格を得ることのできる貧困削減政策として定義される。

図9-3は、図9-2と同じ（元）貧困者の貧困削減政策実施前の労働供給決定を示す図に、新たに非貧困者の労働供給決定を示す図を書き加えたものである。単純化のために、貧困者と非貧困者の無差別曲線は同一で、初期値の不労所得 y_0 も同じであるが、両者が働くことのできる労働市場が分断されているため、貧困者の賃金 w_1 は低く、非貧困者の賃金 w_2 は高いものとする。図9-2の点 B は図9-3で点 B_1 として示されており、それに対応した消費水準は貧困ライン y^* を下回っている。図9-3の点 B_2 は非貧困者の労働供給決定を示しており、相対的に高い賃金のおかげでその消費水準は貧困ライン y^* を何とか上回っている。

図9-2で議論した点 E を実現させるような所得移転が貧困削減政策として実施された場合、非貧困者にはみずからを貧困者と偽って所得移転を受けようとするインセンティブが働く。所得を少し下げるだけで所得移転の資格を得、余暇を増やすことができるとしたら、その生活水準は B_2 で得られたそれを上回るかもしれないからである。図9-3に示したように、非貧困者といえどもそれほど生活水準が高いわけではないならば、両者を正しく見分けるにはかなりの綿密な調査が必要となり、それに伴ってターゲティングのコストが増加してしまうであろう。

この問題を解決するのがワークフェアである。政策実施当局はまったく受益者を特定せず、ただ $w_1 < w^* < w_2$ となるような賃金 w^* を払って、働きに来た人すべてを雇用する。これを示すのが、図9-3の点 A から左上に向かって伸びる中央の直線に表された予算制約式である。ワークフェアの賃金は貧困層にとっては魅力的であるが、非貧困層にとっては低すぎて意味がな

図9-3 ワークフェアによる貧困削減と労働供給

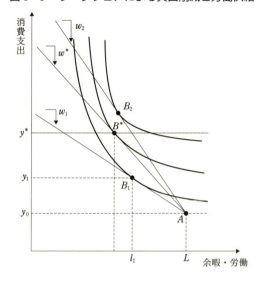

い。したがって自動的に貧困層のみがワークフェアに参加して受益者となって、点B^*という均衡に移動する。このメカニズムをセルフ・ターゲティングと呼ぶ。ワークフェアの賃金w^*を適切に設定することによって、図9-3に示したように貧困者の厚生を貧困ラインまで引き上げることが可能になる。しかも、貧困者にとっては以前よりも賃金率が上がっているから労働インセンティブ阻害効果はあまり強く作用しない。

途上国の貧困削減政策としてのワークフェアは、インドやバングラデシュにおいて大規模な公的雇用促進事業として実施され、膨大な数の貧困層がこの受益者となっている（井伊 1998）。1970年代に導入されたインド・マハーラシュトラ州の雇用保証計画は、恒常的な貧困層向けの政策としてだけでなく、旱魃などの自然災害によって一時的貧困に陥った人々に雇用を提供するという保険事業的役割も果たしたことで、注目を集めた。1980年代以降、類似の制度がインド全域で施行された後、2006年にそれらが統合され、「全国雇用保証計画」（National Rural Employment Guarantee Programme：NREGP）となった。NREGPは、働くことを国民の権利と宣言した特別立

法のもと、職を求める貧困者すべてに対し、各世帯当たり年間100人日以上の雇用を政府が供給することを目指したインドの政策であり、世界で最大規模のワークフェアとなっている[13]。

このように説明するとワークフェアによる貧困削減政策はいいことづくめのように聞こえるが、ことはそれほど簡単ではない。ワークフェアの実施によって貧困層ひとりひとりに支払われる賃金は図9-3において点Aを通る水平な直線から点B^*までの距離(y^*-y_0)に相当する。このため、しばしばこの総額が貧困層への所得移転であり、それだけ生活水準が向上したかのように扱われる。しかしこれは誤りである。この政策がない場合に貧困層が点B_1という均衡状態にあったのであるから、その時点で得られていた賃金を機会費用として差し引き、さらに余暇が減少していることを割り引いて評価する必要がある[14]。井伊(1998)のサーベイによれば、ワークフェアによる直接的ターゲティング・コストの削減効果は大きいものの、貧困層への実質的な所得移転は一般にあまり大きくない。

このような貧困層への所得創出政策が、一時的に貧困に陥った者に対する貧困削減に有効であることはいうまでもない。他方、恒常的に貧困に苦しんできた者が、この政策によって長期的に貧困を脱却できるであろうか。図9-3において貧困層の当初の賃金がw_1と低い理由が、労働力としての人的資本蓄積の低さ(第6章参照)にある場合には、答えはイエスとなる。政策による所得創出は、貧困層の栄養水準を改善し、教育・保健支出を増やすことを通じて、彼らの人的資本の質を高め、労働生産性を引き上げるであろう。その結果、彼らの市場賃金がw_1からw^*あるいはw_2へと恒常的にシフ

---

[13] 2016年現在、この法律の名称の冒頭にはマハトマ・ガンディーというインド建国の指導者の名が冠せられている。

[14] ワークフェアによる貧困削減政策の便益を正確に測る1つの方法は、ネットの効用変化を所得変化に近似して示すことである。効用は本来序数的なもの(値そのものに意味はなく、順番だけが意味をもつ)であるはずで、その変化量に経済学的意味はないからである。効用変化のインパクトを所得の変化に近似させる方法には、大きく、補償変分(compensating variation)と等価変分(equivalent variation)がある。これらの簡単な紹介として奥野・鈴村(1985)第13章を参照。

トする可能性があるからである。

9.6. 貧困層への効果的な援助に向けて

　貧困層へのターゲティングは非貧困層への「漏れ」を少なくするという点では有効である反面、（1）直接的ターゲティングの場合にはターゲティングそのものにかなりの費用がかかる、（2）セルフ・ターゲティングの場合には、公共セクターが労働者を吸収することで民間部門をクラウド・アウトする、などの非効率が生じうる。したがって、貧困削減政策の効率性がこれらのターゲティングの採用によって改善するかどうかは実証的問題となる。Ravallion and Datt（1996）は、ターゲティング機能が強いワークフェアが実際に行われたインド農村の詳細な世帯パネルデータを用いて、同じ総費用を他の経済政策に用いた場合の貧困へのインパクトをシミュレーションした。その結果彼らは、ターゲティングをまったくしない一律所得移転や、経済成長促進政策の方が貧困削減に効率的であったであろう、というショッキングな推計結果を示している。

　また、ターゲティングのコストには、誰が貧困層であるかを明らかにするためのコストだけではなく、それに基づいて公正な貧困削減政策を実施させるための政治経済学的なコストも含める必要がある（井伊 1998）。これらの要因を考えると、貧困削減政策を貧困層への厳密なターゲティングのもとに実施するという政策が効率的かどうかは、ますます怪しくなる。

　そこで1990年代以降、頻繁に採用されるようになったのが「貧困地域アプローチ」である[15]。中国やインドのような大国の場合、一国内に貧困の集中している地域が少なからず存在し、その地域から他地域への人口移動だけでは貧困問題がなかなか解消しない。そこで貧困者個人ではなく低所得地域を

---

[15] 貧困地域アプローチの理論的側面についてのサーベイにRavallion（1998）がある。また、このアプローチを実際の途上国のデータに応用する際の諸問題については *World Bank Economic Review* 誌の2000年1月号が特集を組んでいる。

ターゲットにした貧困削減政策が考えられる。地域をターゲットにした場合、援助を求めて非貧困層が貧困指定地域に流入する可能性があるが、移住する費用が十分高ければ、この問題は回避できる。また、対象地域内の非貧困層に政策の恩恵が漏れることは制度上やむをえないが、当該地域全体に資金が流れる以上、連関効果を通じて貧困層に間接的な便益が渡る可能性がある。さらには、初等教育や一次医療など、貧困層がより必要とするサービスを効率的に供給するうえでも貧困地域アプローチには優れた面がある。ミクロ経済学的にいえば、貧困削減の外部経済効果を貧困「地域」の中に「内部化」できるのである。

もちろん貧困地域アプローチも効果的な貧困削減への切り札というわけではない。「地域」が貧困削減政策の受け皿としての能力をもっているかも重要な要因となるが、これについては第11章で取り上げる。いずれにしても、貧困削減をスムーズに進めるためには、貧困削減政策の影響を受ける人々のミクロ経済学的な反応、とりわけ受益層のインセンティブ構造が鍵となることを、一般的教訓として常に留意する必要がある[16]。また、所得移転でもな

---

[16] この点はとりわけ、貧困層にターゲットをおいた貧困削減政策の貧困への影響を、定量的に評価する際に重要になる。政策の受益者と非受益者の間で貧困指標(例えば1人当たり実質消費支出額)がどれだけ異なるかを単純に比較する手法は、貧困者のインセンティブ構造や政策への反応ゆえに、多くのバイアスを含むことになる。例えば、受益者と非受益者の選択は無作為に行われるのではなく、貧困者側はその政策の受給者となることの利益を強く感じる者から順にプログラムに参加するであろうし、為政者側は成果の出やすそうな地域に重きをおくかもしれない。また、受益者がプログラムに参加した効果を調べるためには、その受益者がプログラムに参加した後の所得と、参加しなかった場合の所得を比較したいのであるが、前者はともかく後者は実際には起こっていないので、後者の所得を推計する必要がある。この場合、非受益者と受益者では労働供給行動などに違いが生じてしまうから、受益者がプログラムに参加しなかったとした場合の所得を、非受益者のデータで代替するわけにはいかない。また、受益者の所得から貧困削減政策による所得移転額を差し引いた値も正確な推計値とはならない。こういったバイアスをコントロールするための計量経済学的ノウハウについて、わかりやすく書かれた論文として、Ravallion (2001) を挙げておく。また、最新の評価手法については、第3章を参照されたい。もちろんこのような分析以前のデータ収集の際の問題として、調査対象者が消費や所得、資産などを正しく申告するインセンティブが、貧困削減政策の存在により歪められる可能性についても、フィールド調査では十分注意する必要がある。

ければワークフェアでもない、貧困層の自助努力をより重視した貧困削減政策にマイクロクレジットがある。これを次章で取り上げる。

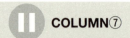

さらけ出す人々：バングラデシュ

　人は誰しも自分が貧しいと思われるのは嫌なものである。アジアの中進国出身の人と話をしているときに、うっかりその人の母国を開発途上国に分類すると、その人の機嫌を損ねることがある。自分の国を「貧しい国」と見られることが屈辱と感じられるのであろう。

　このような屈辱に甘んじてまで、自分の貧しさをさらけ出そうとする人々が開発途上国にはいる。宗教施設や交差点など人が多く集まるところで物を乞う人々である。彼らは自分の貧しさを見ず知らずの人に指し示し金品を乞う。

　2000年にまる1年、バングラデシュの首都ダッカに暮らした。街を歩けば「おい同志！ 小金くれよ」とひっきりなしに声がかかる。もちろんそのほとんどが冷やかしだが、老人と身障者は本気である。

　身障者が物乞いをするとき、彼らは自分の障害を指し示し、物を乞う。片腕が脱臼したままで発育不良の人はその腕を振ってみせる。片足が異様なほど膨れ上がった人はその足を高く差し出す。せむしの人は背中を見せ、うまくしゃべれない人は奇声を発する。

　一般のバングラデシュ人も彼らには同情的である。奴らは肉体労働さえできないんだから物乞いをして当然だ。ああいう人たちには持てる者が恵んでやるべきだ。金持ち外国人のあなたが寄付しないでどうする。ただし分相応に、額は1人に対して5タカ（約10円、当時）がいいところだ。それから働ける奴に恵んではいけない。働けるのに物乞いする奴はけしからん。

　そういう意見を受け、私は身の危険を一切感じないような状況、例えば車の中で信号待ちをしていて、そこで車外から物乞いされるときには、1人当たり5タカを寄付することにしていた。毎日同じ道を通れば、彼らとも自然顔なじみになる。こちらに小銭がないときには向こうがお釣りをくれる。こちらがお釣りを受け取る前に信号が青になって車が発車したら、障害のある足で必死に走ってお釣りを渡してくれる人もいた。

　先日ダッカを再訪した際、市街を車で走っているとすでに顔なじみとなった「片足の膨れた男性」が私の乗る車に近づいてきて言った。「久しぶりだね。いままで何していたの。俺は最近この近くで茶店開いたんだけど、今度来てみてよ。資金繰りは苦しいから、どうだい100タカくれない」。私が以前の通り5タカを差し出すと彼はにっこりして受け取った。「なんだ、あいつ働けるんじゃない」とだまされたような気もしたが、彼の出世を祝福したい気持ちの方がより勝った。**（山形辰史）**

第10章 マイクロクレジットの経済学

　「途上国には途上国の発展パターンがあるのだから、先進国の理論を押しつけてはいけない」という意見は多い。しかし、過去に先進国において採用されたことがなく、かつ現在の途上国において成功した政策があるか、と考えると、例を挙げるのが難しい。

　その数少ない例の1つがマイクロクレジットである。しばしばマイクロファイナンス[1]とも呼ばれ、日本語では小規模金融（あるいは小口金融）と訳されることもある。マイクロクレジットは1976年に、当時世界で最も貧しい国の1つと目されていたバングラデシュにおいて世界に先駆けて実施された。バングラデシュのチッタゴン大学教授であったムハマド・ユヌス氏がこの年にグラミン銀行という名のNGO[2]を設立し、通常の銀行は取引相手として眼中におかなかった低所得層の人々に融資を始めた（Yunus and Jolis 1997）。それが予想以上の成果を収めると、同様の融資が先進国、途上国を問わず世界中で試みられるようになった。貧しいバングラデシュに端を発した1つの開発モデルが世界中で応用されていく様は、途上国を支援する人々

---

[1] マイクロファイナンスという用語を使う場合、貸し付け（クレジット）のみならず、貯蓄、保険、送金などの総合的な金融サービスを低所得層に供与するという意味合いが込められる（岡本・粟野・吉田［1999］p.V、黒崎［2007］を参照）。
[2] 1983年には法人格を獲得して、正規の銀行になった。

を胸のすく思いにさせる。ムハマド・ユヌスとグラミン銀行は、この貢献により2006年にノーベル平和賞を受賞した。

グラミン銀行をはじめとするマイクロクレジットの成功は、ただの偶然ではなく、理由あってのことである。マイクロクレジットは貧困層にターゲットを当てたミクロの貧困削減政策である点で、前章で扱った所得移転やワークフェアと共通する。しかしその対象が、第5章で取り上げた途上国の信用市場における信用制約の除去である点で、性格はかなり異なる。そこで本章では、第5章で提示した基礎理論に基づきつつ、グラミン銀行の実態を踏まえて、マイクロクレジットのどのような特性が貧困層への融資を成功に導いたのか、という点について議論を試みる。

10.1. グラミン銀行が注目された理由

後述するようにグラミン銀行のマイクロクレジットは2000年代に入り大きな変化を遂げた。ここではそれ以前のグラミン方式を取り上げる。これが高く評価されたのは以下の4つの特徴による（Morduch 1999a；黒崎 2007等を参照）。

(1) 普通の銀行の融資対象とはならない貧困層に融資した（貧困層に対して少額でも融資を行う、というのがマイクロクレジットと呼ばれるゆえんである）。
(2) 貧困層に融資するにもかかわらず返済率が高く、その値がほとんど100％に近かった。
(3) 担保を融資の要件としなかった。
(4) 経済的機会を奪われがちな女性が借り手の大半[3]を占めた。

グラミン銀行のマイクロクレジットが成功例として世界に知られるようになる前には、世界のどの国にあっても貧困層に融資の手が差し伸べられる機

---

[3] メンバーに占める女性の比率は2000年11月で94.8％であった（グラミン銀行のホームページ [http://www.grameen.com/]、2002年11月5日アクセス）。

会は多くなかった。また、それまでの政府系金融機関への返済率は、対象を貧困層に限定するしないにかかわらずせいぜい70～80％であった。例えば、1980年にバングラデシュで実施された貧困層向けの融資の返済率は51.6％であった（Morduch 1999a, p.1573）。これらのことから考えると、グラミン銀行がコンスタントに90％台後半の返済率を記録しているのは驚異であった。また、貧困層への融資を可能にするために、担保を融資の要件とはしなかった。代わりに、後述のように、借り手をグループ化し、連帯責任を負わせるというシステムを取り入れたのである。

最後に、グラミン銀行はある時点から融資のターゲットを女性に絞り込み、女性の経済・社会進出への道を開いた。バングラデシュやパキスタンなど南アジアのイスラム社会には、女性の行動を律するパルダという行動規範があり、それが女性の家の外での活動に大きな壁となっていた（Engels 1999；村山 1995；外川 1993）。その障壁をグラミン銀行はマイクロクレジットにより徐々に下げ、女性に経済的機会を与えた。

現在世界各地で見られるマイクロクレジットには、返済の仕組みやグループ結成の方法などについて、さまざまなバリエーションがあり、以下で紹介するグラミン方式が必ずしも典型とはいえない（岡本他 1999；Remenyi and Quinones 2000）。しかしながら、情報の非対称性が著しく、それゆえに金融市場も未発達であったという点から、このようなプロジェクトの実施が最も難しいと思われていたバングラデシュでグラミン銀行が成功したことは、信用市場の不完全性の克服に関してグラミン方式が有効であることを如実に示しているので、理論的な理解を深めるうえで、グラミン方式のもつ特色を深く追求する価値がある。フォーマルな金融市場の整備がより進んだ他の開発途上国において採用されている方式は、グラミン方式と通常の金融手続・慣行の折衷とみなすことが理論的には可能なのである。

10.2. マイクロクレジットの実態：初期のグラミン方式

ではグラミン銀行のマイクロクレジットは実際にどのようにして行われて

いたのだろうか。2000年時点の実例に即して説明しよう[4]。

　ここで、ある程度の人数の貧しい村人が居住していながら、まだどの組織もマイクロクレジット融資を行っていない半径4キロぐらいの地域がバングラデシュ農村にあったとしよう。バングラデシュにおける行政村であるユニオンがだいたいこの範囲に含まれる。1つのユニオンには10～20程度の集落があり、平均で2万人ぐらいが居住する。もしグラミン銀行が、その地域が比較的貧しく、かつ融資を行うのに十分な人数の借り手がいると判断したら、その地域の中心に事務所を置く。この事務所がブランチと呼ばれる。1つのブランチには1人のブランチ・マネージャーともう1人の副マネージャーがいる。その下に6人のセンター・マネージャーがいる。彼らがこの地域を担当するグラミン銀行の職員である。

　センター・マネージャーたちはその地域に、合計で60ぐらいのセンターを設立することを試みる。センターは農村で村人たちに融資を行う拠点である。まずセンター・マネージャーは、資金援助を必要とするほど貧しく、かつ融資を希望する女性を発掘する。グラミン銀行は裕福な人には融資しない。具体的には所有する土地の面積が0.5エーカー（約2000平方メートル）未満であることが条件である。その他、家族構成、資産、家の設備（屋根や壁の材料）等も貧困の程度を測るチェック項目となる。

　数人の女性が融資を希望したら、彼女らに自発的に5人組を形成させる。その5人は従姉妹であってもいいが、それより血縁的に近い関係であってはいけない。5人組を形成する以前にはまったく見知らなかった女性同士が、センター・マネージャーの仲介により、5人組を形成するケースもありうる。

　グループが結成されると、まずグループのメンバーは7日間のトレーニングを受けなければならない。そこでグラミン銀行の方針、スローガン[5]、融資の方法等が伝えられる。その後1人に対して融資3000～5000タカ（当時の

---

[4] この例は、筆者の1人が2000年7月24日～28日にコミラ県 Kalir Bazar Comilla Branch 所轄の村々を訪問した際の記録に基づいている。訪問の詳細については慶應義塾大学経済学部高梨研究会（2001）を参照されたい。

第10章　マイクロクレジットの経済学　157

バングラデシュのコミラ県カリルバザールにて撮影。

レートで約6000〜1万円）がなされるが、ほとんど支払猶予期間を設けることなく、元本と利子（年率換算して20％）の返済を毎週始め、1年間50週で分割払いすることとなる。

　このような5人組グループが1つのセンターで最大8つまで形成される。写真に見られるように、40人が中でようやく座れる竹製の小屋で毎週1回センター・ミーティングが開かれ、そのセンターを担当するセンター・マネージャーが、その週の返済金を徴収する。40人全員の出席が求められ、欠席する場合には然るべき理由が必要とされる。融資は個人単位の経済活動に対して行われるが、返済はグループが一括して行う。つまり5人は、各人への融資に対する返済に連帯して責任を負うこととなる。また、センター・ミーティングにおいて1つのグループの返済が滞ると、センター・マネージャーが40人全員をセンターに長時間留めて返済を迫るため、他のグループの女性が堪えきれなくなってそのグループにお金を貸すこともある。

　6人のセンター・マネージャーがそれぞれ10のセンターを担当し、毎日午

5）このスローガンは「16の決心」として知られており、借り手の女性達ひとりひとりがもっている通帳の裏表紙に記載されている。「16の決心」は現在もグラミン銀行のホームページに掲載されつづけている（http://www.grameen.com/、2016年9月16日アクセス）。

前中に2つのブランチを、週5日間で回るというのが彼らの平常業務である。センター・マネージャーが毎週各センターを回り返済金を集めることで、借り手の女性たちに返済および経済活動を習慣づけるとともに、それぞれの女性たちの性向、家庭の事情など、普通の銀行が知りえない情報をセンター・マネージャーは得ることができる。

以上の説明からわかるように、グラミン銀行によるマイクロクレジットは、前章で紹介した貧困層へのターゲティングに関し、複数の方法を採用していたと解釈することができる。貧困地域にグラミン銀行のブランチを設置するのは、「貧困地域アプローチ」である。土地なしかそれに近い世帯が対象であるのは、貧困世帯を特徴づける代理変数に基づく直接的ターゲティングといえる。そして、融資を受けるには自発的に5人組を作る必要があるというのは、セルフ・ターゲティングを利用していることを意味する。

10.3. マイクロクレジットのメカニズム

第5章で説明したように途上国の信用市場は、情報の非対称から生じる債務不履行や逆選択、モラルハザードの問題が、銀行などの近代的金融機関が貧困層に広く融資するうえでの妨げとなっていた。グラミン方式のマイクロクレジットは、以下の5つのメカニズムによって、これらの問題をたくみに克服し、取引費用を軽減させたものとして理解された[6]。

(1) グループ融資：相互選抜

初期グラミン方式のマイクロクレジットの最大の特徴はグループ融資だった。融資対象となるプロジェクトはひとりひとりが決めて実行するのであるが、返済はグループ5人の連帯責任となる。逆選択はグループ融資の1つの特徴であるメンバー同士の**相互選抜**（peer selection）により、またモラル

---

[6] 以下の整理は、Morduch (1999a) の4つのメカニズムに、グループ融資による履行強制の項目を追加したものである。

ハザードはメンバー間の**相互監視**（peer monitoring）により緩和されうる。英語の"peer"という言葉には、「仲間」という意味があり、本来は貸し手である銀行が行う顧客の審査・監視の機能が、マイクロクレジットのもとではグループの仲間に転嫁されることを意味している。

まず逆選択の問題から見ていこう（Ghatak 1999）。借り手にはリスクの高い借り手と低い借り手の2種類いるとする。貸し手には前者と後者の見分けがつかない。リスクの高い借り手は p_r の確率でプロジェクトに成功し、リスクの低い借り手は p_s の確率で成功するとする（ただし $p_s > p_r$）[7]。借り手の期待利潤は期待収益マイナス期待費用である。安全な借り手のプロジェクトが成功したときの収益率を R_s、危険な借り手のプロジェクトが成功したときの収益率を R_r としよう。危険な借り手のプロジェクトは、その不利を補うように成功したときの収益率が高く、安全な借り手のプロジェクトは成功したときの収益率は低い（つまり $R_s < R_r$）と仮定する。これは危険なプロジェクトが高リスク・高収益で、安全なプロジェクトが低リスク・低収益という想定である。

ここでは期待費用の違いに着目するので、便宜上、期待収益率（= $p_j R_j$、ただし $j = r,s$）はリスクの高い借り手と低い借り手に差がなく $\overline{R}$ であるとしよう。すると注目すべきは期待費用の決まり方のみとなる。まず貸し手にはリスクの高い借り手と低い借り手の見分けがつかないので両者に同じ利子率 r が適用される。ところが、もしプロジェクトに失敗した場合には「無い袖は振れない」ということで借り手は利子さえ払えない。だから融資額一単位当たりの期待利潤はリスクが高い借り手の場合 $\overline{R} - p_r r$、低い借り手の場合 $\overline{R} - p_s r$ となる。一見してわかる通り、リスクの高い借り手の期待費用がリスクの低い借り手の期待費用より小さいので、前者の方が後者より競争上有利である。貸し手から高い利子率を要求された場合に、リスクの低い借り手の期待利潤がマイナスとなり、リスクの高い借り手の期待利潤がプラスとなって、信用市場に残る借り手がすべてリスクの高い借り手ばかりになる可能性がある。この場合には、社会的に見ればより有益であるはずのリスクの

---

[7] s は safe、r は risky の頭文字である。

低い借り手が信用市場から排除されてしまうので、結果としてもたらされる市場均衡は非効率な資源配分をもたらしてしまう。これが逆選択の問題の本質である。

ここでグループ融資の制度を導入してみよう。具体的には、2人の借り手がグループを作り、グループを組む相手のプロジェクトが失敗に終わった場合、それに関して自分にまったく責任がなかったとしても、融資額一単位当たり一定額 c を貸し手に対して支払うのである。ただしこの支払いも、自分のプロジェクトが成功した場合に限られる。自分のプロジェクトが失敗すれば、自分が支払うはずの利子 r のみならず c を支払うこともできないからである。したがって借り手の期待利潤は

$$\overline{R} - p_i \{r + (1-p_j)c\} \tag{10-1}$$

となる。ここで i が自分で、グループを組む相手は j である。自分がリスクの高い借り手であれば $p_i = p_r$、そうでなければ $p_i = p_s$ である。また相方のリスクが高ければ $p_j = p_r$、低ければ $p_j = p_s$ である。自分のプロジェクトが成功した場合には、相方のプロジェクトが成功するとしないとにかかわらず r の利子を払うので、利子率支払いの期待値は $p_i r$ である。また、自分のプロジェクトが成功し、相方のプロジェクトが失敗した場合には c の連帯責任コストを支払うので、この連帯責任コストの期待値は $p_i(1-p_j)c$ である。これらを期待収益率 $\overline{R}$ から差し引いて(10-1)式を得る。

ここで貸し手にはどの借り手がリスクが高く、どの借り手がリスクが低いかわからないものの、借り手同士にはそれがわかると仮定する。近所に住む借り手同士ならば、金融機関がもっていない情報を数多く共有しているだろう、というわけである。そして借り手同士は誰とグループを作るか自分たちで決める自由が与えられていると仮定する。その場合、リスクの低い借り手は、他にリスクの低い借り手がいる限り、決してリスクの高い借り手とグループを組まない。なぜならばリスクの高い相手と組むと(10-1)式で表される期待利潤が小さくなるからである。その結果、リスクの低い借り手は低い借り手とグループを組み、リスクの高い相手はやはりリスクの高い相手とグループを組むというように、二極分化が起こる。こうして低リスク・グループの期待利潤は $\overline{R} - p_s \{r + (1-p_s)c\}$、高リスク・グループのそれは $\overline{R} - p_r \{r$

$+(1-p_r)c$} となる。もし c が r に比べて十分大きければ、低リスク・グループの期待利潤が高リスク・グループの期待利潤を上回り、リスクの低い借り手が信用市場に戻ってくる結果、経済全体としての生産効率が改善される[8]。このようにしてグループのメンバーの相互選抜が逆選択問題を緩和する可能性がある。

(2) グループ融資：相互監視

契約が結ばれた後で、監視のきいていないのをいいことに、契約の精神に反する行動をとる態度をモラルハザードといい、事後的機会主義とも呼ばれる[9]。信用取引においても、融資を受けた後で努力を怠って（あるいは危険なプロジェクトを選択し）意図的にプロジェクトを失敗させ、利子の支払いを免れるという行動をとる誘因を借り手はもっている。グループ融資による相互監視機能はこのモラルハザード問題を緩和する役割ももつ（Stiglitz 1990；Banerjee et al. 1994）。

相互選抜の説明の場合とは異なり、借り手はすべて同質であるものの、プロジェクトに危険なプロジェクトと安全なプロジェクトの2種類があると仮定しよう。安全なプロジェクトが成功する確率を p_s、危険なプロジェクトが成功する確率を p_r（ただし $p_s > p_r$）、安全なプロジェクトが成功したときのその収益率を R_s、危険なプロジェクトが成功したときのその収益率を R_r（ただし $R_s < R_r$）とするという想定は同じである。また、相互選抜の説明のときとは異なり、高リスク・高収益の危険なプロジェクトと、低リスク・低収益の安全なプロジェクトそれぞれの期待収益率を比較すると、

$$p_s R_s > p_r R_r \tag{10-2}$$

が成立すると仮定する。また開発途上国の人々は、平均所得が低いので収益の変動が大きいプロジェクトを特に好まないと仮定する[10]。この場合借り手

---

[8] 仮に $p_s = 0.9$、$p_r = 0.8$ だとすると $c > 1.4r$ であれば低リスクグループの期待利潤が高リスクグループのそれを上回る（Morduch 1999a）。

[9] これに対して、契約締結以前から有していた経済主体の情報が開示されず、そのことによる情報の非対称を利用して行動する結果起こるのが逆選択であり、この態度は事前的機会主義と呼ばれる。Milgrom and Roberts（1992）を参照のこと。

は、もし借金をしなくてもこのプロジェクトを実施できるならば必ず安全な事業を選ぶ。言い換えれば安全な事業が選ばれることはこの社会にとって効率的である。

しかし借り手には手持ちの資金がないので、これを利子率rで借り入れなければ、事業を行うことができないと仮定しよう。プロジェクトが失敗したときには収益がゼロとなると同時に利子の返済もゼロとなる。したがって借り手の期待利潤は、安全なプロジェクトを選んだ場合には$p_s(R_s-r)$、危険なプロジェクトを選んだ場合には$p_r(R_r-r)$となる。

貸し手には借り手が安全なプロジェクトを選んだのか危険なプロジェクトを選んだのかわからない。貸し手は融資資金の調達費用ρに基づいて利子率rを定めるのであるが、利子は借り手のプロジェクトが成功したときのみ支払われるので、借り手のすべてが安全なプロジェクトを選んだとしてもせいぜい$\rho = p_s r$を満たす水準か、またはそれ以上にrを定める必要がある。借り手のすべてが危険なプロジェクトを選んだとしたら利子率は$r = \rho/p_r$か、またはそれ以上でなければ、貸し手側の採算が合わない。

さてここで貸し手が、借り手は全員が安全なプロジェクトを選ぶと予測して利子率を$r = \rho/p_s$と定めたとしよう。貸し手の間に競争があって、正の超過利潤が得られないことをここでは想定している。すると借り手の期待利潤は$\Pi_{ss} = p_s R_s - \rho$となる[11]。しかし貸し手には借り手の監視をできないのであるから、借り手は危険なプロジェクトを選ぶこともできる。その場合の借り手の期待利潤は$\Pi_{sr} = p_r R_r - \rho\, p_r/p_s$となり、安全なプロジェクトと危険なプロジェクトの成功確率の差(p_s/p_r)が大きければ、債務不履行による利益が危険なプロジェクトを採用することによる期待収益減少の効果を上回

---

[10] 経済学用語で言い換えると、借り手がリスク中立的であることを仮定している。リスク中立とは、消費の期待値が同じであればその分散が大きかろうが小さかろうが気にしない、という消費者の嗜好である。以下の論理は借り手がリスク回避的（分散が小さい方を好む）である場合にも、同様に成り立つ。

[11] ここでΠ_{ij}は、借り手がj（$= s$：安全、またはr：危険）のプロジェクトを選び、貸し手は借り手がi（$= s$：安全、またはr：危険）のプロジェクトを選んだと思っているとき（つまり$r = \rho/p_i$）のときの借り手側の超過利潤を表している。

って、$\Pi_{sr} > \Pi_{ss}$ となる可能性がある[12]。この場合借り手には、勝手に危険なプロジェクトに走る誘引がある。

しかしそうなると失敗するプロジェクトが増えるので、貸し手は損をする。そこで貸し手は借り手が危険なプロジェクトを選んでいると予測を改めて、利子率を ρ/p_r に引き上げるであろう。すると借り手の期待利潤は $\Pi_{rr} = p_r R_r - \rho$ となる。明らかに $\Pi_{sr} > \Pi_{rr}$ なので、この貸し手の態度の変更は借り手にとってマイナスである。また $\Pi_{ss} > \Pi_{rr}$ からわかるように、借り手が安全なプロジェクトを選び、貸し手もそれを信用して低い利子率をつける状態の方が、その反対に借り手が危険なプロジェクトを選び、貸し手もそれを見越して高い利子率をつける状態よりも、借り手にとって期待利潤が高い。そのうえ経済全体で見ても借り手が危険なプロジェクトを選ぶのは非効率である。それにもかかわらず、上で見たように、借り手が危険なプロジェクトを選び、貸し手が高い利子率 ρ/p_r を選ぶというのがこの経済の安定的な均衡なのである。

ここでグループ融資を導入する。例によって借り手の中から2人がグループを組む。2人はそれぞれに自分のプロジェクトを実施するのであるが、相互選抜モデルの場合と同様に、自分のプロジェクトが成功する限り利子 r を払い、自分のプロジェクトが成功し、かつ相方のプロジェクトが失敗した場合には連帯責任費用 c を払う。するとすべての借り手は、自分が安全なプロジェクトを選ぶときには相方が危険なプロジェクトを選ぶことを許さない。なぜなら、そうすると自分ばかり損をするからである。反対に自分が危険なプロジェクトを選ぶときには相方が危険なプロジェクトを選ぶことを拒否できない。すると2人が安全なプロジェクトを選ぶときの期待利潤は

$$\overbrace{p_s^2(R_s-r)}^{\text{自分も相方も成功した場合}} + \overbrace{p_s(1-p_s)(R_s-r-c)}^{\text{自分は成功し相方は失敗した場合}} \qquad (10\text{-}3)$$

---

[12] ここで $\Pi_{sr} - \Pi_{ss} = \rho\left(1 - \frac{p_r}{p_s}\right) - (p_s R_s - p_r R_r)$ であるが、「危険なプロジェクトを採用することによる期待収益減少の効果」は $(p_s R_s - p_r R_r)$ を指し、「債務不履行による利益」は $\rho\left(1 - \frac{p_r}{p_s}\right)$ に相当する。$\Pi_{sr} - \Pi_{ss}$ は、p_s/p_r の低下と共に増加する。

となり、2人が危険なプロジェクトを選ぶときの期待利潤は

$$p_r^2(R_r-r)+p_r(1-p_r)(R_r-r-c) \tag{10-4}$$

となる。$p>0.5$という現実的な想定のもとでは、pが大きくて1に近いほど第2項のウェイトである$p(1-p)$が小さい[13]。このことから、連帯責任費用cが十分大きいときに、借り手2人が安全なプロジェクトを選ぶことの期待利潤が、2人が危険なプロジェクトを選ぶことの期待利潤よりも大きくなることが導かれる（詳細は章末の付論に譲る）。これがグループ融資にともなって発生した相互監視のメカニズムである。

(3) グループ融資：履行強制

以上の逆選択とモラルハザードの議論では、借り手はプロジェクトが成功した場合にはきちんと返済するものと暗黙のうちに想定していた。しかし情報の非対称という条件下では、たとえ逆選択とモラルハザードの問題が存在しない場合でも、借り手は自らのプロジェクトの収益がどう実現したかの情報を貸し手に隠し、返済できるにもかかわらず、返済しない可能性がある。このような問題は**戦略的債務不履行**（strategic default）と呼ばれる。法制度が十分に機能していない途上国の場合、戦略的に不履行したと思われる借り手の違法行為を、貸し手が立証し、債務を取り立てるための取引費用は禁止的に高い。グループ融資には、グループ内仲間からの圧力により、借り手に契約通り返済させる**履行強制**（enforcement）機能が備わっているのである（Besley and Coate 1995）。

(4) 逐次的融資拡大

次に、多くのマイクロクレジットには逐次的融資拡大という特徴がある。これは新しいグループができると、最初は少額だけ融資をし、その融資が期限通り返済されると融資額の上限が引き上げられるというものである。これによってもともとリスクの高い借り手は、貸し手にとって損害の小さい早い段階で発見されるので逆選択問題が緩和される。また、将来融資額が増える

---

[13] ちなみに$p(1-p)$が最大なのは$p=0.5$のときである。

としたら、現在借り手がリスクの高いプロジェクトを選ぶ傾向が弱まるという意味でモラルハザードも緩和される。

(5) 返済猶予期間なしで回数の多い分割払い

　グラミン銀行など多くのマイクロクレジットにおいては、融資がなされた後、ほとんど猶予期間をおかずに分割払いによる返済が始まり、しかもその返済は毎週といった、かなり高い頻度で行われる。これは借り手の情報を早期に開示して、リスクの高い借り手の発見を容易にするという形で情報の非対称を緩和する。また、借り手に返済の習慣をつけさせる教育効果もある。

10.4. 初期のマイクロクレジットの課題

　このように多くの革新的制度を導入し、目覚ましい成果が宣伝された初期のマイクロクレジットであるが、いくつかの問題点が指摘された（藤田 1998；Morduch 1999a, b；中村 1999）。その第1は、多くのマイクロクレジットが、貸し手の側から見て実は採算が合わなく、外部からの資金提供に多くを依存しているという指摘である。通常の銀行に見劣りしない利子率を課し、返済率が抜群によいのであるから採算が取れそうなものであるが、マイクロクレジットのグループ融資を維持するための費用（人件費や訓練費など）が多額になりがちである。このため外部資金に依存しないと経営が成り立たないことが多い。もちろん外部資金は成功しているマイクロクレジット実施機関に多量に流入する傾向があるはずなので、外部資金への依存度が高いことが、即、そのマイクロクレジット実施機関の経営の危うさを示すことにはならないことに注意が必要である。

　第2は、マイクロクレジットが必ずしも生産効果や雇用創出効果の高い分野への投資に使われていないという指摘、あるいはマイクロクレジット利用者が平均して所得を増やしているかどうかに関して信頼できる統計的証拠が得られていなかったという問題である。マイクロクレジットによって得た資金をまた貸しするのは、融資が期待された方法で利用されていない一例であ

る。資金はどんな用途にでも転用できるという性質（fungibility）をもつから、マイクロクレジットを得られなくても投資する予定であった事業にマイクロクレジットの資金が使われた場合、実質的には家計貯蓄を増やすだけの効果しか持たない場合もある。しかしこれらの場合でも、貯蓄の増大による消費変動リスクの回避（第5章参照）や、増大した貯蓄から数年後に実現される生産的な投資の増加、マイクロクレジット実施団体が持ち込む社会的な変化（女性のエンパワーメントなど）等の間接的な効果は、高く評価できる。

　第3の問題は、マイクロクレジットであっても極貧層が融資を受けにくいという点である。前述のようにグループ融資の際にメンバーの相互選抜があるため、技術的に返済能力に問題のある寡婦や病弱な家族は、メンバーに加えてもらえないことがある。グループ融資という貧困層に融資を与えるための巧妙な制度が、皮肉にも極貧層を排除する機能をもつ可能性について、十分配慮することが必要であろう。貧困層の経済力に応じて、第9章で議論した所得移転やワークフェアと、本章で扱ったマイクロクレジットとを、適切に使い分けることが、ミクロの貧困削減政策において重要になるのである。

　第4の問題は、返済回数が多く返済猶予期間も短い分割払いや、借り手グループ結成の義務づけなどが、借り手に非金銭的な負担を多く強いることである。初期グラミン方式の場合、毎週のミーティングに参加しなければいけないだけでなく、メンバーあるいはセンターの誰かが欠席したりその週の返済を渋っていたりすると、メンバー全員あるいはセンター全員の返済が終わるまで帰れないこともあった。

10.5. マイクロクレジット研究の新潮流

　21世紀に入り、これらの課題を克服するための学術的研究と実践的取り組みがさまざまな方向でなされるようになった。特に注目されるのは、「ランダム化比較実験」（RCT）手法の活用である。第3章で説明したように、RCTは、政策介入を無作為に割り振ることにより、そもそも条件のいい者

が率先して政策介入に反応するがゆえに生じる内生バイアスや、介入を行う政府やNGOなどが何らかの意図をもって介入地域や対象グループを選択するがゆえに生じる内生バイアスを避けることができる。マイクロクレジットに関する通常のデータは、これらの内生性問題が深刻である。

　Banerjee et al.（2015b）は、RCTによるマイクロクレジットのインパクト評価に関する学術ジャーナル特集号の総論的論文である。この特集号は、ある程度厳密に実施されたとみなされたRCT 6件を取り上げ、貧困層がマイクロクレジットによって生活を向上させる効果は平均的には検出されないか、検出された場合でも小さく、貧困を恒常的に脱却させる効果は検出されないと結論づけた。グラミン銀行などの輝かしい成功ストーリーから見ると意外な結果かもしれないが、マイクロクレジットを利用して貧困を恒常的に脱出した借り手がいたというエピソードと、潜在的な借り手全員を対象にした場合に平均では有意なプラス効果が検出されないという計量経済学的エヴィデンスとは矛盾しない。ただしRCTによるマイクロクレジット評価のほとんどは、長期的インパクトや借り手以外に生じる一般均衡効果（マイクロクレジットの普及によって地域の賃金が上昇し、マイクロクレジットと直接関係のない労働者の所得が上昇するなど）を無視している。賃金を通じた一般均衡効果ゆえに、マイクロクレジットのアクセスが増えることは貧困層にプラスのインパクトをもたらすというエヴィデンスが、インドの一州におけるマイクロクレジット一時禁止の自然実験を用いた計量分析から明らかになっている（Breza and Kinnan 2016）。

　企業家能力やネットワークが欠如している極貧層（"ultra-poor"などと呼ばれる）に対しては、マイクロクレジットよりも少額の貯金習慣をつけさせるタイプのマイクロファイナンスを提供したうえで、資産構築のための所得移転（asset transfer）や能力向上のためのトレーニングなどを組み合わせたパッケージ型介入が試されている。バングラデシュのNGOであるBRACが始めたこの介入のインパクトについてもRCTによる検証がなされており、一定のプラス効果はあるものの、それが持続的かどうかについては事例ごとに異なるというファインディングが得られている（Banerjee et al. 2015a）。しかしこのような研究ではパッケージの中のどの構成要素が効いた

のかはっきりしないし、資産構築をマイクロクレジットという融資形態で助けるアプローチが本当に機能しないのかもわからない。そこで、Takahashi et al. (2017) は、バングラデシュの極貧層を対象に、飼育トレーニングなどを含むパッケージのもとで雌牛をマイクロクレジットとして提供するプログラムを設計し、このパッケージ型介入が資金を提供するだけのマイクロクレジットとどのように異なるインパクトを持つのかについて、RCTを用いた比較研究を進めている。

　グラミン方式のもと、借り手の大きな負担となっていた、グループメンバー間の密接な相互監視、頻繁な返済回数や返済猶予期間のなさといった課題についても、RCTを通じた改善の試みがなされている。より弾力的な設計を行うと、借り手の厚生は向上するのか、貸し手にとって返済が滞るリスクはないのか、理論的にはプラスとマイナスの両方の効果が予測されるため、実証によって明らかにする必要がある。グループメンバー間の連帯責任制をなくしても返済に悪影響は出ないこと (Giné and Karlan 2014)、毎週返済を毎月返済に変えても返済率に大きな悪影響はない (Field and Pande 2008) が、借り手のストレスを大きく減らすことができること (Field et al. 2012)、返済猶予期間を設けることで借り手がより有効にマイクロクレジット資金を利用できるようになること (Field et al. 2013)、農村での就労機会が減る端境期に返済を猶予する設計は返済率に悪影響を与えず、やや時間差をもって借り手の消費を増やすこと (Shonchoy and Kurosaki 2014) などがRCTを用いた実証研究によって明らかになっている。

　また、21世紀に入ってのマイクロクレジットに関する実証研究においては、時間やリスク選好を計測するといった行動経済学手法のデータ収集（第3章参照）が組み合わされるようになっていることも重要な潮流である。この結果、グループ結成を融資の条件とし、グループメンバーが頻繁に集まって返済するというマイクロクレジットの仕組みには、「コミットメントのために工夫された強制貯蓄」という意味があることが判明した。グラミン方式でマイクロクレジットを利用した借り手の多くは、実はそもそも、毎週の返済額に相当する額を毎週貯金する余裕があったのかもしれない。しかし1人で毎週その額の貯金を続けるには、強靱な意志が必要になる。事前には貯金

した方が良いとわかっていても、いざ貯金する段になると目の前のお金を使ってしまう誘惑に人は弱い。グループが結成されて、全員が頻繁に集まって返済する方式ならば、一種の強制力が働いて、実質的な貯金がめでたく可能になる。これが、「コミットメントのために工夫された強制貯蓄としてのマイクロクレジット」という解釈である。マイクロクレジットの借り手の時間選好を実験で測り、現在バイアスが強い借り手ほどマイクロクレジットを利用する傾向があることを実証したBauer et al. (2012)により、この見方が広まった。このように、マイクロクレジット研究の新潮流は、途上国の家計行動に関する新たな経済学的知見をもたらしつつある。

10.6. 課題を越えて

以上のような研究成果に対応し、実際に用いられているマイクロクレジットの設計も多様化、弾力化しつつある。特にグラミン銀行は、2003年前後に、今後連帯責任制は課さないと明言したうえで、物乞いを対象とした個人融資のスキームを導入するなどの改革を行った。また、人件費・訓練費を抑えるために、多種類の融資形態によって複雑化してしまったシステムを見直し、通常の借り手を対象とした多くの融資を1つの融資形態に一本化することを試みた。他方、通常の融資においてグループ結成を条件とすることには変化がない。グラミン銀行が、連帯責任ではなく、メンバー間での情報共有やコミットメント確保のために、グループ形成が重要であるとみなしていることをうかがわせる。このように内外から指摘された欠点を真摯に受け止め修正する態度が、グラミン銀行には見受けられる。また近年はマイクロクレジットではなく、マイクロファイナンスという用語の方が一般的になりつつありことに顕著なように、少額融資をコアにしつつも、少額保険、貯金、送金などの総合的な金融サービスを貧困層に届ける努力が世界各地で進められている。

マイクロファイナンスはこれからも開発を続け、本章で扱った課題も徐々に解決されていくであろう。その一方で、マイクロクレジットが農村に活力

や自信を持ち込んだという事実は、それだけでも大いに称賛に値する。例えばバングラデシュのグラミン銀行の場合には、2000年に当時のアメリカ大統領クリントン氏がユヌス教授を友人だと紹介したことや、彼がアーカンソー州知事時代にグラミン銀行に倣って地元でマイクロクレジットを推進したという事実は、多くのバングラデシュ人の自信を深め、向上心を刺激した。

　マイクロクレジットという1つの開発途上国で創始された壮大な実験を、前向きに変革しつつ継承して貧困解消に寄与することが、融資の借り手と貸し手および国際社会に求められているのである。

付論　相互監視によってモラルハザードが解消される数値例

　以下では、相互監視によってモラルハザードの問題が解消されるような数値例を示す。例えば $p_s = 0.9, p_r = 0.79, R_s = 0.30, R_r = 0.33, \rho = 0.1$ とすると、まったくの個人融資の場合、競争的貸し手が課しうる利子率に応じて、借り手の期待利潤（Π_{ij}）は次の表のようにまとめられる。

借り手の選択＼貸し手の選択	低い利子率（$i=s$） $r=\rho/p_s=0.1111$	高い利子率（$i=r$） $r=\rho/p_r=0.1266$
安全なプロジェクト（$j=s$）	0.1700	0.1561
危険なプロジェクト（$j=r$）	0.1729	0.1607

　つまり借り手は利子率の高低にかかわらず危険なプロジェクトを好むから、危険なプロジェクトを選択する。それを見越した貸し手は、高い利子率を課さざるをえない。結果として借り手は、自分が安全なプロジェクトを選び、貸し手が低い利子率を選んだ場合の期待利潤0.1700より低い期待利潤0.1607に甘んじることになる。

　これに対して連帯責任制のもとでは、例えば $c = 0.05$ とすれば、競争的貸し手が課しうる利子率に応じて、借り手の期待利潤（Π_{ij}）は次の表のようにまとめられる。

借り手の選択＼貸し手の選択	低い利子率（$i=s$）$r=0.1061$	高い利子率（$i=r$）$r=0.1161$
安全なプロジェクト（$j=s$）	0.1700	0.1610
危険なプロジェクト（$j=r$）	0.1686	0.1607

　つまり借り手は利子率の高低にかかわらず安全なプロジェクトを選んだ方が自分に有利になる。その結果、自分が安全なプロジェクトを選び、貸し手が低い利子率を選んだ場合の最大の期待利潤0.1700が実現されうるのである。

　なおこの表で、右下と左上のセルの期待利潤が双方とも上の表と同じになっているのは偶然ではない。競争的貸し手を仮定して、貸し手の期待利潤がゼロになるように利子率を定めているから、借り手にとっての期待利潤は、上の表と同じになる。ただし同じなのは利潤の平均であって、分散は異なる。連帯責任制のもとでは、自分が成功して相手が失敗した時に相手の分 c を余計に払うからである。下の表の利子率が上の表よりも低くなっているのは、この余計に支払う分だけ割安な利子率になることを意味している。

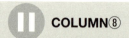

謎解き2題：パキスタン、ミャンマー

　パキスタン・パンジャーブ州南部の綿花地帯で農村調査をしていたときの話（1994年）。ある用水路の東側は数百ヘクタールを越す綿花の大農場1つで占められ、西側には10ヘクタール前後の中規模農家が多数集まっていた。どちらも女性日雇労働者が出来高払いで綿を摘み、摘まれた綿は同じマーケットで売られる。ところが同じ品種の綿の価格が、東側産だと5から10%安い傾向がある。商人に聞くと、東側産は水分が多くて品質が悪いという。そこで農学者が畑の綿の品質をチェックしたところ、差がないどころか、むしろ大農場の方がよいという結果になった。するとこれは、大農場産綿花への差別的低価格という不可思議な現象なのだろうか？

　この答えは賃金制度の違いにあった。毎日の収穫量が膨大な大農場では、労働者の摘んだ綿の実は、袋に入ったまま農場管理人によって重量を計測され、その重量に応じて現金で賃金が支払われていた。労働者はしたがって、ごみがついていたり水分の多い実でも平気で摘む。その方が重くて儲かるからである。他方、中規模農家の農場では、農民みずからが労働者ひとりひとりの摘んだ綿の実を目の前で11の山に分け、その山の1つを現物賃金として労働者に与える。この制度は、労働の質が雇用主＝農民によって直接チェックされ、自分で摘んだ綿が自分のものになるから、丁寧に摘むインセンティブを労働者に与える。マーケットの価格は、この品質差を的確に反映したものだったのである。

　続いてミャンマーのゴマ・落花生産地で農村調査したときのフィールドノートから（2002年）。ミャンマーでは農地は国有で、農民は耕作権のみを所有する。耕作権を得る代償として、農民は、市場価格より安い価格で一定量の特定農産物を政府に供出しなければならない。とはいえ農村にも経済自由化政策が浸透しつつあり、市場チャンスをうまく生かした農村や農民の生活水準は急速に上昇している。

　このような変化は土地の流動化につながる。耕作権の恒久的売買価格を1種の地価として調べたところ、幹線道路沿いの畑の方が、そこから大きく離れた畑よりも数割安いことがわかった。灌漑条件や土地の肥沃度にまったく差はない。世界中どこの農村でも、農作業の行き来が楽で、生産物を市場に運ぶのにも便利な幹線道路沿いの農地は、そうでない農地よりも値段が若干高いのが普通である（さらに農外転用の可能性、例えば工場立地の可能性、などがあればこの価格差はもっと広がる）。しかしミャンマーでは逆。これはなぜか？

　答えは、農業省の役人が席を外した際に得られた。幹線道路沿いの農地では、政府の推進する作物を標準農法で栽培しなければならない。政府は、儲からない作物であっても平気で重点作物に指定するし、労賃や化学肥料コストをきちんと計算せずにただ収量が高いことだけで農法を押しつける。そのような制約の弱い幹線道路から離れた農地では、もっと自由に儲かる農業ができるから、面積当たりの平均の経済余剰も大きくなり、それを反映して地価も高くなるのであった。

　2つの謎解きに共通するのは、制度的歪みが市場価格にきちんと反映されるということ。価格メカニズムの理解には制度や政策の知識が欠かせない。

（黒崎卓）

第11章 共同体と開発

11.1. 共同体に着目する意義

　われわれ筆者2人は、どちらも地方出身である。黒崎は栃木県の鬼怒川平原に広がる純農村に生まれ、山形は岩手の小都市の商店街で育った。地方のいいところは濃密な人間関係である。どこどこの家の誰それは高校生の頃なになにをして、といった話がいまも語り継がれていたりする。1人でこっそり里山に入って山芋を掘ってきたつもりでも、ちゃんと誰かが見ていたりする。と書くと、これは地方の「いいところ」ではなくて、重苦しくねっとりとした息つまる世界だ、ともいえる。

　このような地方、および本章のキーワードで言えば「共同体」の人間関係も、時代を経るにつれて急速に変化しており、希薄な個人関係が支配的になりつつある。しかしわれわれの狭い経験だけから判断しても、時代差よりも地域差、とりわけ途上国間の差は歴然としているように感じられる。同じ村人同士でも行動の調和を取ろうなどとはせず、隙あらば相手を出し抜こうという緊張感が村の中にも感じられるのは、パキスタンからインド、バングラデシュと続く南アジア北部の広大な平原部の農村であろう。ミャンマーのイラワジデルタの農村では逆に、個人が突出するのを避け、お互いに同じ行動をしようと村人が必要以上に牽制しあっているように感じられてならない

(コラム⑨「田植えの風景：日本・ミャンマー・パキスタン」も参照）。

　このような共同体の人間関係が開発に対してもっている意義について考察するのが本章の課題である。第9章では、貧困層にターゲットをおいた貧困削減政策の1つとして貧困地域アプローチを取り上げたが、このアプローチを採用した場合には、政策の受け皿としての共同体の役割が重要になることを指摘した。また、前章で扱ったマイクロファイナンスの実施においても、地域共同体が融資機関と借り手の間の仲介者として機能している例が多く見られる。これはまた、経済開発全般において、受益者がプロジェクト運営に積極的に関与する「参加型開発」が重視されつつあるという流れの中で、国家と個人の間を取りもつ中間組織の重要性に注目が集まっていることとも関連している（速水 2000）。

　もちろんその中間組織が共同体である必然性はないが、既存の組織のうち地域共同体がその中間組織として効率的に機能するのであれば、これを利用しない手はない。そこで本章は、共同体の特徴、とりわけ協調・協働行動についてミクロ経済学的に考察し、経済開発問題や貧困削減政策への含意を引き出すことを試みる。ただし以下の説明では、共同体の役割が如実に現れる「環境と開発」にかかわる事例を中心にする。

11.2. 貧困と環境悪化の悪循環

　第3章でとりあげたように、家計パネルデータが途上国に関しても蓄積されたことを受けて、リスクへの脆弱性が貧困の重要な特徴として着目されている（World Bank 2000a、黒崎 2009）。リスクへの対応能力は、貧困と環境悪化の悪循環という面からも重要である。

　貧困層は、伝統的には森林や共同利用放牧地などの地域共有資源（**ローカル・コモンズ**：local commons）[1]に生活の多くを依存してきた。これらの共有資源からうる所得や消費財が常々重要なだけではなく、農業の不作などの際にこれらの共有資源への依存が高まるという意味で、保険としての役割も貧困層にとっては重要であった（Jodha 1986）。しかしいったん環境の悪化

が進んで同じ共有資源がもたらす貧困層への経済的利益が低下すると、貧困層はますます窮乏化し、リスクへの脆弱性も増す。窮乏化した貧困層は、将来の生活よりも現在の生活を重視しはじめるため[2]、共有資源の利用がより近視眼的になる。これは十分な資源の保護よりも現時点で利用できるものを優先して利用することを意味するから、環境悪化に拍車がかかる。インドの半乾燥地域で実際にこのような形で共有林の崩壊が進み、貧困層の厚生が悪化していることは、綿密な実態調査からも明らかになっている（Jodha 1986）。

　ローカル・コモンズは通常、その利用が地域共同体の成員に限られ、地域共同体がその管理に責任をもっている。そうであればなぜ、共同体がこのような過剰利用を防げないのであろうか。この問いへの代表的な答えは、共同体というものが形だけのものであって、その管理を責任もって行う能力をもっていない場合に、このような過剰利用が起こるというもの、すなわち有名な**コモンズの悲劇**（tragedy of the commons）のモデルである[3]。

---

[1] ローカル・コモンズの定義については Seabright（1993）を見よ。それによると、「コモンズ」とは共有資源（common property resources）の略であり、所有権が共同体などのグループによって行使されており、その利用に当たっては競合性（rivalry）が生じるような資産を指している（競合性については本書第8章も参照）。また「ローカル」とは、所有権を行使するグループの地理的範囲が小さく、村落程度の規模であることを指す。小さいグループとは、構成員各自がお互いに深く知り合っていられる範囲と言い換えることもできる。

[2] これは、異時点間資源配分のミクロ経済学における主観的割引率の上昇の効果と同じである。伝統的な経済学では、このような変化を、貧困によって時間選好そのものが変わるというよりも、将来まで生存する確率が低くなることや、消費に占める最低生存水準出費の比率が大きくなるために異時点間で消費を調整する融通がきかなくなることで、実質的に主観的割引率が上昇するのと同じ結果となると解釈する傾向が強かった。後者の効果については例えば Atkeson and Ogaki（1996）を見よ。他方、近年の行動経済学的研究からは、貧困に窮することにより人々は長期的・合理的資源配分を行うだけの注意力・集中力が足りなくなることが指摘されており、貧困によって時間選好そのものが変わるという見方も強くなっている（Mani et al. 2013、Mullainathan and Shafir 2013）。

[3] 「共有地の悲劇」と訳されることもある。オリジナルの論文は Hardin（1968）、開発途上国における環境資源をめぐる「コモンズの悲劇」に関しては、Dasgupta and Maler（1995）、Dasgupta（1997）などを見よ。本章の以下の数学モデルは、Bardhan and Udry（1999）の定式化を修正したものである。

11.3. 「コモンズの悲劇」の基本モデル

人口 N 人の村人が、村の共有資源を利用して生業を立てている。共有資源からの村全体の粗収入は、村全体でどれだけ投入財を利用するかによって決まり、この関係を図11-1に示すような生産関数 $f(K)$ で表わす（ただし、$K \equiv \sum_{i=1}^{N} k_i$、$k_i$ は村人 i が利用する投入財の量を示す）。この投入財が資本財だとすれば、$k_i = \overline{k_i} - \delta \overline{k_i} + \Delta k_i$（ただし $\overline{k_i}$ は前期の k_i、δ はこの投入財の資本減耗率）である。村人は投資に要した費用 $p\Delta k_i$ を支払い、用いた投入財の比率にしたがって粗収入の分け前をうるものとする。したがって、村人 i の純収入は、

$$\pi_i \equiv \frac{k_i}{K} f(K) - p\Delta k_i \tag{11-1}$$

となり、これを集計した村全体の純収入は、

$$\pi \equiv \sum_{i=1}^{N} \pi_i = f(K) - p\Delta K \tag{11-2}$$

となる（ただし、$K = \overline{K} - \delta \overline{K} + \Delta K$ で、$\overline{K}$ は1期前の K である）。このような共有資源と投入財の具体例を挙げると、(1)共有資源が共同利用放牧地で投入財が放牧する家畜の場合、あるいは、(2)共有資源が漁獲域で投入財が魚網ないし漁船の場合、(3)共有資源が地下水帯水層で投入財が灌漑用ポンプの場合、などがありうる。

村全体の純収入が最大になるような共有資源の利用形態が、この共同体にとって最適な資源活用パターンであると考えられる。そこで(11-2)式を ΔK について微分すると、$f'(K) = p$、すなわち投入財の限界生産がその単価に等しいという第4章の付論以来おなじみの必要条件が導かれる。この式を満たす投入財の最適利用水準 K_0 を図11-1に点 A として示す。また、議論を簡単にするために、村人は同質であるがゆえに社会[4]的に最適な状態ではみな同じ量の投入財を利用すると仮定すれば、最適な利用水準に相当する各自

---

[4] ここで「社会」として言及されるのは「村」のことである。

図11-1 コモンズの悲劇

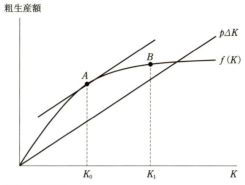

出所：筆者作成。

の利用水準はK_0/Nとなる。

ではここで、村人が自分の利益に忠実に行動した場合、その村にとって最適なK_0という投入財の利用水準が実現されるかどうかについて考えてみよう。まず、自分以外の村人がK_0/Nの利用水準にあるときに、自分も同じ水準で利用するのが最適であろうか。「コモンズの悲劇」の鍵は、村人は協調せずに、自分以外の者の行動は自分にとって所与であり、自分の行動は自分の好きなように決めるという想定にある。これを数式で示せば、

$$\frac{\partial(\varDelta k_j)}{\partial(\varDelta k_i)} = 0, \forall j \neq i \qquad (11\text{-}3)$$

となる。この式は、自分が自分の投入財の投入量$\varDelta k_i$を変化させても、他人の投入量$\varDelta k_j$が変化しないことを示している。そこで(11-3)式を用いつつ、(11-1)式を$\varDelta k_i$について微分すると、

$$\frac{\partial \pi_i}{\partial(\varDelta k_i)} = \frac{k_i}{k_i + \widetilde{K}} f'(K) + \left(\frac{\widetilde{K}}{(k_i + \widetilde{K})^2}\right) f(K) - p \qquad (11\text{-}4)$$

(ただし$\widetilde{K} \equiv \sum_{j \neq i} k_j$[＝共有資源全体から村人$i$の貢献分($k_i$)を除いたもの])
となる。やや複雑になってはいるが、(11-4)式右辺の最初の2つの項が限界生産性と平均生産性の加重平均であることに注意すると、すべての村人がK_0/Nの投入を行っている場合には(11-4)式の値が正の値を持つこと、すなわち村人iはk_iの水準をK_0/Nよりも引き上げるインセンティブを持つこと

が分かる[5]。村人それぞれが、他の村人の行動を所与として自分の行動を最適化することがある種の均衡の条件と考え、さらに村人の同質性の仮定を追加すると、その均衡は

$$\frac{1}{N}f'(K)+\frac{N-1}{N}\cdot\frac{f(K)}{K} = p$$

という条件で表現される[6]。図11-1のような生産関数のもとでは平均生産性は限界生産性よりも大きいから、平均生産性と限界生産性との加重平均が投入財単価と等しくなるような利用水準は、たとえば図11-1のK_1となる。

利用水準K_0とK_1とを比べてみれば分かるように、(11-3)式の想定のもとでは投入財の利用が過剰となり、したがって共有資源の利用も社会的に過剰となってしまうという非効率が生じる[7]。これは、各自が自分の投入水準を決めるときに、他の村人の反応を無視してしまうことによる。ある村人が共有資源に対する投入財を増やしたとき、その投入財増加の生産に与える貢献は限界生産性に反映されるのであるが、共有資源に対する投入財増加の報酬は平均生産性に基づいてなされるので、村人は共有資源を過剰利用してしまう。しかし村の誰かが共有資源を過剰利用するということは、他の村人の取

---

[5] (11-4)式右辺の最初の2つの項は以下のように変形できる。

$$\frac{k_i}{k_i+\widetilde{K}}f'(K)+\left(\frac{\widetilde{K}}{(k_i+\widetilde{K})^2}\right)f(K) = \frac{k_i}{K}f'(K)+\frac{\widetilde{K}}{K}\cdot\frac{f(K)}{K}$$

限られた量の共有資源（コモンズ）を用いた生産活動の生産量$f(\cdot)$は投入財に関して限界生産性が逓減すると考えられるので、どんなKに対しても常に$f'(K)<f(K)/K$（つまり限界生産性＜平均生産性）が成り立つ。K_0の水準ではK_0の定義により$f'(K_0) = p$が成り立つが、(11-4)式右辺の最初の2つの項の和は限界生産性と平均生産性の加重平均なので$K = K_0$において$f'(K_0)$より大きい。したがってK_0において(11-4)式は正になるのである。

[6] この均衡は、ゲーム理論において「対称ナッシュ均衡」（symmetric Nash equilibrium）と呼ばれる。

[7] この状況は、ゲーム理論における「囚人のジレンマ」に対応している。単純化のために$N = 2$とすればその対応が明確になろう。2人とも$K_0/2$の投入を行う場合に、全体の利得が最大化されるが、どちらもこのような「協力」をせずに、相手を「だまし」、(11-4)式が示すような投入を行うインセンティブを持つ。その結果、ナッシュ均衡は、双方とも「だます」場合、すなわち2人とも$K_1/2$の投入を行って、全体の利得がより少なくなってしまうのである。詳しくはSeabright（1993）を参照されたい。

り分を減らすことになるので、それに気づいた他の村人も共有資源をそれまで以上に利用しようと思うであろう。後述のように、誰かが共有資源を過剰利用したときに、他の村人も過剰利用で応えるということがわかっていたならば、誰もが過剰利用を控えるということもありうるのである。

以上がコモンズの悲劇の基本モデルだが、その根底には想定(11-3)があることに注意されたい。つまり、コモンズの悲劇とは共有資源（コモンズ）すべてに起こりうる悲劇なのではなく、その利用が村人各自に自由に任され、協調のないオープン・アクセスである場合に起こりうる悲劇なのである。

11.4. 共有資源維持・修繕の過少投資

コモンズの悲劇に類似の状況として、共有資源を適切に維持・管理・修繕していくための投資が過少になるという問題も、資源の劣化・枯渇に結びつくという点で重要である。同じく N 人の村人が、村の共有資源を利用して生業を立てているとしよう。今度は K を共有資源のストックそれ自体とし、共有資源は放っておけば毎期毎期 δK だけ劣化あるいは減耗してしまう。それをくい止め、共有資源を拡大するためには維持・修繕を含めた投資が必要で、それによって ΔK だけの共有資源が回復するものとする。共有資源の利用から得られる生産物の価値が図11-1に示すと同じ形状の生産関数 $f(K)$ で表されるとしよう（ただし $K \equiv \sum_{i=1}^{N} k_i$、$k_i$ は村人 i が行った投資によって維持・拡大された共有資源の量を示す）。前節と同様に、村人は自分が投資した分の費用 $p\Delta k_i$ を支払うのであるが、本節においては、共有資源からの恵みの分配率は制度的に決まっていて、定数（w_i）であると仮定する。具体例として、灌漑設備の維持・修繕の場合には、灌漑設備の整備による利益は、灌漑された面積のうち農民それぞれの所有する土地の面積に比例し、灌漑設備の整備に誰がどれだけ貢献したか（Δk_i）とは直接関係しないかもしれない。この場合、村人 i の純収益は、

$$\pi_i = w_i f(K) - p\Delta k_i \tag{11-5}$$

となる。

一方、村全体の純収益は前述(11-2)式とまったく同じ式で表される。村全体の純収益が最大になるような共有資源への維持・修繕投資が、この共同体にとって最適な資源活用パターンであり、それはΔKを操作して村全体の純収益を最大化することによって得られる。その共有資源の水準は、前節と同様に図11-1の点Aに対応している。この水準では$f'(K) = p$が成立しており、投資の限界生産性がその単価に等しくなるような投資が社会的に望ましいことを示している。

ではここで、コモンズの悲劇のモデルと同様に、村人が自分の利益に忠実に行動した場合、その村にとって最適なK_0という投入財の利用水準が実現されるかどうかについて考えてみよう。(11-3)式に表されている無協調状態のもとで、各村人iが(11-5)式をΔk_iについて最大化すれば、$w_i f'(K) = p$という必要条件が導かれる。制度的分配比率であるw_iは0と1の間の値をとるから、投資の限界生産性はその単価を上回る水準になる。つまり図11-1の点Aよりもはるかに左側の過少な投資水準しか実現できない。

この問題の本質は、公共経済学における古典的な**フリーライダー問題**（ただ乗り問題）と同じである。コモンズへの投資に協力することの個人的な限界費用がpなのに対して、その便益は全員に分散してしまうため、各構成員は最適な投資を行うだけの十分なインセンティブを持たない。ここでも過少投資の問題は、共有資源（コモンズ）すべてに起こりえる悲劇なのではなく、その維持・修繕への協力が村人各自に自由に任され、協調のない場合に起こりえる悲劇なのである。

11.5. 国家管理か私有化か

コモンズの悲劇や維持・修繕投資の過少投入といった問題を防ぐために、しばしば採用されてきたのが国家管理である。共有資源そのものを国有化してしまい、共同体全体の社会的利益を最大化するように国がこの資源を利用すれば、理論的には過剰利用・過少投資の問題が回避できる。しかし国家の制度、中でも末端行政が放牧地や森林などの共有資源をうまく管理する能力

やインセンティブを持っているとは限らない。一時的に赴任しているだけの末端行政官はむしろ資源を過剰に利用して自らの懐を潤そうとするかもしれないし、その資源について共同体構成員ほどの深い知識を持っていないかもしれないからである。

それならば国家管理の変形として、共有資源の利用は村人に任せつつ、利用水準を国家が各自に強制することが考えられる。図11-1に沿っていえば、国家が、村人の利用水準をK_0/Nと一律に定め、違反者への厳しい罰則によってこの水準を守らせれば、コモンズの悲劇は回避できる。しかしこの場合も、実際に罰則等を施行する能力とインセンティブを末端行政が持っているか、という疑問が残る。

他方、これらの過剰利用・過少投資に対する経済学者の伝統的な処方箋は、適切な共有資源の管理を誰かが守らないことによるコストが全村人に分散して負担されるという外部性を内部化することに焦点をあててきた。その1つの方法は、私有化である。もし11.3.節の事例で生産関数が収穫一定であれば、共有資源の管理・利用権を全村人に対して$1/N$の比率で分割して私有化することにより、各村人の直面する最適化問題は$\pi_i = f(k_i) - p\Delta k_i$を最大化する問題に単純化される。そしてその解は$f'(\cdot) = p$という社会的に最適な共有資源利用・投資の条件と一致する。

しかしこのアプローチにも留意すべき点が多い。理論で想定された通りの私有権がその社会に確立されるとは限らない、生産技術が上記の設定と異なって収穫逓増であるならば分割利用によって利用の効率が著しく損なわれる可能性がある、など共有資源それぞれの性格によってその困難の度合いは異なってくる。

経済学者が好むもう1つの処方箋は、過剰利用の投入財への課税、過少投資の投入財への補助金である。コモンズの悲劇が生じる投入水準K_1/Nは、投入財価格pの上昇につれて低下するから、適切な課税によって$f'(\cdot) = p$という社会的に最適な投入水準を達成することが理論的には可能である。過少投資についても、理論的にはまったく同じ方法で対処できる。ただしこれらの方法も、適切な税率・補助金率をどのようにして見つけることができるか、またその税の徴収・補助金の支払いが理論通り実行できるか、といった

点について問題を孕んでいる。

つまり国家管理アプローチも私有化アプローチも、コモンズの悲劇や過少投資の問題を解決するうえでの有効性は限られる。そこで注目されるのが国家と個人の中間に位置する共同体の役割である。

11.6. 共同体のもとでの協力

すでに述べたように、コモンズの悲劇というのは正確には「オープン・アクセス・コモンズの悲劇」である。仮に村人全員が同じように行動するというルールを共同体が全員に課し、かつ誰もがそのルールを守ることを誰もが期待している状況になったら、どうであろうか。たとえば(11-3)式の代わりに、

$$\frac{\partial \ln(\Delta k_j)}{\partial \ln(\Delta k_i)} = 1, \forall j \neq i \tag{11-3'}$$

すなわち誰かが1％投入水準を変えれば、村人全員が同じ1％だけ投入水準を変えるものとする。(11-1)式は以下のように書き換えられるが、

$$\pi_i = \frac{k_i}{k_i + \widetilde{K}}[f(k_i + \widetilde{K}) - p(\Delta k_i + \Delta \widetilde{K})] \tag{11-1'}$$

このように比例的な投入水準の変化が起こっても、(11-3)′式ゆえにかぎかっこの外側の比率が各自の行動によってまったく影響を受けないから、均衡解は効率性の条件である$f'(K) = p$を満たすものになる。すなわち共同体のルールによって過剰利用が避けられるのである。

同様に、共有資源の維持・修繕投資のモデルであれば、

$$\partial(\Delta k_j)/\partial(\Delta k_i) = w_j/w_i, \forall j \neq i \tag{11-3''}$$

という行動ルールを共同体が全員に課し、かつ誰もがそのルールを守ることを誰もが期待している状況になれば、均衡解はパレート最適となる。というのは(11-5)式をΔk_iについて偏微分して、(11-3)″式を代入すれば、$f'(K) = p$という必要条件が導かれるからである。

ではこれらのルールを自分以外の共同体構成員が守るということが、ど

ように保証されるのであろうか。これは**繰り返しゲーム**の理論で説明される。放っておけば「コモンズの悲劇」が起こってしまうような場合を考えてみよう。このとき、村人全員が共有資源の利用を K_0/N とし、村全体の利用を K_0 にすることを取り決めたとする。そのうえで村人 i がルールを破って利用水準を引き上げたならば、次回以降 T 期間だけ他の村人も協力しないという形で村人 i に罰則を与える取り決めを考えよう。罰則期間 T を十分長く取れば、村人 i は、今ルールを破って瞬間的に高い利得をうることの利益よりも、T 期間罰則を受けて低い利得に甘んじる損失の方が大きくなるため、合理的判断としてルールを守る選択をする可能性がある[8]。

このルールにはもう1つの問題がある。誰かがルールを破ったとき、他の村人全員がルールを破った村人に罰則を与えることは、ルールを守っていた他の村人全体にも損失を与えるのである。コモンズの悲劇の事例であれば、適正な利用水準を越えて利用した村人への罰則として T 期間だけ村人全員が共有資源の利用を増やす場合、村全体の共有資源の利用量（正確にはそれを可能とする投入財の投入量）は、最適水準である K_0 から過剰利用の水準である K_1 に増加してしまう。これはルールを守っていた他の村人に対しても損失をもたらす。ルール破りの村人に対して他の村人が罰則を与えるというルールの適用は、どのようにして保証されるのであろうか。この問いに対するゲーム理論の答えは、さらにもう一段、繰り返しゲームを積み重ねることである。共有資源利用のルールを破った村人に対して周囲の村人が罰則を与えるというのもルールの1つであり、そのルールの適用を避け、ルールを破った者を恩赦するという形でルールの適用を怠った村人にも、別の村人ないし村の組織から罰則を与えるのである。この構造を延々と積み重ねることによって、ルールが厳格に守られる共同体原理が、合理的個人の行動に基づく均衡として安定的に達成される。均衡が維持されるためには罰則の脅威が十分に発揮されるような緊密な共同体である必要がある。しかし共同体があまり小さすぎると今度は、協調・協同によって得られる利益も小さくなってしまうから、協力がスムーズに行われなくなる可能性もある。

---

[8] 詳しくは Bardhan and Udry（1999）を参照。数値例もそこに挙げられている。

冒頭で述べた昔日の日本の農村共同体に見られた息苦しさ、それはこのようなルールの積み重ねを均衡として維持するための緊密な情報共有構造の現われなのではないだろうか。ルールを破っている者がいないか常に監視し、破った者がいれば適切な制裁を行うという暗黙の了解があったことが、日本の稲作農村が共有資源を劣化させずに保持し、結果として高い生産効率を達成できた1つの理由である、という解釈もあり得よう。

11.7. 経済開発における地域共同体

しかしながら、現在の途上国における地域共同体に目を移すと、高度成長期以前の日本の農村を基準にしてそれらを判断することが必ずしも適切ではないことがわかる。日本との比較では南アジア平原部の農村は協調のかけらもないように見える。結果として、そのような地域では共同体が経済開発の担い手とはなりえないという決定論に陥りかねない。また、気候や土壌・地形などの生産環境やマクロ経済環境が違っていれば、効果的な共同行動のあり方も違っているはずである。

そこで有益な視座を示してくれるのが、共有資源管理の効率性においてさまざまな違いのある共同体間の比較実証研究である。アジア・アフリカ7か国における森林管理の比較研究（大塚 1999；Otsuka and Place 2001）によると、個人所有権制度と共同体所有権制度という二分法ではこの問題を捉えるのに十分ではなく、相続制度や森林管理における共同体レベルの詳細な制度設計の違いが、土地利用の効率性に大きな影響を与えている。誰が森林管理を担うのか、現場での監視を誰が行うのか、森林の世話をした実績が相続の際にどのように反映されるのか等々、この研究から途上国の共有資源管理に関して得られるインプリケーションは数多い。

また、共同体の共有資源管理への関与のあり方には、地域差も大きいが、地域内部での多様性も見逃せない。南インドの灌漑事業48件を比較検討した研究（Bardhan 2000）によると、歴史と農業生産環境については大差のない村々において、灌漑維持管理に関する村人たちの協力の程度には、著しい違

いが観察されている。そして、(1) 土地保有の不平等度が小さいほど、(2) 都市や市場へのアクセスが閉ざされているほど、(3) 共同体の社会構成が同質であるほど、(4) 他の村と村レベルでの水争いの種を持っているほど、(5) 村の規模が小さいほど、灌漑維持管理がスムーズに行われていることが明らかになっている。

共同体内部のリーダーの存在が影響力を持つことも少なくない。灌漑は用水供給の精度が一定水準に達して初めて、農業生産性を効果的に上昇させるから、村人のうち協力する人の数が増えれば増えるほど全体の利益が逓増する**収穫逓増**技術の側面を持っている。したがって、灌漑管理に少ない人数しか参加しない低位均衡と、村人のほとんどが参加して高い効率を達成する高位均衡との**複数均衡**が生じうる（Bardhan and Udry 1999)。複数均衡が可能な状況下では、臨界水準を超えるに十分な刺激（第7章の言葉を借りれば**ビッグ・プッシュ**）があれば、資源配分が低位均衡から高位均衡に移る可能性があるわけで、共同体のリーダーシップはこれを実現させる媒介になりえる。

既存研究から明らかになるもう1つ重要な点は、共同体のリーダーシップも、共同体で協調する伝統も、地域に固有の不変の要因ではなく、さまざまな環境や経済インセンティブの変化に応じて損なわれたり、育まれたりすることである。このことから、これら共同体の特徴を人的資本に似せて、**ソーシャル・キャピタル**（social capital、**社会関係資本**）ととらえることも有意義であろう（佐藤 2001）。前章で扱ったバングラデシュのグラミン銀行の事例は、リーダーシップや協調の伝統といったソーシャル・キャピタルが極端に欠如していた社会において、最低限の協調的行動が借り手グループ内で可能になるようにソーシャル・キャピタルを蓄積した経験と理解することもできるのである。

11.8. 環境問題と共同体の今後

近年の実証研究の積み重ねによって、ゲーム理論などに基づく理論モデル

がさらに深まり、共同体内部の協調・協同に資する要因が実証的にある程度明らかになってきた。貧困問題の当事者に直接ターゲットを当てた政策を採用し、国際機関、援助国、被援助国の政府、民間、NGO、CBO[9]などすべての開発関係者が協調・任務分担するという最近の経済開発援助の傾向を考慮すると、実際の開発の目標となる対象者が自ら進んで協調的に参加するような制度設計を行うことが、ますます緊急な課題となっている。

　本章で扱った環境問題へのミクロ経済学的アプローチとそこでの共同体の役割に関する議論は、常にコモンズの悲劇（社会的に非効率な過剰利用ないし過少な維持投資）が起きたわけではなく、森林や河川、海洋水産物といったローカル・コモンズ的な性格を持つ資源に関しては、これまで適切に利用されてきた例が世界各地で見られることを明らかにした。このような例では、森林や河川のある地域で暮らす人々の間で適切に利用制限を行い、そのルールを破った人間には罰則を与えるなどの方策がとられてきた。

　しかし現在の地球環境問題、とりわけ地球温暖化のような問題は、世界的規模で利用されているグローバル・コモンズに関して、地球全体での協調的行動に失敗しているがゆえに生じている側面を持つ。途上国の今後の持続的開発を考えるうえで、地球規模での資源の過剰利用や行き過ぎた環境破壊を防ぐことが不可欠になっている。グローバルな協調を実現するためには、参加各国のインセンティブを高めるような制度設計が求められる。本章のミクロ経済学モデルはそのための出発点と位置づけられよう。

---

[9] CBO（Community-Based Organizations：住民組織）については第9章の注9も参照。CBOの母体として、本章で取り上げた地域共同体が重要である。

COLUMN⑨

田植えの風景：日本・ミャンマー・パキスタン

　ゴールデンウィークには実家に帰って、田植えを手伝うのが私の年中行事であった。わが家に最初の田植え機が導入されたのは私が小学校低学年のときで、その後、数年おきに、もっと高性能な機械が現れた。それでも手植えの時代の記憶は鮮明だ。手植えはとにかく手間がかかるため、集落内や親戚との間で労働力を交換し合う必要があった。ただし賃金を払って人を雇うことは希だった。

　現在、世界各地で稲作は盛んであるが、田植えをするとは限らない。経済成長につれて労賃が上がるため、直播稲作に変わっていくことが多く、日本のように中型の田植え機がほとんど全農家に普及しているような例は少ないと思う。

　このため、途上国で農民が並んで田植えしている風景を見かけると、とてつもなく貴重なものを見出した気分になってじっくりと観察してしまう。労賃が安い国での田植えは標準技術であって、何も珍しくないと頭でわかってはいるのだが。

　ミャンマーの田植えは、きちんとした条植えをする。まず数メートルの間隔で、基準となる苗の列を手植えし、その間に等間隔で女たちが細かく苗を植えていく。このようにしないと、農業普及局のお役人からお咎めが来るという背景が徐々にわかってきた。このため、村落内部で互いに牽制しあって、誰もがきちんと植えている（少なくとも幹線道路沿いは）。男は田植えそのものではなく、苗代から稲苗を引き抜いて束ね、田植えの場所まで運ぶのが仕事。泥の深いミャンマーの水田ではかなり大きく成長した苗を植えるため、この苗抜作業は予想以上に重労働。したがってこの役割分担にも合理性があるようだ。

　パキスタンの田植えは、灌漑が行き届いた条件のいい圃場で行われるため、ミャンマーよりもずっと小さな苗を植える。私の記憶に残る日本の手植え時代の苗とほぼ同じ大きさだ。条植えを農業普及局は勧めているが、まったく徹底していない。ミャンマーとは違って農業普及局の情報が農家全体に行き渡らないという制度的不備が第1の理由、農家と田植え労働者との間に階層分断が強く見られる社会のため、雇い主がかなり熱心に監督しない限り、条植えなどという面倒な作業は実施できないというのが第2の理由である。また、女性が賃労働につくことをよしとしない社会慣習の存在ゆえに、田植え労働者でも男性が多い。世界ひろしといえども、女性の植え子がまったくいない田植えを見たのは、パキスタンのみである。

　もう一度日本の田植えに戻ると、機械植えが普及した現在でも、手植え作業は残っている。機械で植えきれない角の部分や、機械の調子が悪くてうまく植えられなかったところの補植である。せっかく機械で楽をして大きな田んぼをあっという間に植え終えたのに、補植をきちんとやるとその数倍の時間がかかってしまう。まったく補植をやらなくても、たいした単収のロスにはならないはずだ、と私が主張すると、「周りに対してみっともないから」いいかげんな補植はできないとの両親の答え。このような共同体を意識した心情が、日本の稲作技術が地域内で非常に均一であるということの原因なのか、結果なのか、答えはまだ出ていない。　　　(黒崎卓)

第12章 開発援助とガバナンス

　開発途上国に住んでいると何事もはかばかしく進まないものである。空港で入国する、家に電気を引く、届いた郵便物を受け取る、といった事柄にやたら手間暇がかかる。その原因の1つは、しばしば役人が陰に陽に中間で処理を止めて賄賂を要求することにある。政府の許認可を必要とする経済活動を始めようとしても、そういった面倒だけで億劫になり海外からの投資が来ないばかりか、国内の企業家の投資意欲も損なわれる。例えばかつてバングラデシュでは、衣類を縫製するために布を海外から輸入する場合、信用状の開設から現物の受け取りまでの9つのプロセスにおいて、計1万5000円ほどの賄賂を役人に手渡す必要があったという（Rashid and Rahman 1998）。年間の1人当たり国民所得が4万円程度の国（当時）で、この額は大金である。1つひとつのプロセスで輸入品の処理が止められ、貨物を早く受け取りたい人は、それが処理を早めるための方便だと自分を納得させて賄賂を支払うことがままある。
　このような役人の汚職の問題は民間の経済活動に関してのみならず、政府開発援助の実施過程においても生じる。援助プロジェクトがスムーズに進まず、そればかりか純粋にプロジェクトを実施する目的以外に用いられる出費が増えるようであれば、援助目的の達成が期待しにくい。
　国民の意思を実現できるように立法・行政・司法の各機構をコントロールすることを、「ガバナンス」（governance）という用語で表現することがあ

る（World Bank 1992；平野 1997）。国家が機能的かつ安定的に国民の意思を実現できるような体制になっていれば、その国家のガバナンスは良好であるという。反対に、役人の仕事が非効率であったり、汚職が多かったり、政府が独裁的であったり恣意的であったり、裁判が公正かつ迅速に行われなかったりする場合には、「ガバナンスが悪い」ということになる。ガバナンスが悪いと、目的外の支出が増えて援助の実施効率が落ちるし、汚職が投資の減退を通じて経済成長を阻害するという意見も多いことから、昨今援助機関は**良いガバナンス（good governance）**[1]を援助実施の要件とすることがある[2]。第9、10章では個々の貧困者に焦点を当てた貧困削減政策について、また第11章では一国内の貧困地域に着目した開発政策の担い手について議論した。そこで触れられたような受益者のインセンティブを尊重した援助政策の設計も、公的な援助の窓口たる国家が効率的に機能していないならばほとんど意味をもたないであろう。そこで本章では、ガバナンスという言葉で代表される国家の政策実施体制、なかでも特に汚職の問題を取り上げ、その問題の所在、実態と影響について考察したい。

　また今世紀に入る直前から、公的サービスのパフォーマンス向上という観点から、開発援助実施の効率化が主要ドナーによって指向されている。援助の効率化とは、開発目標を明確にし、ドナー側と援助受け入れ国側双方における実施体制を効率的にすることに他ならない。当然その実現のためには、受け入れ国のガバナンスの向上が求められる。そこで本章の後半では、良いガバナンスを含む援助効率化の潮流を振り返ることとする。

---

[1] Good governance は「良い統治」と訳されることもある。
[2] 実際、Burnside and Dollar（2000）や World Bank（1998）は、途上国各国のマクロ統計を複数年について集めたクロスカントリーのパネルデータを用いた計量分析の結果から、「ガバナンスが良好な国でのみ、政府開発援助が経済成長に結びついた」と主張した。ただし、これらの分析の結論は、データの対象期間や対象国の組み合わせを変えると頑健性がないことが、Easterly, Levine and Roodman（2004）によって指摘されていることにも留意が必要である。

12.1. 汚職の本質とガバナンス

「悪いガバナンス」の典型としてしばしば挙げられるのが公務員の汚職や賄賂である。開発途上国のみならず、現在の先進国においても汚職は頻繁に摘発されている。

歴史的に見ればそもそも政権とは武力によって勝ち取られるものであった。日本の徳川幕府、明治政府然りである。まったくの純粋な禅譲は中国の堯舜の時代にはあったといわれるが、例外といってよいであろう。政府が倫理的であることを求めるのは現代の傾向である[3]。

政府はその管轄下の人々に税を課し、みずからの財源とする。かりに民間企業による供給が効率的でなく、政府によって供給されるべき財・サービスがあり、その財・サービスの生産活動に労働力が必要とされるのであれば、それらを担う公務員を雇うことが必要になる。この点からいって、国民に税金を課して公務員の報酬とすることは広く受け入れられている。

一方、汚職、なかでも賄賂は一般に不正なものとされている。日本では賄賂を渡しても受け取っても新聞に名前が踊る。しかしいくつかの開発途上国では賄賂の授受が日常茶飯事である。国によっては、賄賂によって得た所得が民間の労働者と公務員の賃金格差に相当し、賄賂を得て初めて公務員の賃金が民間部門の賃金に追いつくことがある。途上国の公務員の給料は民間より安いため、何らかの形で所得を補填しなければ、公務員とその家族は暮らしていけない現実がある。こうして賄賂を受け取る潜在的な需要が生まれる。

他方途上国では、冒頭に書いたように、政府による許認可が非常に些細なことまで多岐にわたることが多い。例えば工場に電気を引くには、先進国では地域の電気供給会社と契約を結ぶことだけですむのに対し、途上国では、政府の複数の役所からの認可を要する場合がある。また、一般に途上国で

---

[3] Bates (1981) はアフリカ諸国の政府の農業政策における収奪的側面を描いている。峯 (1999) も参照のこと。

は、ライセンスや低利融資、補助金や関税免除などを通じて政府が資源配分を決める制度が多い。このような政府による過度の規制が、賄賂を払ってでも許認可をスムーズに進めたり、特別の保護を得たりしようとする人々による賄賂の潜在的供給を生み出す。

両者の利害関係が一致したときに賄賂が授受される。このような賄賂がよくないことだ、ということに誰しも異論はないであろう。汚職公務員は彼らが供給する財の所有権（あるいは供給する財・サービスを生み出す資源の所有権）を正式に与えられているわけではないのに、あたかも所有者であるがごとくに、それら財・サービスから生み出される所得を自分のものにしている。本来のその財の所有者は国民であり、その同意を得ずしてその所有権が実質上、汚職公務員に移転されてしまうのであるから、これは窃盗行為である。

12.2. ガバナンスの程度を測る

指標①：実感汚職指数

さて、国民の意思と国家の機能の整合性をガバナンスと呼んだのであるが、どの国はガバナンスがよく、どの国は悪い、といったような比較ができるだろうか。ガバナンスという言葉で包摂される国家の責任領域は広い。ガバナンスは、裁判所に代表される司法制度の未整備、議員や大統領選挙の公正性、政策の妥当性から、その政策を実行する機能性などにかかわり、しばしば行政を意味する「政府」の守備範囲を超える、国家の役割に相当するからである。この広い領域は多くの場合公務員によってカバーされているが、その個々人の能力や意欲、責任感や行動様式は一国内でも千差万別であり、これを多国間で比較することが困難なことは自明である。

このガバナンスの程度を測ろうとする初めての試みが、1995年、ドイツに本部を置く Transparency International[4] という NGO によってなされた。この NGO が作成しているのは**実感汚職指数**（Corruption Perceptions Index）と呼ばれ、ガバナンスの中でも汚職の側面に絞った指数である。2015年の指

数は11の機関が行った12の調査を総合して作成されたスコアである。このスコアは０から100の間に分布し、０に近い方がより汚職が多く、100に近い方が汚職が少なくなるように加工されている。

　実感汚職指数は、ビジネスマン、学者、アナリスト等の、各国の汚職度に関する主観的な判断を求めた12の調査を総合したものであり、「調査の調査」という意味で２次資料である。また、客観的指標に基づくのではなく、調査対象の人々の主観に基づいている。主観的判断には個性が反映されることから、通常、統計としては客観的指標の方が好まれる。しかし汚職の可能性のある分野は多岐にわたることから、汚職の客観的な指標を作成することは非常に困難である。また、各国に対して民間企業がどれだけ広範囲に経済活動を進めるかを決める基準の１つとして、実際にそれぞれの国々で経済活動を行う人々の主観が一定の役割を果たすことは確かであるから、各国の汚職度を測るうえでは主観的指標が大きな意義をもつと考えられる。

　実感汚職指数作成の対象となる国は、12の調査のうち最低でも３つの調査対象となった国である。2015年の実感汚職指数が得られる国のうちで上から５位までの国（６か国）と下から10位までの国（11か国）を表12-1に挙げた。上位にランクされた国々は北欧諸国が多い。ちなみに米国は16位、日本は18位である。下位にランクされた11か国のうち６か国がアフリカの国である。章の冒頭で汚職の多い国の例として挙げたバングラデシュは、139位となっている。バングラデシュは、2001年に初めてこの表に登場し、最下位に座った。その後、順位が幾分上がり、下位10か国からは卒業している。バングラデシュでの汚職の具体例としては Rashid and Rahman（1998）、延末

---

[4] Transparency International とは、各国政府の対外的な説明責任（accountability）を喚起し、各国内および国際的な汚職の減少を目的とした国際 NGO である。National Chapter と呼ばれる各国支部と協力して汚職の撲滅に取り組んでいる。資金提供者としては、各国政府機関（アイルランド、アメリカ、イギリス、エストニア、オーストラリア、オランダ、スイス、スウェーデン、デンマーク、ドイツ、ニュージーランド、ノルウェー、フィンランド、ブータン、マレーシア、モーリタニア）、国際機関（EU、国連開発計画、米州開発銀行等）、財団等が名を連ねている。詳しくは Transparency International のホームページ（http://www.transparency.org）を参照のこと。

表12-1 実感汚職指数（2015年）

順位	国名	スコア
1	デンマーク	91
2	フィンランド	90
3	スウェーデン	89
4	ニュージーランド	88
5	オランダ	87
5	ノルウェー	87
158	ハイチ	17
158	ギニアビサウ	17
158	ベネズエラ	17
161	イラク	16
161	リビア	16
163	アンゴラ	15
163	南スーダン	15
165	スーダン	12
166	アフガニスタン	11
167	朝鮮民主主義人民共和国	8
167	ソマリア	8

出所：Transparency International の Web サイト
(http://www.transparency.org/cpi2015#downloads)。

(1999)、山形（2001）等を参照されたい。

指標②：世界銀行の国別政策・制度評価（CPIA）指数

　実感汚職指数が公表されるようになってから、いくつかの機関がガバナンス指標を作成している（国際協力機構国際協力総合研修所2008、第4章）。その中でも、参照される度合いが高いのが、世界銀行のグループ機関の1つで、開発途上国の中でも、より条件の悪い国に対して譲許的融資や贈与を行っている国際開発協会（International Development Association：IDA）が作成している国別政策・制度評価（Country Policy and Institutional Assessment：CPIA）指数である（目黒 2003）。

　IDA はどの国に対して、どのぐらいの額をどのような条件で融資・贈与するかを決めるために、対象国の援助受け入れ能力（absorptive capacity）を評価する必要がある。援助受け入れ能力の中の1つの重要な要素が、公的部門のガバナンスである。

　具体的に述べれば、表12-2の左の列に、CPIA 指数に算入される16の項

目が列挙され、整理されている。経済運営に関する3項目（マクロ経済運営、財政政策、公的債務政策）、構造政策に関する3項目（貿易政策、対金融部門政策、民間部門の規制・競争環境）、社会的包摂性・公平性のための政策に関する5項目（ジェンダー平等、公的資源利用の公平性、人的資源構築、社会的保護と労働、環境の持続可能性のための政策・制度）、および公的部門の運営・制度に関する5項目（財産権とルールに基づくガバナンス、質の高い予算・財政運営、歳入獲得の効率性、質の高い行政、公的部門における透明性・説明責任・汚職）に関しそれぞれ、最高6点、最低1点の間で採点がなされる。0.5ポイント刻みの11段階評価で、中位値は3.5である。それらを4つの中項目ごとに平均し、最後に4つの中項目の点数のさらに平均を取った数値を「資源配分指数」と呼んでいる。資源配分指数は、援助受け入れ国の政策・制度環境の良さを表しており、この数値が高い国には、より多くの援助を与えても、吸収が可能で、援助効果が上がると考えられている。より狭義には、中項目の「公的部門の運営・制度」の5つの項目を「ガバナンス指標」として用いることもある。

　IDAは、後発開発途上国（Least Developed Countries：LDCs）[5]等、不利な条件を多く抱えた国々を支援対象としているが、表12-2によれば、IDA対象国は全体として、政策や制度に関しても問題を抱えている。というのは、中項目のABCDすべてにおいて、数値が中位値である3.5を下回っているからである。より具体的に、世界のいくつかのIDA対象国のCPIA指数を検討しよう（表12-2を参照）。

　ミャンマーは、経済運営の評価こそ高い（3.67）ものの、構造政策、社会的包摂性・公平性、公的部門の運営・制度については、評価が低い。ネパールは、社会的包摂性・公平性については高い評価が与えられている。2011年に独立した南スーダンは、すべての面で改善が望まれている。マリとハイチは、経済運営については比較的高い評価が与えられているものの、その他は押しなべて低い。一方サモアには、すべてにおいて高い評価がついている。

---

[5] LDCsという略語は以前は開発途上国全体を指すLess Developed Countriesの略語として用いられていたが、近年は後発開発途上国のみを指す場合が多い。

表12-2　いくつかの国における IDA 国別政策・制度評価 (CPIA) 指数の内訳 (2015年)

地域	IDA対象国計	ミャンマー 東アジア	ネパール 南アジア	南スーダン 東アフリカ	マリ 西アフリカ	ハイチ カリブ海諸国	サモア 大洋州
A.経済運営	3.32	3.67	3.17	1.50	3.83	3.50	4.17
マクロ経済運営	3.48	3.50	3.00	1.50	4.00	4.00	4.50
財政政策	3.13	3.50	3.00	1.50	3.50	3.50	4.50
公的債務政策	3.34	4.00	3.50	1.50	4.00	3.00	3.50
B.構造政策	3.26	2.83	3.50	2.17	3.50	3.00	3.83
貿易政策	3.78	3.50	3.50	2.00	4.00	4.00	4.50
対金融部門政策	2.89	2.50	3.50	2.50	3.00	3.00	3.50
民間部門の規制・競争環境	3.11	2.50	3.50	2.00	3.50	2.00	3.50
C.社会的包摂性・公平性のための政策	3.28	2.80	3.80	2.10	3.20	2.70	3.80
ジェンダー平等	3.31	3.00	4.00	2.50	2.50	3.00	3.50
公的資源利用の公平性	3.36	2.50	4.00	2.00	3.50	3.00	4.50
人的資源構築	3.60	3.50	4.50	2.50	3.00	3.00	4.00
社会的保護と労働	2.97	2.50	3.00	1.50	3.00	2.00	3.50
環境の持続可能性のための政策・制度	3.17	2.50	3.50	2.00	4.00	2.50	3.50
D.公的部門の運営・制度	3.06	3.00	3.10	1.70	3.00	2.40	4.10
財産権とルールに基づくガバナンス	2.89	2.50	3.00	1.50	2.50	2.00	4.00
質の高い予算・財政運営	3.16	3.50	3.00	1.50	3.50	2.50	4.00
歳入獲得の効率性	3.45	3.50	3.50	2.00	3.50	2.50	4.50
質の高い行政	2.91	2.50	3.00	2.00	2.50	2.50	4.00
公的部門における透明性、説明責任、汚職	2.88	3.00	3.00	1.50	3.00	2.50	4.00
資源配分指数（A～Dの単純平均値）	3.23	3.08	3.39	1.87	3.38	2.90	3.98

注：すべての指数は、最高が6点、最低が1点の間の値を取っている。刻みが0.5ポイントなので、中位値は3.5である。
出所：世界銀行 CPIA の Web サイト（http://data.worldbank.org/data-catalog/CPIA）。

　図12-1は、別の IDA 対象国の CPIA 指数（資源配分指数）の時系列的推移を示している。ラオスやルワンダの指数が目に見えて改善している一方で、ボリビアの指数は落ち込み、バングラデシュ、イエメン、ギニアについては、2005年から2015年までの間、3.5を下回る値に低迷していることが分かる。

　CPIA は世界銀行の職員が、援助対象国を格付けする目的で作成されており、当初は外部に公表されていなかった。しかしその後、世界銀行運営の透明性の観点から、2005年より公表を始めたものである。評価は世界銀行職員の主観に拠っており、客観性を欠いているともいえるが、IDA 対象国全体

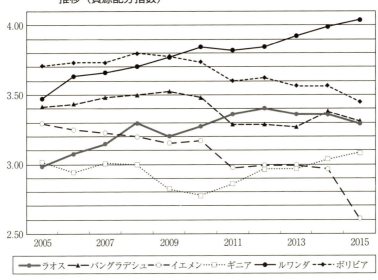

図12-1 いくつかの国におけるIDA国別政策・制度評価(CPIA)指数の推移（資源配分指数）

出所：表12-2と同じ。

をカバーしており、16項目の数値が時系列的に得られることから、低所得国のガバナンス指標として、引用されることが多い。

12.3. 賄賂と資源配分

さて、話をまた汚職に戻そう。賄賂が、公的財産から私的な利益を得るという意味で窃盗行為だということはわかったのであるが、それは賄賂が非効率的な資源配分を導くことを必ずしも意味しない。賄賂を価格シグナルとした配分はどのような特徴をもっているのだろうか。

第1に、汚職公務員が数多く存在し、政府の財・サービスを消費者に対して完全競争的に供給するという場合を考えてみよう。この場合、賄賂がその財・サービス供給に関する競争価格として機能し、最も高い賄賂を払う用意のある消費者から順にその財・サービスが供給されるのであれば、その財・

サービスの資源配分は効率的でありうる（Bardhan 1997）。それら財・サービスを最も効率的に供給できる公務員が、より多くの顧客を得ようとして低い価格（賄賂）を提示する一方、その財・サービスを最も必要とする顧客が高い賄賂を払おうとしたならば、賄賂を通じた競争的な市場取引において、その財・サービスの必要度の高い顧客と生産効率の高い公務員が取引を成立させるからである。したがって、税金で公務員の所得を賄い、公務員の労働効率にかかわらず一定額の料金で公共の財・サービスを供給するシステムより、「賄賂均衡」の方が完全競争均衡に近いので、資源配分の効率がより高い可能性がある。

第2に、汚職公務員による所有権の移転は、公務員が供給する財・サービスの配分効率性を阻害するとは限らない。ある一定の条件が満たされれば、所有権の設定方法は配分効率性に影響を与えないという主張は「コースの定理」として知られている[6]。汚職公務員が国民の資産を盗んでいる、ということ自体は紛れもなく大きな問題であるが、それは配分効率の高低には影響しないかもしれないのである。例えば、公共サービス供給に参入する人（上の例では汚職公務員）に政府がそのサービスを供給する権利を売り渡し、その代わりにそれまで賄賂と考えられてきた公共サービス料金徴収を合法化した方が、税金で公務員の給料を賄う場合に比べて、より良質なサービスが安く供給されるかもしれないのである。

以上の2つの論理は、政府による過度の規制が存在する国において賄賂が資源配分を損なわないどころか改善させる可能性を示唆している。しかし賄賂の特徴をもっと詳細に検討すれば、この2つの論理を支える想定が適切でないこと、つまり賄賂が資源配分の効率を下げる可能性が高いことがわかる。

第1に、汚職は国民全体が得るはずの所得を一部の公務員が獲得することであるから、秘密裡に行われなければならない。露見して罰を受けることを避けるために汚職公務員は秘密が露見しやすい財・サービスの生産活動か

---

[6] 多くのミクロ経済学の教科書でこの定理の説明がなされている。例えば奥野・鈴村（1988）、pp.281-283を参照のこと。

ら、露見しにくい財・サービスの生産活動に生産の重点を移そうとする。これによって配分効率が損なわれる可能性がある (Shleifer and Vishny 1993)。例えば、瓶にラベルを貼る機械をある途上国が先進国からの政府開発援助を用いて購入するとしよう。非常に簡単な技術を用いた安い機械を大量に購入するという選択肢と、進んだ技術を用いた高い機械を少量購入する選択肢があるとする。前者の機械は広く用いられているので、性能、価格についてはよく知られている。後者の機械はあまり用いられていないので、その機械のことを知る者はその国に少ない。このような場合に、どちらの機械を輸入するかということについて決定権をもつ公務員には、後者の高い方の機械を買って、業者に賄賂を要求するという誘因がある。なぜなら後者の機械については誰もよく知らないので、値段をごまかしたとしても露見しにくいからである。同様な理由から、援助担当の公務員が教育や保健関係の支出より大規模インフラストラクチュアや軍事関連の支出を好む可能性がある。特に軍事関連の支出は、それが機密事項であるという理由で、情報を秘匿することが容易である。

第2に、公共サービスの公務員による提供は、二重の意味で競争的でない。まず上に挙げたように汚職は秘密裡に行われなければいけないから、担当公務員の間で完全競争がなされるはずがない。さらには、公共サービスを供給する部局は通常1つであって、省庁間の直接の競争を避けるようになっている。例えば、途上国ではある地域に電力を供給する会社、関税を徴収する政府機関はそれぞれ1つずつであり、それらの会社に競争相手はいないのが普通である。このような場合には、公共サービスを独占的に供給する省庁や公企業の担当者が、それらのサービスの価格に転嫁される賄賂をつり上げることができる。つまり独占によって資源配分の効率が阻害されるのである。

さらには、汚職が住民の不公正感を高め、政府に対する信頼を著しく下げることが、資源配分に悪影響を与えることも考えられる。所有権に代表される経済取引のルールが確立していることは、完全競争下で資源配分が最適となるための必要条件である。汚職が多いために誰も政府の決めた法律やルールを守ろうとしなくなれば、この基本的条件が崩れてしまうかもしれない。

12.4. ガバナンスを改善するために

では公務員の汚職を減らしてガバナンスを包括的に改善するためには、どんな対策がありうるのだろうか。前節の問題点の第1に挙げられたのは、公務員の仕事のいくつかは、その詳細が外部から見て明らかでなく、それゆえに公務員がそのような仕事を通じて賄賂を得るということであった。このような点から、公共機関をガラス張りにして、公共サービス供給の過程で何が起こっているのかを国民すべてが知ることのできるように、公共機関の制度を変革することが求められている。これは制度の**透明性**（transparency）を高めることと言い換えることができる。また、国民が公共サービスに関して政府に説明を求めた場合に、政府は実情を包み隠さず説明することが求められている。この要請は**説明責任**（accountability）と呼ばれている。さらには、公務員が国民の目をごまかすことが難しくなるように、制度自体を簡素化したり種々の規制を緩和したりすることも重要である。このような趣旨から近年では途上国においても輸出入制度、関税制度の簡素化が進められている他、複雑な租税制度を廃して原則として付加価値に対して一律の税率を適用する**付加価値税**（Value Added Tax：VAT）制度の導入が進められている（北野 1998）。

問題点の第2に挙げられたのは、公共サービスの供給が1つの省庁・公企業内の1つの部署・担当者に独占される傾向がある、ということであった。この問題を改善する対策として、1つのサービスを複数の政府機関に供給させることが考えられる。サービス利用者が、複数の政府機関の中からそれぞれにとって最善の政府機関を自分で選ぶことにより、政府機関の間での競争が生まれるからである（Bardhan 1997；Rose-Ackerman 1998）。また、政府機関が供給する必要のない財・サービスは民間企業が供給するという形で**民営化**（privatization）を進めることの必要性も、いまや開発途上国における共通認識になっている。どちらの場合も、政府による財・サービスの供給方式をより完全競争に近い形に変更しようという試みである。

しかし、いうまでもなくガバナンスの改善は容易なことではない。ガバナ

ンスの改善に資すると思って採られた対策が、意図通りの結果を生まない可能性もある。例えば、公企業民営化の一環としてしばしば公共支出の削減がなされ、公務員の給与の伸びが抑制されたり据え置かれたりするが、賃金を低く抑えておくことによって、勤労意欲が殺がれて公務員の労働効率が落ちたり、汚職が増えたりする可能性がある。労働者の努力が周囲から完全には観察されず、希に職務怠慢や汚職が見つかった場合にのみ、その労働者が解雇されるようなモラルハザード均衡においては、高い賃金が解雇される場合の遺失利益に相当するので、高賃金は職務怠慢および汚職を抑制する効果をもつ (Shapiro and Stiglitz 1984)。このような均衡が成立している場合には、公務員給与の抑制によって汚職が増える可能性がある。このことから、公務員の労働意欲を保ちつつ汚職の誘引を減らすためには、どんな給与支払方式であるべきかという課題が重要視され、研究が進められている (Bardhan 1997, pp.1339-1341)。

また、ある国の汚職を改善することを目的として、マス・メディアなどが汚職の実態を多くの人々に知らしめる努力がしばしば試みられるが、この努力が逆効果となり、反対に汚職を助長してしまう可能性もある。というのは汚職には、「周囲の皆が汚職していると思っていれば、自分も汚職をしたところで罰せられる可能性は小さかろうと思い汚職に走り、その反対に周囲が皆汚職をしていないと考えれば、自分だけが汚職すれば厳しく罰せられるかもしれないと思って汚職を思い止まる」といったような、複数均衡が成り立ちやすいという性質があるからである (Bardhan 1997, pp.1330-1334)。インドの初代首相のネルーはこのことに早くから気づき、「社会全体が汚職にまみれている」という意識が人々の間に蔓延するのを恐れて、ただただ闇雲に汚職の実例を報道することに警告を発していたという (Myrdal 1968, pp.940-942)。

これらのことからも、途上国において汚職を減らし、政府機構を効率化するのは容易でないことがわかる。しかし思い返してみれば日本も長年にわたり汚職の問題や公務員の仕事の効率性の問題を、指摘されては変革を試みるといった繰り返しを続けて徐々にガバナンスを改善してきたという歴史をもつ。先進国の汚職防止、政府機関の効率化の際に行われてきた試行錯誤の経

験を活用することで、途上国がより短期間のうちに先進国より急速にガバナンスを改善することを期待したい。

12.5. 開発援助の潮流変化

　第9章で述べたように、近年の開発援助は、世界全体で進行している公共部門の効率化重視という要因から、以前にも増して、より厳しくその成果を問われるようになってきている。主要援助国は特に1990年代後半から国連、OECD等の場で政府開発援助のあり方について議論を続けてきた。先進国と開発途上国が、前者から後者への援助を通じてどのような世界秩序を構成していくか、また、先進国を中心とするドナーが、政府開発援助に関する規律をどのようにして形成し、維持していくか、という課題への取り組みは、世界的規模のガバナンス（global governance）の一環である。本節では、開発援助の効果向上のための取組を、（1）目的の明確化、（2）手続きの共通化、（3）債務救済、という観点から整理する。

(1)　目的の明確化：PRSP、ミレニアム開発目標と持続可能な開発目標

　2000年に新しい千年紀（ミレニアム）に入ると、国際開発の効果を上げるために成果主義（result-based management）を導入すべきであると考えられた。それまで、国際開発を含むあらゆる公的活動は、民間の事業と異なり、目標が曖昧で、しかも成否に応じた賞罰がないため、目標達成のための動機づけが不十分であったと解釈された。これらの問題点を正すために国連は、第9章で紹介したミレニアム開発目標（MDGs）を定めた。8つのミレニアム開発目標には、それぞれ明確な数値目標（ターゲット）があり、その数値を測るためのデータも広範に収集され、達成期限は2015年と定められていた。例を挙げれば、ゴール1のターゲットの1つは「2015年までに、貧困者比率を、1990年の値の2分の1以下にする」というものであった。

　このMDGsを、各援助受け入れ国に適用したのが**貧困削減戦略文書**（Poverty Reduction Strategy Paper：以下PRSPと略）であった。当時、MDGs

と貧困削減は、ほとんど同義語と捉えられていた。MDGs の対象期間中、ほとんどの LDCs が PRSP を作成していた[7]。というのは、PRSP の作成が、いくつかの国際機関の援助や債務削減の条件とされていたからである。具体的には、IDA による譲許的融資、IMF の貧困削減成長ファシリティ（Poverty Reduction and Growth Facility：以下 PRGF と略）による融資の前提条件の1つが、PRSP の作成であった。また PRSP の作成は、重債務貧困国（Heavily Indebted Poor Country：以下 HIPC と略）がいわゆる「HIPC イニシアティブ」（後述）によって債務削減を受ける前提条件ともされていた（国際協力事業団国際協力総合研修所 2001、第2章；牧野他 2001）。

PRSP には、それぞれの開発途上国において MDGs を達成する具体的な計画と、そのセクター別の行動計画、およびその実施経過をモニターする方法が記載されている。PRSP は各国が、援助国・国際機関の支援を得つつも、みずからが貧困削減を実行する主体であるとの自覚（**オーナーシップ：ownership**）[8]をもち、各国の事情を考慮して作成することを想定している。その一方で PRSP は、各国で策定された後、世界銀行や IMF が共同で評価を行い（Joint Staff Assessment）、そこで承認が得られて初めて IDA 融資や PRGF 融資が実行される仕組みである。したがって世界銀行や IMF の監視が効いており、MDGs 達成の進捗が芳しくなければ、PRSP が世界銀行や IMF に承認されずに IDA 融資や PRGF 融資が得られない、さらには HIPC として認められずに債務削減を受けられない、といったペナルティが、実行上課されることになる。このように MDGs は、各援助受け入れ国の PRSP 策定と履行を通じて、国際開発に成果主義を適用していた（山形 2003b）。MDGs や、そのターゲット、数値目標が広く関心を集めたのは、達成する

---

[7] 世界銀行のサイト Poverty Net の「Country Papers and JSANs/JSAs」のページを参照のこと。JSANs、JSAs はそれぞれ、IMF/World Bank Joint Staff Advisory Notes、Joint Staff Assessments を意味している。

[8] 援助の受益対象となる人々が、みずからが開発の主役であると意識しつつ、主体的に参加することは**参加型開発**（participatory development）と呼ばれる開発哲学の根幹である。PRSP におけるオーナーシップは、この論理のもとに主張されていると言える。参加型開発については Chambers（1997）等を参照のこと。

ためのインセンティブが効いていたからであった、と考えられる。

2015年9月に開催された国連総会において、MDGs の後継の世界的開発目標として「持続可能な開発目標」（SDGs）が採択された。第9章に示したように SDGs は、環境問題等を貧困削減に接合したため、その目標の数は17に増加し、17の目標を達成するための数値ターゲットは169に及んでいる。PRSP を媒介として、IDA 融資や PRGF 融資、債務削減と結び付けられていた MDGs と異なり、SDGs には、達成のための実利的なインセンティブが用意されていない（山形 2015a）。したがって、SDGs 達成への推進力は、MDGs の場合より弱いと考えられる。

(2) 手続きの共通化：援助協調

援助の効果（aid effectiveness）を上げるためのいま1つの取り組みは、援助受け入れ国側に生じる調整費用を、できるだけ援助供与国側が肩代わりしよう、というものである。

援助供与国や援助機関、援助団体（NGO 等）を総称してドナー（donor）と呼ぶが、ドナーの増加に、援助受け入れ国の援助吸収能力の拡大が追い付かなくなることが多くなった。それぞれのドナーが、別個の援助手続きを援助受け入れ国に求めたり、別々の時期に視察団を派遣したりすることによって、援助受け入れ国側の手間や人件費の増加が無視できなくなり、このようなドナーの増加は「援助の集中砲火」（aid bombardment）として問題視された（高橋 2001b）。そこで OECD の援助供与国グループである DAC が「援助協調」（aid coordination）という新しい方針を打ち出した（山形 2015b, pp. 179-181）。

OECD-DAC は2003年にローマで、この問題についての初めての閣僚級会合を開催し、2005年に開催した第2回会合「援助効果向上ハイレベルフォーラム」において「援助効果向上にかかるパリ宣言」が合意された。パリ宣言には、①援助受け入れ国主導（ownership）、②援助受け入れ国の政策・制度への整合（alignment）、③ドナー間の援助手続きの「調和化」（harmonization）、④成果主義の採用（management for development results）、⑤相互説明責任（mutual accountability）、の5つの原則がある。中でも、②は

ドナーが援助受け入れ国の政策・制度に合わせた政策・制度を採用することを意味し、③はドナー間で、援助手続きを共通化することを意味している。いずれも、援助受け入れ国側の調整費用をドナーが負う、という新しいアプローチである。

　援助受け入れ国における援助プロジェクトやプログラムの実施に際し、②「整合」と③「調和化」のための現実的な取り組みの1つがセクター・ワイド・アプローチ（sector-wide approach：以下SWApと略）である。sector approachまたはsectoral approachと呼ばれることもある（Cassels 1997；原田 2000；高橋 2001a, b）。SWApとは、援助受け入れ国の主要セクター（保健、教育等）の開発に関して、受け入れ国政府の実施担当者主導のもと、1つのセクターの開発に関わるすべてのドナーが一堂に会し、援助受け入れ国の政策・制度に整合的で、ドナー間で共通の枠組みや手続きについて合意することによって、援助受け入れ国の調整費用を最小化するアプローチである。そしてSWApの1つの発展形として、**コモン・バスケット**方式がある。これは複数のドナーが、援助方針や手続きを共通にするだけでなく、予算も共通にする、というアプローチである。これはすでに援助受け入れ国の投資支出のみならず経常支出（公務員の人件費等）に対しても財政支援（budget support）という形で資金援助を行っている英国や北欧諸国が強く推し進めたもので、1つの口座（多くの場合は世界銀行の口座）にそのセクター向けの複数のドナーの援助を振り込み、その総額を援助受け入れ国政府に対して支出する方式を取る。しかし援助協調は、より優れた援助哲学をもっているという自負がある一方、相対的には少額のODA供与に留まっている国（具体的には北欧諸国）が推進する傾向にあり、多額のODAを供与している国（具体的にはアメリカや日本）は、他ドナーと一緒にされて自国の存在感が薄れることから難色を示す傾向にあった（山形 2007）。さらには、SWApを強く推進してドナーの足並みが揃い、意見が統一されてしまうと、援助受け入れ国とドナーの見解の相違があった場合に、対立が先鋭化することがあった[9]。またこの間、中国を始めとする、「OECD-DACメンバーではない新興ドナー」の存在感が高まり、これら新興ドナーはSWApに参加しなかったことから、OECD-DACドナー中心の援助協調枠組の、援助受け入

れ国にとっての重要性が下がることとなった（近藤他 2012、下村他編 2013）。

　新興ドナーに加えて、ゲイツ財団（Bill and Melinda Gates Foundation）に代表される民間セクターの国際開発における重要性が増していることから、2011年に釜山で開催された第4回「援助効果向上ハイレベルフォーラム」においては、政府開発援助の効果向上という方向性が薄れ、「開発協力」（development cooperation）という名のもとに、ビジネス部門やNGOをも動員した開発効果（development effectiveness）の向上が指向された（Kharas et al. 2011）。この方向性は日本の国際協力政策にも反映されており、2015年に政府開発援助（ODA）大綱が、開発協力大綱に置き換えられた。開発協力大綱は、中央政府以外のアクター（ビジネス部門、NGO、地方自治体等）の「開発協力」への参加を促している（Yamagata 2016, Figure 1）。

　中国はアジアインフラ投資銀行（Asia Infrastructure Investment Bank：AIIB）を2015年に設立し、国際開発におけるプレゼンスをさらに高めている。今では政府開発援助を巡るグローバル・ガバナンスを、中国の存在抜きに語ることはできなくなっている。

(3) 債務救済

　政府開発援助の中でも、インフラ建設等の目的で資金供与を行う場合には、用立てる額が大きくなるので、資金調達の容易さという観点から、資金供与が贈与でではなく、借款によってなされることが多い。この借款は、返済利子が低く、返済期間が長く、返済猶予期間も長いという意味で、援助受け入れ国にとって有利な借款であるが、それでも政治・経済的なさまざまなリスクに開発途上国が直面することから、当初の契約通りの返済ができず、

---

[9] バングラデシュの保健セクターについては、2000年前後に、保健家族福祉省における保健予算と家族計画予算の一本化をドナーが主張したが、バングラデシュ政府側が、それぞれの予算を導く収入源が異なることから難色を示し、両者が膠着状態に陥った（World Bank 2003, pp.51-54）。

債務が累積してしまうことがある。企業間の金融取引の場合と同様に、負債が積み上がり過ぎると、その返済のための支出がかさみ、本来の事業実施に支障をきたすことがある。そのような状況下では、（全額または部分的な）債務救済（貸し手にとっては債権放棄）が、貸し手にとっても有益な場合がある。同じ論理が国家債務（sovereign debt）にも適用される。

戦後、開発途上累積債務国の債務救済（債務削減）はしばしばケース・バイ・ケースで行われてきたが、1980年代後半から債務国の救済要請が増加したことから、対象や条件などについての統一した枠組み（スキーム）がいくつか取り決められ、それらのスキームに基づいて債務救済が実行されてきた。1990年代後半からの債務救済においては特に重債務貧困国（HIPC）に焦点が当てられ、HIPCイニシアティブ（1995～96年）、拡大HIPCイニシアティブ（1999年）に基づいて債務救済を行うことが合意された。前述のPRSPの作成は拡大HIPCイニシアティブのスキームにおいて、債務国が債務救済を認められる場合の要件の1つとされた（国際協力銀行開発金融研究所 2001、pp.552-559；国際協力事業団国際協力総合研修所 2001；牧野他 2001）。

債務救済は、重債務国を債務から解き放つという救済の側面のみならず、債務を減らして債務国を身軽にすることにより、債務国が新規のプロジェクトに真摯に取り組む意欲を喚起するという生産的な側面をも有している。というのは、債務が膨大だと、新規に収益性の高いプロジェクトがその国に存在したとしても、その収益のほとんどが債務支払いに消えてしまうので、収益性の高いプロジェクトを真摯に実行するインセンティブが債務国にないと考えられ、そのような場合には重債務が生産インセンティブ構造を歪めてしまっている可能性があるからである。このように重債務が生産インセンティブを大きく損なわせる問題は**デット・オーバーハング**（debt overhang）として知られている（Krugman 1988；Sachs 1989；浜田 1996、pp.180-184；中村 2003）。この点からいえば、債務国のみならず債権国の立場から見ても債務の帳消しが生産的でありうる。1989年3月に米国のブレイディ（N. F. Brady）財務長官が提案したブレイディ・プランはこのような考えに基づくものであり、債務救済を前向きなものとして検討する指向性はその後も続い

ている。1996年に開始され、教会関係者やロック・グループU2のBono等を巻き込んで、2000年までに最貧国の債務帳消しを先進国に求めた国際運動であるJubilee 2000キャンペーンの主張の経済理論的背景は、このデット・オーバーハングに求められる[10]。2005年のグレンイーグルス・サミットの際には、最貧国が先進国に対して負っていた二国間債務のみならず、世界銀行やIMFといった多国間開発銀行に対して負っていた債務も帳消しにすることが合意された。

　もちろん債務削減が常に生産的なわけでもなく、問題がないわけでもない。特に債務国にとって最も大きな問題は、いったん債務削減が実行されてしまうと、旧債務国に対して新たな融資が行われにくくなることである（浜田 1996）。一度債務削減が行われてしまうと、「将来、同様の条件下では再び債務削減が行われるのではないか」と、旧債務国も旧債権国も予想してしまう。旧債務国は債務削減を期待して、そうでない場合には手を出さないような危険なプロジェクトに着手したり、プロジェクトをそうでない場合よりは誠実に実行しなかったりする誘因がある。これは第5章で説明した逆選択、モラルハザードの問題そのものである。問題は、それにもかかわらず安全なプロジェクトを選び、そのプロジェクトを誠実に実行する旧債務国があったとしても、旧債権国は「旧債務国が危険なプロジェクトを選び、不誠実に実行する可能性が高い」と思っているので、債務削減の対象となった国への新たな融資を渋ると考えられることである。いうなれば、債務削減は一種の手切れ金になりかねない。債務帳消しは通常の企業間の取引関係でいうところの破産である。破産により、所有している資産では払いきれない債務が帳消しになる代わりに、銀行は通常その企業の責任者との銀行取引を停止するというペナルティを課す。銀行の目から見れば、債務削減を受けた国に、少なくとも当分の間は融資を行わないことは、銀行の通常の取引慣行に合致する。

　このように債務削減は、デット・オーバーハング問題を取り除くことによ

---

[10] Bonoの開発途上国の債務削減への積極的な取り組みについてはTyrangiel（2002）を参照。

り債務国の生産活動を好転させ、残った債務に対する支払いがより円滑になる可能性とともに、それによって新たな融資がストップし、そうでない場合よりも債務国への資金流入が減る可能性を秘めている。いずれにしても債務削減にHIPC開発の万能薬としての過大な期待をかけるわけにはいかないことは明らかである。

12.6. おわりに：開発援助とガバナンス

　政府が強大な権力者ではなく、国民の意思の代弁者であるならば、さまざまな国民のさまざまなニーズに、できるだけ少ない費用で応えていることが求められる。これを一言で表現したのが「良いガバナンス」に他ならない。政府開発援助はその出し手はもちろんのこと、受け手も多くの場合は各国政府である。政府開発援助についても、それが出し手の国の国民の意図を反映しているか、また受け手の国の福祉の向上に貢献しているかどうか、常に確認しながら進められなければならない。そのために有効なチェック・ポイントや援助形態が考案され実施に移されている。おそらくそれらのいくつかが成功した結果として、一部の開発途上国は経済的な発展を遂げ、中進国となったり、ドナーに転じたりした。ガバナンス向上と援助効果向上の方法を探る試行錯誤は現在も続いており、それらの有効性を見極めつつ、改良を加えていくことが必要である。

第13章　グローバリゼーションと途上国

　国境を越える、という言葉にはロマンがある。「国境を越えた」愛や友情はしばしば映画や小説のテーマになる。「世界から国境をなくしたい」という志をもって国際金融機関や商社、NGOで働く人々もいる。国際NGOである「国境なき医師団[1]」は医療を中心とする人道援助活動が評価されて1999年にノーベル平和賞を受賞した。ジョン・レノンはその代表作である「イマジン」で、「国による区別がなく、世界が1つであるような未来」を夢見て歌った。

　国境は国と国との文化、民族、政治、社会、経済等の違いにもとづくすべての障害を象徴している。「国境を越える」とはそのような高くて厚い障害を乗り越えて、地球（the globe）全体に視野を広げることを意味している。物事が国の枠を越えて地球規模で進行することが**グローバリゼーション**（globalization）に他ならない。

　戦後、日本をはじめとする東・東南アジア諸国・経済やいくつかの中進国は、グローバリゼーションの利益を自国経済の発展に活用することに成功した。例えば表13-1に挙げた国々は1970年代以降に輸出のGDP比率を上げ、自国に対する海外需要を増やして所得を増加させるとともに、得られた外貨

---

[1] 国境なき医師団についての情報は日本語版ホームページ（http://www.japan.msf.org/）で得られる。

表13-1 急速に経済成長を遂げた開発途上国における輸出の対GDP比

国　名	1960	1965	1970	1975	1980	1985	1990	1995	1998	1999	2000
韓国	3.2	8.4	13.7	27.1	33.1	33.3	29.1	30.2	49.7	42.3	45.0
中国	n.a.	n.a.	1.8	4.2	7.6	10.0	17.5	24.0	21.9	22.0	25.9
フィリピン	10.6	17.2	21.6	21.0	23.6	24.0	27.5	36.4	52.2	51.5	56.3
インドネシア	15.0	5.5	13.5	24.0	34.2	22.9	25.3	26.3	53.0	35.2	38.5
タイ	15.7	16.5	15.0	18.4	24.1	23.2	34.1	41.7	58.7	58.5	67.0
メキシコ	8.5	7.6	7.7	6.9	10.7	15.4	18.6	30.4	30.7	30.9	31.4
チリ	13.5	13.6	14.6	25.4	22.8	28.1	34.6	30.5	26.8	29.0	31.8

出所：World Bank (2002b).

を用いて海外で開発された製品を輸入すること等を通じて、海外の技術を自国に導入した。このように輸出をてこにして開発を進める戦略は**輸出指向開発戦略**と呼ばれた（第1章参照）。

「国境を越える」というフレーズが素朴なロマンを醸しだし、かつまた輸出指向開発戦略を採用した経済が現実に目覚ましい経済発展を遂げたという実績があるにもかかわらず、「グローバリゼーション」という言葉が人々に警戒心をもって受け取られる場合がある。「グローバリゼーションは先進国による途上国の支配を強めるうえ、環境を悪化させる」と考える人もいる。またグローバリゼーションが惹起する輸入品と国産品、多国籍企業と地場企業の激しい競争は必然的に敗者を生むので所得分配は悪化する」との主張もある[2]。2016年6月の国民投票によって、イギリスのEU離脱が決まったが、その背景には、イギリス国民のグローバリゼーションへの懸念がある。同年のアメリカ大統領選挙の際にも、トランプ、クリントンの両候補が、米国民のグローバリゼーション懸念を意識して、環太平洋パートナーシップ（Trans-Pacific Partnership）協定（TPP協定）に反対した。

このように多くの人々がグローバリゼーションへの指向性とそれに対する

---

[2] 実はこの場合、企業は、消費者や労働者を獲得するために競争するので、消費者にはより安くて高品質の財・サービスが、労働者にはより有利な労働条件が提示されるはずなので、企業間の激しい競争は、通常は、消費者、労働者に有利に作用すると考えられる。グローバリゼーションの推進派と反対派の議論はDeardorff and Stern (2000) および *Economist* (2001b) に手際よくまとめられている。

疑いを併せもっている。これにはいくつか理由があるが、その1つは、グローバリゼーションが地球全体の生産効率化に資する[3]一方で、その効率化が一部の人々を利し、一部の人々を害することによる。損害を被る一部の人に対して利益を得る側の人々が十分な補償[4]を行うことができればグローバリゼーションは世界全体の人々の利益となるのであるが、それも自動的に保証されているわけではない。国境を越える際に課せられる人為的な障害を取り払い、世界のあらゆる種類の交流を活性化することを途上国の発展の契機とするためには何がなされなければならないかを考えるためには、グローバリゼーションがそれぞれの国にもたらす利害得失について整理する必要がある。グローバリゼーションに対する賛成論と反対論の論拠を明らかにすることは、どちらを支持する人にとっても意味のあることであろう。グローバリゼーションの功罪を明らかにすることにより、途上国の発展に資するためにグローバリゼーションがどうあるべきなのかを考えるのが、本章の目的である。

13.1. グローバリゼーションのメリット

グローバリゼーションには2つの側面がある。1つは、あらゆる意味での国際的な移動の制約が取り除かれることであり、これは交易の自由化を意味する。いま1つは、多くの人々が共通に用いる制度を同一にして便宜を図ることである。後者のメリット、デメリットは明らかである。制度が同一になれば異なるグループの人々の間の取引が容易になるという意味で全体的なメリットはあるが、統一される制度に合わせなければいけない側の人々は制度

---

[3] ここでは、グローバリゼーションがもたらす資源配分の効率化が世界の生産規模を拡大したとしても、それに伴う環境問題などの負の外部性の効果が非常に大きくはない場合を想定している。

[4] もちろんここで言う「補償」は簡単ではない。国内の成長産業に携わる人々から斜陽産業に携わる人々への資源移転や、利益を受ける国から損害を受ける国への国際的な資源移転（国際協力）など、さまざまな形態が考えられる。

変更の費用を負わなければいけないという意味でデメリットが生じる。

以下ではメリット、デメリットの構造がより複雑な交易の自由化の側面に絞ってグローバリゼーションの効果を論じる。

(1) 地球規模の効率化

交易の自由化という意味でのグローバリゼーションが生み出す第1の利益は、地球規模の効率化である。交易の自由化とはあらゆる事物が国境を越える際の障害が減少する結果、それらの事物の国際交流が進むことを指す。国境を越える事物には商業的な財・サービスのみならず資本や知識も含まれるし、出稼ぎや旅行といった形で移動する人間も含まれる。グローバリゼーションはどんな形であれ国境という名の障害を排するので、障害のある環境に比べてより大きな自由度が生まれる。これがグローバリゼーション推進論の最も根本的な論拠となっている（高山 1985、p.308）。消費者は国内のものに限らず、広い世界で利用できるものの中から自分が最も好むものを選択することができる。生産者は原材料の調達元や製品の販売先、知識の入手元を国内に限定する必要がなく、海外との取引がより自分にとって有利であれば海外取引を増やすことができる。消費者がより好ましい製品やサービスを選んだり、生産者がより生産的な生産方法や投入物を選択したりできるということは配分効率が上昇することにほかならない。このように海外取引の障害を下げて取引可能性を拡大することによる利益は**貿易の利益**と呼ばれる。

効率の上昇はグローバリゼーションによって取引の範囲が拡大することによって、規模の経済性（第7章を参照）が作用する場合には、より大きなものとなる。その1つの例はアイデア・知識のグローバリゼーションである（Rivera-Batiz and Romer 1991a, b）。第8章で言及したように、アイデアは性質として非競合性をもっているので、いったん開発されれば、理論上は世界の誰もが同時に使うことができる。しかしアイデアの伝播は自動的には起こらないのが普通であり、一般には財・サービスの国際取引が増えて初めてそれらの財・サービスに体現されているアイデアが世界に普及して利用されることとなる。経済の閉鎖性が強ければ知識も外から入りにくく、その知識が海外では既知であっても、それは自国では知られていないのでその知識を

得るためには自分たちで R&D 投資をして発明しなければならない。これは世界的に見れば R&D 投資の重複にほかならない。グローバリゼーションが進めば知識も各国間で迅速に伝播して R&D 投資の重複が避けられることになる。経済統合によって知識が迅速に伝播する範囲が広がることによって R&D 投資の効率が上がるという形で規模の経済が実現される。

ここで注意しなければならないのは、グローバリゼーションによって生じた消費の効率化の利益はすべての消費者にもたらされるが、生産効率化の利益はすべての人に一様に行き渡るわけではないということである。この点については後述する。

(2) 国際的な所得の平等化

グローバリゼーションが支持されるもう 1 つの理由は、それが同じ種類の生産要素をもつ人々の国際的な所得格差を縮めることである。労働や資本の移動が自由化された場合にはこの効果が明らかである。それぞれの生産要素の所有者は、それを用いて最大の所得を上げようと考えるのであれば、最も高い報酬を得られる場所にその生産要素を送ろうとするであろう。土地は物理的に移動できないことや、労働の場合には生産要素としての労働が移動する際にはその所有者も移動しなければならないことなど、いくつかの物理的問題はあるが、移動が起これば要素価格が均等化の方向に向かうのは明らかである。例えば労働者の場合には、外国で得られる賃金が十分に高ければ、故郷で慣れ親しんだ生活を犠牲にして海外に出稼ぎに行く人が多くなるであろう (第 6 章を参照)。

しかし土地や労働の例で明らかなように、一般には、物理的かつ制度的理由から生産物に比べて生産要素は移動しにくい。そこで伝統的に国際貿易理論は、生産要素が国際的に移動できない状況で生産物だけが国際的に自由に移動した場合に何が起こるかを理論的に分析することに力を注いできた。その結果得られた重要な結論の 1 つが、**要素価格均等化定理**である (木村 2000 等を参照)。この定理は、要素価格が異なる 2 つの閉鎖経済が貿易を始めたとき、生産要素が国際的に過度に偏在しておらず、かつまた生産可能な財が十分多様であれば[5]、両経済の間で生産要素がまったく移動しなくと

も、財の貿易を通じたそれぞれの経済の分業が生じることによって、両経済の要素価格が均等化する、というものである。つまり、生産物の移動が生産要素の移動の役割を代替し、生産要素移動がなくても生産物が移動することで要素価格が均等化するというのである。

このような要素価格均等化が起こる理由は、例えば他の生産要素に比べて多数の労働者を擁していて、貿易がなければ賃金が非常に低いレベルに留まってしまうであろう国が、貿易を行うことによって労働集約財の生産に特化することになれば、貿易前に比べて労働需要が非常に大きくなって賃金が上がるからである。貿易は、それぞれの国が**比較優位**[6]にある産業に特化して、比較劣位にある産業を他国にゆだねることを可能にするので、豊富に存在して価格が安い生産要素を集約的に用いることによって、その生産要素の価格を引き上げて他国の水準に近づけることができるのである。

もっとも要素価格均等化は常に成り立つことが保証されているわけではない。生産要素が国際的に偏在している場合には、財の国際移動があっても要素価格が完全に均等にはならない。上で見たように貿易は、それぞれの国がその国に豊富に存在する生産要素を用いる生産部門に特化するように作用する。生産要素の中には物的資本や人的資本のように生産活動[7]によって生み出されて、蓄積が進むといった性格のものがある。それらの生産要素が豊富な国は、貿易によってそれらを集約的に用いる産業に特化するのであるが、その結果生じた所得上昇が、すでに豊富に存在する生産要素の蓄積を助ける

---

[5] この条件は、より具体的には、均衡における生産可能な財の要素集約度(生産に用いられる生産要素の量の比率)のばらつきが、その中に両経済の生産要素賦存比率(当該経済に存在する生産要素の量の比率)を包含するほど大きいことを意味している。国際貿易論の用語で言い直すと、均衡における生産可能なすべての財の要素集約度を表す直線からなる不完全特化錐(cone of diversification)の中に両経済の要素賦存比率が含まれることが、要素価格が均等化するための必要条件である。木村(2000)等国際経済学の教科書を参照のこと。

[6] 比較優位は国際経済学の教科書に必ず載っているが、やさしい解説を試みたものとして山形(1998)を参照いただきたい。

[7] 教育も、労働者(教師等)と資本(教育設備等)を用いて生徒それぞれに新しい知識を授ける、という意味で生産活動といえる。

ことによって、当初の国際的な生産要素所有パターン、すなわち**要素賦存条件**の違いがさらに強調される場合がある。例えば人的資本が豊富に存在する国が貿易の開始とともに人的資本を集約的に用いる知識関連産業に特化したとしよう。そしてその知識関連産業に特化すると、その特化を通じて人的資本の蓄積が進む、といった場合には、要素価格均等化の条件がどんどん満たされにくくなっていく。このように、当初の比較優位に基づいてなされた国際分業の結果、成長産業に特化した国はどんどん成長し、非成長産業に特化した国はまったく成長せず、要素価格均等化の作用をもってしても両国の所得格差が広がっていくという場合がありうる（Grossman and Helpman 1991, 1995）。

13.2. グローバリゼーションのデメリット

(1) 一部の国民の所得減少

グローバリゼーションが生み出すのはよいことばかりではない。第1の問題は、すべての国民の所得がグローバリゼーションによって上昇するとは限らないことである。前節で説明したように貿易が始まると、一般論として要素価格は国際的に均等化する方向に向かうのであるが、このプロセスにおいて貿易前に高い要素価格を享受していた人の所得は下がる可能性がある。一般的にいえば、要素価格均等化によって利益を得るのはその国に豊富な生産要素の所有者であり、希少な生産要素の所有者は損害を被る可能性が高い。アジアの多くの低所得国の場合、利益を得る生産要素所有者の典型は労働者である。アジアの低所得国、例えばバングラデシュやカンボジア、ベトナム等では、土地や資本に比べて労働者の数が多いので、地代や利子に比べて賃金が割安になっており、衣類の縫製や電気・電子部品の組立といったような労働集約的生産プロセスに比較優位がある。その状態で貿易を開始すると、衣類や電気・電子部品に特化が進み、労働者がより多く需要されるので、労働者の賃金が上昇する一方で、労働以外の生産要素の価格は下落する[8]。つまり労働豊富国ではグローバリゼーションの結果、労働者が得をし、資本家

や地主が損をする傾向がある[9]。

　反対に、一般的に資本豊富国である先進国ではグローバリゼーションの結果、資本家が得をし、労働者が損をする傾向がある。途上国の安価な衣類がアメリカに大量に流入すると、アメリカ製の衣類は競争に負けて、生産が減少する結果、アメリカの労働者の賃金が下落するのである。このことからアメリカの労働者はグローバリゼーションに反対して当然である（*Economist* 2002b）[10]。2017年1月にアメリカの大統領に就任したトランプ氏はTPP反対の立場を選挙戦の当初から明確にしていたが、この理由の1つは、彼の支持基盤として製造業の労働者が重要だったことであろう。

　さらには、それぞれの国で希少な生産要素の所有者、および希少な生産要素を集約的に用いる生産部門にすでに多大な投資をしてしまった人々は、グローバリゼーションの結果、所得が減少したり、所有している資産が減価したりすることとなる。彼らとて、消費者としてグローバリゼーションの利益を得るのであるが、生産者として、あるいは生産要素の所有者として被る損害が、消費者として得られる利益を上回る可能性がある。

　このようなグローバリゼーションによる「敗者」が被る損失は、セーフティーネット（失業保険、生活保護、斜陽産業への調整援助［後述］など）によって補填することが望ましい。これらのセーフティーネットによって、「敗者」の損失を、「勝者」に加え、広く薄く利益を得る消費者が、少しずつ

---

[8] この法則はストルパー＝サミュエルソン定理として知られている。貿易が始まり、比較優位のある財の価格が上昇すると、その財に集約的に用いられる生産要素の価格が上がり、そうでない生産要素の価格が下落する、というのがその内容である。木村（2000）等を参照。

[9] 事実、バングラデシュやカンボジア、ベトナムといった国々では、衣類や電気・電子機械といった労働集約産業の生産や輸出が伸長し、徐々に労働者の賃金が上昇している。山形編（2011）、Fukunishi and Yamagata eds.（2014）を参照のこと。

[10] しかしアメリカが本当に資本豊富国であるかどうかについては、長く議論がたたかわされた。アメリカが資本豊富国であるならば、資本集約財を輸出し、労働集約財を輸入しそうなものであるが、1940～50年代のアメリカのデータはこれを支持しなかった。これはレオンチェフの逆説と呼ばれる。その後の研究によって、やはりアメリカが資本豊富国であることが確認されたが、その経緯については木村・小浜（1995）を、途上国への応用例については横山他（1987）を参照のこと。

負担をすることで完全にカバーできれば、グローバリゼーションがすべての構成員を利することになる。しかし、そのような補填や調整のためのコストが莫大になり、そのようなグループ間の利害対立を調整するためには強力な政府が必要であること、そしてその結果として、対外開放度の高い国ほど政府の規模が大きくなりがちであることをダニ・ロドリックが指摘している（Rodrik 1998, 2011）。グローバリゼーションが進行する時代にあって、階層間の所得格差の動向は世界的にも注目されている（Piketty 2013）。

(2) 外国政府・企業による支配

　グローバリゼーションに反対する人々が最も強い危惧を抱いているのは、グローバリゼーションによって自国の自由が奪われ、世界の中に途上国が埋没してしまう点だと思われる（*Economist* 2001b）。これは13.1.節の冒頭に述べたグローバリゼーションの2つめの側面に対応している。グローバリゼーションの名のもとに先進国の制度が途上国に押しつけられ、途上国はそれに従わざるをえないようになってしまうのではないか、制度を統一する費用は途上国のみに負わされてしまうのではないか、ということである。この問題は重要である。二国間、または多国間協定の交渉の場において、取り決めが途上国にとって不利にならないように、国際社会は途上国政府とともに努力しなければならない。途上国の力が弱いがゆえにそのような努力が常に徒労に終わると考える必要はない。事実、2001年11月のWTO閣僚会議においては、途上国の意見が採り入れられて、貿易関連知的財産権（TRIPS）協定の実施にあたっては、それぞれの国の「公衆衛生を維持する手段を奪わない」ことが方針として盛り込まれ、医薬品の特許権を柔軟に運用する道が開かれた（第8章の議論も参照）。

　また「多国籍企業による経済支配」も問題としてしばしば指摘される。市場を閉鎖的なままにしておけば多国籍企業を閉め出すことができるものを、市場開放の結果多国籍企業の参入を招き、自国企業が競争に負けてしまう、という懸念である。これは前節で取り上げた「市場開放によって生み出される敗者の問題」であると同時に、多国籍企業による独占についての問題提起である。多国籍企業が自国企業と製品の質や価格で競争して自国企業をうち

負かすのであれば、少なくとも消費者にとって多国籍企業が自国に参入することのメリットがある。しかし、多国籍企業が参入して自国企業をうち負かした後で、何らかの方法で他社の参入を阻止し独占的な行動をとり始めた場合には、価格がつり上がって消費者にとっても損失が生まれる可能性がある。

独占は自由主義経済において重要な問題として意識され、今日では多くの国において独占禁止政策が採られている。グローバリゼーションは独占禁止政策を排除するものではないので、多国籍企業の受け入れ国において有効な独占禁止政策が採られるべきである。しかし一般にはグローバリゼーションによって企業が世界のあらゆる地域において経済活動を行うことができるのであるから、グローバリゼーションが企業間のより激しい競争を招く例が散見される（Grether 1996）。開放前には自国企業によって寡占されていたところへ外国企業が参入することで、競争が激化し、市場が大きく拡大した例としてはインドの乗用車産業がある（島根 1999）。

(3) その他の懸念

グローバリゼーションを推進するWTOの議論の場で、グローバリゼーションの負の側面としてしばしば取り上げられるのは「グローバリゼーションが環境を悪化させる」という懸念である（天野 2001）。これは論理を突き詰めてみると、グローバリゼーションと環境破壊の直接の関係というよりは、グローバリゼーションが経済活動を活発にし、それが環境破壊を引き起こしうる、という懸念である。マクロ生産水準を高く保つことによって失業を最低限に抑えることは広く受け入れられる政策目標であるし、公害防止技術を開発するためにも技術革新を含む経済活動の水準は高く保たれるべきであるから、環境保護のためにグローバリゼーションを抑制して経済活動水準を低くすることが得策とは思われない。ただし、環境保護を目的とした政策として、希少動植物の貿易禁止等により国境で違法取引をくい止めることが非常に有効であることから、環境保護のために貿易政策を用いることには十分な理由がある。しかし貿易政策は総体としては市場開放に向けられるべきであり、環境保護政策との「相互支援」性を保ちながら市場開放を推進する必要

がある (天野 2001)。

　グローバリゼーションから生じうる不利益として最後に挙げられるのは、短期資本市場を完全に開放しておいた場合に、急激な短期資本流出が急激な自国通貨の下落を促し、その国の実質所得を下げてしまう可能性がある、という問題である。これは、1997年にタイをはじめとする東・東南アジア諸国において起こった**アジア通貨危機**のメカニズムである。同様のメカニズムは1994～95年のメキシコの通貨危機でも発生した（伊藤 1997；国宗 2001）。このことから、原則論としては短期資本市場の開放が資源の効率的な配分という点からは望ましいとしても、急激な通貨下落を招かないためには、ある程度、資本流入を制御せざるをえない、というコンセンサスがある。

13.3. グローバリゼーションの利益を途上国へ

(1) グローバリゼーションと貧困削減

　このようにグローバリゼーションは、それを活かすことができれば開発途上国を大きく成長させることができるが、同時に不利益を及ぼす可能性もある。実際にグローバリゼーションは開発途上国の人々の福祉に対してプラスに働いたのだろうか、それともマイナスに働いたのだろうか。

　図13-1 は、Dollar and Kraay（2001a）が、貿易の対GDP比の成長率を基準にして、開発途上国を2つのグループに分け、その実質1人当たり所得の加重平均値を比較したものである。これによれば、1960年代には現在の先進国の成長率が図抜けて高かったが、1970年代後半から1990年代後半にかけて対外開放が進んだ国の1人当たり所得成長率は時を追って上昇し、1990年代には5.0％の高さにまで上昇していることがわかる。この点から、約20年にわたるグローバリゼーションの成果を自国の経済成長に活用した国が少なからずあった可能性が示唆される。

　そして経済成長は一般論として貧困削減に貢献したことも、実証的に確認することができる。経済発展の成果があらゆる所得階層に浸透していくという考え方は**トリックル・ダウン**（trickle down）仮説と呼ばれ、所得分配を

図13-1　グローバリゼーションと1人当たり実質GDP成長率

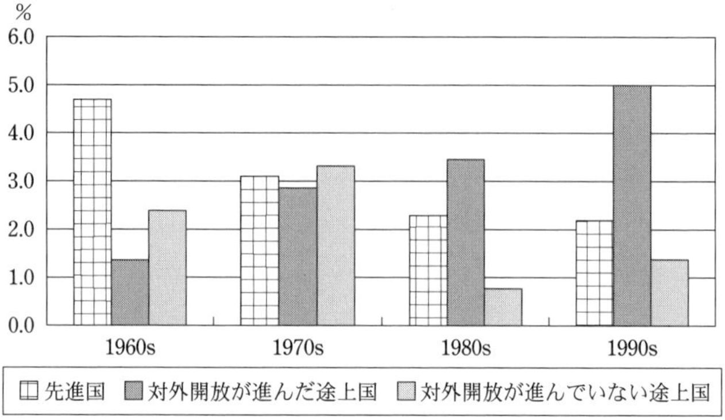

□ 先進国　■ 対外開放が進んだ途上国　▨ 対外開放が進んでいない途上国

注：先進国とは拡大前の OECD24カ国とチリ、香港、韓国、台湾、シンガポールである。「対外開放が進んだ途上国」とは、データが得られる途上国の中で、1995/97年の実質貿易額の対実質 GDP 比が1975/79年の同じ比率から最も大きく上昇した上位3分の1の国々である。「対外開放が進んでいない途上国」とは上の条件に当てはまらない開発途上国である。図で示した値は、それぞれのグループの国々の1人当たり GDP 成長率を人口によって加重平均したものである。
出所：Dollar and Kraay (2001a), Figure 3 and Table 3.

分析する多くの研究者の批判対象とされてきた（Adelman and Morris 1973, Chap.5；Adelman and Robinson 1989；絵所 1997、第3章）。経済成長の成果は、少なくとも瞬時に各所得階層に行き渡るわけではなく、成長の当初は所得分配が悪化しやすく、所得分配の改善はより成長が進んだ後に訪れやすいという考え方が、Kuznets（1955）により所得分配の**逆U字型仮説**として知られていた[11]。経済成長が進んだからといって自動的に所得分配の改善が起こるわけではなく、それを保証する社会経済的条件が必要なのは明らかであるが、長期的には経済成長が貧困削減に貢献する傾向があることが、実証データによって明らかにされている。また、経済成長が長期的に継続すれば、所得分配が継続的に悪くならない限り、所得分配下位層の所得は増える

---

[11] ただし実証的には、新しく集められたより高い質のデータを用い、より洗練された計量経済学的な推定方法を用いて行われている新しい研究の多くが、クズネッツの逆U字型仮説が統計的に頑健に見出されるわけではないことを明らかにしている。例えば Deininger and Squire（1998）を参照。

から、この傾向が観察されるのも当然である。

近年、開発途上国における家計調査が広く実施されていることから、厳密なデータに基づいて、貧困層の生活の実態を知ることができる（第3章参照）。これらのデータを用いた結果によれば、1985年価格で1日当たり1人1米ドルを貧困ラインとすると、それ以下で生活している世界の人々の数は19世紀前半からほぼ一様に増加していた。第2次世界大戦終結を機に世界の貧困者数は一度減少するのだが、人口増加のせいもあってか世界の貧困者数はその後再び増加に転じる。しかし1980年を境に再び減少を始め、世紀の変わり目には世界の貧困者数は約12億人、第2次世界大戦前夜の水準に戻ったと推定されている（Chen and Ravallion 2000；World Bank 2002a；Dollar and Kraay 2002）。21世紀に入っても絶対的貧困者数の急速な減少は続いている（第1章参照）。

同様に、長期的に見れば経済全体の成長と貧困層の生活水準の上昇が並行する傾向にあることが、マクロデータから明らかにされている（Dollar and Kraay 2001b；World Bank 2002a, Chap.3）。またミクロの家計データで見ても、図13-2が示しているように、1990年代に経済成長率が加速したウガンダ、インド、ベトナム、中国といった国々では、貧困削減も同時に進んでいる（Dollar 2001；Dollar and Kraay 2002）。なおインドに関しては、経済成長率が上昇した際に貧困ライン以下の人口絶対数がどれだけ減少するかを示す弾性値が、経済開放が進んで経済成長率の上がった1990年代前半の時期に、1980年代よりもかなり下がったという見解もあったが（World Bank 2000b；黒崎・山崎 2002）、最新2000年の家計支出データまで分析対象に入れると、1990年代の貧困削減は順調であったと考えられる（Datt and Ravallion 2002）。いずれにせよ、貧困削減と、グローバリゼーションを通じた経済成長との関係は単純ではない。

(2) 国際協力を伴うグローバリゼーション

これまで述べたように、グローバリゼーションの結果、経済全体としての効率の改善、国際的な所得分配の改善は達成されるものの、一部の国民の所得が減少する恐れがある。グローバリゼーションは、一物一価が成り立ちや

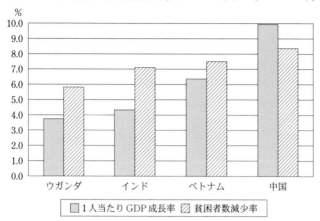

図13-2 貧困削減と経済成長を両立している国々（1992～98年）

注：インドの貧困者数減少率は1993～99年を対象にしている。
出所：Dollar (2001)；Dollar and Kraay (2002).

すい環境が整えられていくという意味で、市場がより完全競争的になっていく過程と意義づけることができるが、そもそも完全競争市場均衡で達成されるのは消費や生産の効率性であって、所得分配の公平性ではない。完全競争均衡では要素価格が社会の構成員すべてに共通であるので、生産要素を多くもつ者ほど豊かになるように所得が分配される。所得分配を改善しようと思えば、所得それ自体か、生産要素を含む資産の再分配が必要である。市場の失敗がなければ、所得（または資産）再配分の後でも効率的な配分が維持されることが知られている[12]。

　したがって、グローバリゼーションの結果として生ずる一部の国や、その中の一部の国民が被る不利益は、何らかの形で補う工夫が必要である。事実、1970年代の不況下の日本では、比較優位がなくなりつつあった業種を「特定不況業種」と認定し、そこで働く人々への雇用保険の適用期間延長、再就職斡旋や訓練の実施、彼らを採用した雇用主への助成金の給付、等が行

---

[12] これは厚生経済学の第2基本定理として知られている。より正確には奥野・鈴村（1988）等の教科書を参照のこと。

われた（関口・堀内 1984）。

　このような利害の不一致を国際的に調整する手段の1つとして、国際協力を用いることができる。グローバリゼーションによって非成長産業に特化した国が、配分効率の上昇という静学的利益は得たとしても、長期的な経済成長に乗り遅れるという意味で動学的利益を得る機会を逸するとしたら、貿易によって成長産業に特化したことにより、静学的利益と動学的利益の両方を手にした国が国際協力を行うのは理にかなっている。

　同様に、グローバリゼーションは後発途上国が先進国にキャッチ・アップするために採られる産業育成政策をまったく排除するものであってはならない。先進国経済が現在の姿に至るまでの間、先進諸国は数多くの貿易制限（特に農産物や繊維製品）や輸出促進政策を実施してきた（井上他 1990；本山 1983；浦田 1990）。それにより自国製品の競争力を維持してきた歴史があるのだから、これから所得水準を上げていこうという国々の産業育成策に対して理解があって然るべきである。WTOにおいてもこの観点は、「特別かつ異なる待遇（Special and Differential Treatment）」として確立されている（箭内 2007, 2014）。

　もちろん所得移転や産業育成がグローバリゼーションに伴う配分効率の上昇を妨げては元も子もない。比較劣位産業にかかわる人々に所得移転がなされるとしたら、それは比較劣位産業を段階的に縮小する方向に導くものでなければならない。このような援助は調整援助と呼ばれ、日本の繊維産業、石炭鉱業等に適用された（関口・堀内 1984）。

(3) グローバリゼーションは自動的に進むか？

　このようにグローバリゼーションが開発途上国にも活力をもち込みうるという認識は、主要なNGOの中にも形成されつつある。英国を中心とし、世界的に活動を広げているNGOのOxfamは2002年にレポートを発表し、その中で、グローバリゼーションは途上国を豊かにする潜在力を秘めているが、それが実現しないのは農業や繊維産業といった、途上国が比較優位をもつ傾向にある産業の生産品に対し、先進国が閉鎖的な貿易政策を採っているからだ、と主張している（Oxfam 2002）。これは、それまで多くのNGO

が、開発途上国における労働条件の悪さや児童労働の存在等々を理由として、グローバリゼーション自体に反対していたことを想起すると（Deardorff and Stern 2000；Bhagwati 2002）、大きな方向転換ということができる。

　事実、グローバリゼーションは放っておいても自然に進むものではない。前述のように、先進国には貿易制限、入国管理制限の長い歴史がある。特に戦間期と呼ばれる第 1 次世界大戦と第 2 次世界大戦の間に、先進各国の間にナショナリズムが台頭し、貿易、資本移動、移民のどの面で見ても、それ以前よりグローバリゼーションの度合いが大きく後退したことが知られている（World Bank 2002a, Chap.1；Rodrik 2011, Chap. 2）。経済規模に対する資本移動の規模という点でいうと、現在でも第 1 次大戦直前より国際化の程度が低いほどである。2007～08年には、技術革新によってバイオエタノールが燃料として用いられはじめたことをきっかけに食料価格が高騰したことから、農産品輸出を制限したり、農業保護を強化したりする国が増加した（Beattie 2008）。

　これらの例でわかるように、交易の自由化は、WTO のような国際機関が推進しなければ、途上国のみならず、先進国も自国の比較劣位産業保護に傾く流れに打ち勝つことはできないのである。

13.4. 援助疲れの時代に

　1947年に調印された GATT（関税および貿易に関する一般協定）が発展的に解消され、WTO が1995年に発足したが、現在に至る長い貿易自由化の取り組みの中で、先進諸国は世界全体の利益のみならず、それぞれ自国を益するためにかなりの力を注いできた。振り返って現在を見ると、世界全体の景気が低迷する中、グローバリゼーションのような大きな構造変化を伴う動きから自国経済を保護しようという各国の姿勢がよりあからさまになってきているように思われる。先進国が自国の利害を世界全体の利害に優先させていると見て、途上国側は先進国主導で運営されているかに見える WTO や IMF、世界銀行等にも反発を強めているのである。

世界全体の景気低迷や、2015年に世界的な注目が集まったシリア難民のヨーロッパへの大量流入は、先進国の内向き志向を強め、政府開発援助にも、援助供与国の国益の配慮をする傾向が高まっている。前章に記したように、日本も2015年にかつてのODA大綱を改定して開発協力大綱とし、後者の大綱においては、国際協力における日本の国益への配慮を、初めて明記した。日本が国際協力を行うに際し、日本の民間企業との連携の意義や必要性を大きく打ち出すことにより、新しい「開発協力」の概念は、「日本のために、他国と手を結ぶ」手段として、国際協力を再構築したものとなっている。中所得国や高所得国への支援さえも「開発協力」に含んでいることから、国益重視の姿勢は鮮明である（Yamagata 2016）。

　グローバリゼーションの重要な意味合いは、共感をもって支援をする人々の範囲が地球単位に拡大することである。例えば、2011年に起こった東日本大震災のために今なお仮設住宅に住んでいる方々に向けられるのと同じ程度の共感や同情が、空爆を恐れてヨーロッパに逃れようとして地中海を渡るシリア難民に向けられてもおかしくない。東日本大震災の直後に、どれだけ多くの低所得国が、日本に緊急支援を供与し、心を寄せたのかを思い起こしたい（山形 2011a, b）。途上国の開発に外部の人間が関与するとしたら、まさにこのような共感と同情がその発意の元であるはずで、開発に携わるためには、他人の痛みを自分の痛みに引き寄せるだけの豊かな想像力が必要とされる。

　開発経済学は、このようにグローバル化された共感に立脚し、経済学の叡知を結集して、途上国の人々の福祉の向上に努める学問である。この意味でグローバリゼーションは開発のために必須であり、途上国の貧困解消は冒頭で述べたようなグローバリゼーションに託されたロマンそのものなのである。

参考文献

青木孝弘・岡慎一（2012）「HIV 感染症治療の現状と将来像」『最新医学』第67巻第11号（2012年11月号）、pp.2590-2599

『アジ研ニュース』（1986）「特集　アジアの工業発展と工業統計」第 7 巻第 7 号（1986年 7 月号）、pp.1-25

天野明弘（2001）「貿易政策と環境政策──相互支援の可能性」大山道広編『国際経済理論の地平』東洋経済新報社、pp.15-31

井伊雅子（1998）「公共支出と貧困層へのターゲティング」絵所秀紀・山崎幸治編『開発と貧困──貧困の経済分析に向けて』アジア経済研究所、pp.131-160

石井正（1987）「力織機製造技術の展開」南亮進・清川雪彦編『日本の工業化と技術発展』東洋経済新報社、pp.131-149

石上悦朗・佐藤隆広編著（2011）『現代インド・南アジア経済論』ミネルヴァ書房

石川滋（1963）「マハラノビス模型の前と後──インド経済管見」『アジア経済』第 4 巻第 2 号、pp.16-27

石川滋（1994）「構造調整──世銀方式の再検討」『アジア経済』第35巻第11号、pp.2-32

依田高典（2010）『行動経済学──感情に揺れる経済心理』中公新書2041

伊藤隆敏（1997）「資本移動と新興市場（エマージング・マーケット）──メキシコ危機の教訓」『経済研究』第48巻第 4 号、pp.289-305

伊藤元重・清野一治・奥野正寛・鈴村興太郎（1988）『産業政策の経済分析』東京大学出版会

稲田十一・秋山スザンヌ・大村玲子・中山朋子（2010）「MDGs 達成のための資金調達と配分」秋山孝允・大村玲子編『開発への新しい資金の流れ』国際開発高等教育機構、pp.57-93

井上隆一郎・浦田秀次郎・小浜裕久編（1990）『東アジアの産業政策』日本貿易振興会

岩井克人（1994）「経済成長論」岩井克人・伊藤元重編『現代の経済理論』東京大学出版会、pp.265-324

岩田暁一（1983）『経済分析のための統計的方法（第 2 版）』東洋経済新報社

浦田秀次郎（1990）「MFA（国際繊維取決め）の経済学的および政治学的分析」深海博明編『ウルグアイ・ラウンドにおける南北貿易』アジア経済研究所、pp.133-163

絵所秀紀（1997）『開発の政治経済学』日本評論社
絵所秀紀（2002）『開発経済学とインド――独立後インドの経済思想』日本評論社
絵所秀紀編（2002）『現代南アジア 2 経済自由化のゆくえ』東京大学出版会
大垣昌夫・田中沙織（2014）『行動経済学――伝統的経済学との統合による新しい経済学を目指して』有斐閣
大塚啓二郎（1987）「綿工業の発展と技術革新」南亮進・清川雪彦編『日本の工業化と技術発展』東洋経済新報社、pp.110-130
大塚啓二郎（1999）『消えゆく森の再生学――アジア・アフリカの現地から』講談社現代新書1479
大野健一（2000）「『自由主義』と『貧困対策』は正しい開発戦略か」（特集：経済学の20世紀）『経済セミナー』第551号（2000年12月号）、pp.30-33
大淵寛（1974）『人口過程の経済分析』新評論
岡崎哲二（1997）『工業化の軌跡――経済大国前史』（20世紀の日本5）読売新聞社
岡田羊祐（1998）「特許制度の法と経済学」『ファイナンシャル・レビュー』第46号、pp.110-137
岡本真理子・粟野晴子・吉田秀美編（1999）『マイクロファイナンス読本――途上国の貧困緩和と小規模金融』明石書店
奥田英信・黒柳雅明編（1998）『入門開発金融――理論と政策』日本評論社
奥野正寛・鈴村興太郎（1985）『ミクロ経済学Ⅰ』岩波書店
奥野正寛・鈴村興太郎（1988）『ミクロ経済学Ⅱ』岩波書店
川合周作・山形辰史（2009）「ワクチン買取補助金事前保証制度――低所得国の購買力の肩代わり」（特集：貧困削減のための制度的イノベーション――経済学に基づく実験）『アジ研ワールド・トレンド』第167号（2009年8月号）、pp.4-7
菊地京子（2001）「国際開発援助の理念と実態」菊地京子編『開発学を学ぶ人のために』世界思想社、pp.34-58
北野浩一（1998）「財政――税金のとり方・使い方」山形辰史編『やさしい開発経済学』アジア経済研究所、pp.127-133
北村行伸（2007）「政策評価分析の手法」（連載「ミクロ計量経済学入門 マークⅡ」第5回）『経済セミナー』第629号（2007年8月号）、pp.99-105
金惠淑・佐藤聡・森田将之・綿矢有佑（2012）「薬剤耐性マラリアに対する新規治療薬開発の現況」『最新医学』第67巻第11号（2012年11月号）、pp.2614-2620
木村福成（2000）『国際経済学入門』日本評論社
木村福成・小浜裕久（1995）『実証――国際経済入門』日本評論社
清川雪彦（1987）「綿紡績業における技術選択――ミュール紡機からリング紡機へ」南亮進・清川雪彦編『日本の工業化と技術発展』東洋経済新報社、pp.83-107

久木田純（1998）「概説——エンパワーメントとは何か」久木田純・渡辺文夫編『現代のエスプリ』第376号（1998年11月号）、pp.10-34

国宗浩三（2001）『アジア通貨危機と金融危機から学ぶ』日本貿易振興会アジア経済研究所

黒崎卓（1998a）「貯蓄——備えあれば憂いなし」山形辰史編『やさしい開発経済学』アジア経済研究所、pp.57-67

黒崎卓（1998b）「農業と家計——個票データによる農村経済の総合分析」『アジ研ワールド・トレンド』第40号（1998年11月号）、pp.17-20

黒崎卓（1998c）「貧困とリスク——ミクロ経済学的視点」絵所秀紀・山崎幸治編『開発と貧困——貧困の経済分析に向けて』アジア経済研究所、pp.161-202

黒崎卓（2000）「ミクロ開発経済学の新しい流れ」（特集：越境するミクロ経済学）『経済セミナー』第542号（2000年3月号）、pp.17-21

黒崎卓（2001a）『開発のミクロ経済学——理論と応用』岩波書店

黒崎卓（2001b）「貧困削減政策へのミクロ経済学的アプローチ」『一橋論叢』第125巻第4号、pp.38-54

黒崎卓（2007）「ムハマド・ユヌスとグラミン銀行のノーベル平和賞受賞に寄せて」『経済セミナー』第624号（2007年2・3月号）、pp.52-55

黒崎卓（2009）『貧困と脆弱性の経済分析』勁草書房

黒崎卓（2013）「インド・デリー市におけるサイクルリキシャ業——都市インフォーマルセクターと農村からの労働移動」『経済研究』第64巻1号、pp.62-75

黒崎卓（2015）「教育普及——産業発展につながる教育支援」黒崎卓・大塚啓二郎編著『これからの日本の国際協力——ビッグ・ドナーからスマート・ドナーへ』日本評論社、pp. 243-259

黒崎卓・山崎幸治（2002）「南アジアの貧困問題と農村世帯経済」絵所秀紀編『現代南アジア 2 経済自由化のゆくえ』東京大学出版会、pp.67-96

慶應義塾大学経済学部高梨研究会（2001）「マイクロファイナンスの挑戦（下）」『国際開発ジャーナル』No.532（2001年3月号）、pp.38-41

香西泰（1981）『高度成長の時代——現代日本経済史ノート』日本評論社

香西泰（1989）「高度成長への出発」中村隆英編『「計画化」と「民主化」』（日本経済史7）岩波書店、pp.283-321

高野久紀（2014）「ランダム化比較試験、フィールド実験、検出力分析」（連載「実践開発経済学」第2回）『経済セミナー』第679号、（2014年8・9月号）、pp.104-115

国際協力機構国際協力総合研修所（2008）『指標から国を見る——マクロ経済指標、貧困指標、ガバナンス指標の見方』国際協力機構国際協力総合研修所

国際協力銀行開発金融研究所（2001）『国際協力便覧2001』国際協力銀行

国際協力事業団国際協力総合研修所（2001）『貧困削減に関する基礎研究』（総研 JR01-05）国際協力事業団（http://www.jica.go.jp/activities/report/field/2001 01.html）

小島道一（1997）「東南アジアにおける環境資源勘定」小池浩一郎・藤崎成昭編『森林資源勘定——北欧の経験・アジアの試み』アジア経済研究所、第5章、pp.123-150

小浜裕久（1992）『ODAの経済学』日本評論社

近藤久洋・小林誉明・志賀裕朗・佐藤仁（2012）「『新興ドナー』の多様性と起源」『国際開発研究』第27巻第1・2号、pp.89-102

佐々木聖子（1991）『アジアから吹く風——いま外国人労働者のふるさとは』朝日新聞社

佐藤章（1999）「資料——図表でみるアフリカの主要な紛争」『アジ研ワールド・トレンド』第43号（1999年3月号）、pp.4-5

佐藤寛編（2001）『援助と社会関係資本——ソーシャルキャピタル論の可能性』経済協力シリーズ194、アジア経済研究所

柴田章久（1993）「内生的経済成長理論」 *The Economic Studies Quarterly* （『季刊理論経済学』）、Vol.44, No.5、pp.385-401

島根良枝（1999）「インド乗用車産業の形成過程——企業間関係の視点から」『アジア経済』第40巻第8号、pp.2-36

下村恭民・大橋英夫・日本国際問題研究所編（2013）『中国の対外援助』日本経済評論社

鈴村興太郎（1998）「機能・福祉・潜在能力——センの規範的経済学の基礎概念」『経済研究』第49巻第3号、pp.193-203

関口末夫・堀内俊洋（1984）「貿易と調整援助」小宮隆太郎・奥野正寛・鈴村興太郎編『日本の産業政策』東京大学出版会、pp.327-344

高木保興（2002）『開発経済学の新展開』有斐閣

高田峰夫（1992）「チッタゴンのリクシャワラ——「ムラ」と「マチ」を繋ぐもの」『アジア経済』第33巻第10号、pp.61-80

高橋基樹（2001a）『アフリカにおける開発パートナーシップ——セクター・プログラムを中心に』（総研 JR00-57）国際協力事業団国際協力総合研修所（http://www.jica.go.jp/activities/report/etc/200103.html）

高橋基樹（2001b）「アフリカにおけるセクター・プログラム——貧困削減に向けた開発パートナーシップ」『国際協力研究』第17巻第2号、通巻34号、pp.9-19

高山晟（1985）「開発経済学の現状」安場保吉・江崎光男編『経済発展論』創文社、pp.277-350

武内進一（2000）「アフリカの紛争——その今日的特質についての考察」武内進一

編『現代アフリカの紛争――歴史と主体』日本貿易振興会アジア経済研究所、pp.3-52

竹内壮一 (1983)「近代製糸業への移行」永原慶二・山口啓二(代表編者)『講座・日本技術の社会史 第三巻 紡織』日本評論社、pp.207-238

樽井正義 (2001)「エイズと人権とワクチン」エイズ&ソサエティ研究会議編『エイズを知る』角川書店、pp.153-171

土居丈朗 (2001)「公共財の最適な供給量を決める」(連載「実践!公共経済学」第2回)『経済セミナー』(2001年5月号)、pp.68-77

外川昌彦 (1993)「人々の生活とイスラム」臼田雅之・佐藤宏・谷口晉吉編『もっと知りたいバングラデシュ』弘文堂、pp.37-50

中嶋千尋 (1956)「労働者家計の均衡理論――小農経済の均衡理論序説」『農業経済研究』第28巻第2号、pp.19-34

中島秀喜 (2012)『感染症のはなし――新興・再興感染症と闘う』朝倉書店

中村二朗・内藤久裕・神林龍・川口大司・町北朋洋 (2009)『日本の外国人労働力――経済学からの検証』日本経済新聞出版社

中村亨 (2003)「債務削減の経済学」平野克己編『アフリカ経済学宣言』日本貿易振興会アジア経済研究所

中村まり (1999)「バングラデシュにおけるマイクロクレジット政策の理念と現実」『アジア経済』第40巻第9・10号、pp.134-164

中村まり・山形辰史 (2013)「序章――児童労働撤廃に向けた新しいアプローチ」中村まり・山形辰史編『児童労働撤廃に向けて――今、私たちにできること』日本貿易振興機構アジア経済研究所、pp.1-32

西垣昭・下村恭民 (1997)『開発援助の経済学(新版)』有斐閣

錦見浩司・浜口伸明 (1997)「都市化と集積」朽木昭文・野上裕生・山形辰史編『テキストブック開発経済学』有斐閣、pp.72-88

根岸昌功 (2001)「二〇〇一年 HIV感染症・エイズの医療――最近の動向」エイズ&ソサエティ研究会議編『エイズを知る』角川書店、pp.71-95

延末謙一 (1999)「分析リポート――バングラデシュのエネルギー部門への外資参入の功罪」『アジ研ワールド・トレンド』第52号 (1999年12月号)、pp.23-28

浜田宏一 (1996)『国際金融』岩波書店

早瀬保子 (1998)「人口――センサスと個票データの利用」『アジ研ワールド・トレンド』第40号 (1998年11月号)、pp.14-16

速水佑次郎 (2000)『新版・開発経済学――諸国民の貧困と富』現代経済学選書11、創文社

速水佑次郎 (2001)「途上国の貧困は解消する?」(特集: Q&A 21世紀の世界経済)『経済セミナー』第552号 (2001年1月号)、pp.30-32

原田陽子（2000）「エチオピア国におけるセクター開発計画策定作業」『アジア経済』第41巻第4号、pp.51-67
平野克己（1997）「総論——開発援助とガバナンス」『アジ研ワールド・トレンド』第22号（1997年4月号）、pp.2-3
平山謙二（2012）「感染症とは」感染症事典編集委員会編『感染症事典』オーム社、pp.1-34
藤井毅（2013）「抗HIV薬」『からだの科学』第276号（2013年冬号）、pp.151-156
藤田幸一（1998）「農村開発におけるマイクロ・クレジットと小規模インフラ整備」佐藤寛編『開発援助とバングラデシュ』アジア経済研究所、pp.281-304
不破信彦（2008）「実証開発経済学の分析手法の最近の動向について——計量経済分析における『内生性』問題を中心に」『農業経済研究』第79巻第4号、pp.233-247
牧野耕司・足立佳菜子・松本歩恵（2001）「貧困削減戦略書（PRSP）とは——『貧困削減に関する基礎研究』報告書から」『国際協力研究』第17巻第2号、通巻34号、pp.21-34
松山公紀（1994）「独占的競争の一般均衡モデル」岩井克人・伊藤元重編『現代の経済理論』東京大学出版会、pp.103-137
三重野文晴（1998）「途上国農村における在来金融の問題」奥田・黒柳編（1998）pp.73-84
峯陽一（1999）『現代アフリカと開発経済学』日本評論社
向山敏彦（1998）「R&Dに基づいた経済成長モデルにおける模倣と競争」『ファイナンシャル・レビュー』第46号、pp.87-109
村山真弓（1995）「バングラデシュ——イスラム社会の規範と工場労働」『アジ研ワールド・トレンド』第6号（1995年9・10月号）、pp.43-46
村山真弓（1996）「バングラデシュ縫製産業の児童労働問題」『アジ研ワールド・トレンド』第9号（1996年2月号）、pp.27-28
目黒克幸（2003）「IDAにおける国別政策・制度評価（CPIA）とPerformance-Based Allocation制度」『開発金融研究所所報』第17号、pp.106-115
本山美彦編（1983）『貿易摩擦をみる眼』（有斐閣新書）有斐閣
森内昌子・森内浩幸（2012）「ワクチン開発の現況と今後の展望」『最新医学』第67巻第11号（2012年11月号）、pp.2643-2654
森田恒幸（1994）「環境資源勘定——レビューと今後の展開方向」藤崎成昭編『環境資源勘定と発展途上国』アジア経済研究所、pp.29-59
箭内彰子（2007）「『特別かつ異なる待遇』の機能とその変化——WTO協定における開発途上国優遇措置」今泉慎也編『国際ルール形成と開発途上国——グローバル化する経済法制改革』日本貿易振興機構アジア経済研究所、pp.53-82

箭内彰子（2014）「WTO における途上国優遇制度の見直し論」（特集：WTO ドーハラウンドは後発発展途上国に何をもたらしたか）『アジ研ワールド・トレンド』第225号（2014年7月号）、pp.10-13

矢内原勝・山形辰史編（1992）『アジアの国際労働移動』アジア経済研究所

柳原透（2001）「途上国の貧困削減へのアプローチと日本の貢献」『国際協力研究』第17巻第2号、通巻34号、pp.1-7

山形辰史（1996）「内生経済成長理論と開発」矢内原勝編『発展途上国問題を考える』勁草書房、pp.190-209

山形辰史（1997）「貧困の罠とビッグ・プッシュ」『アジア経済』第38巻第9号、pp.60-75

山形辰史（1998）「貿易──国際分業はなぜおこる？」山形辰史編『やさしい開発経済学』アジア経済研究所、pp.70-77

山形辰史（2001）「バングラデシュの政府と公益」『現代と公益』（東北公益文科大学）創刊号、pp.119-123

山形辰史（2003a）「HIV／エイズ、結核、マラリアの予防薬・治療薬開発──現状の経済学的評価」平野克己編『アフリカ経済学宣言』日本貿易振興会アジア経済研究所

山形辰史（2003b）「特集にあたって」（特集：ミレニアム開発目標──2015年を目指して）『アジ研ワールド・トレンド』第91号（2003年4月号）、pp.2-3

山形辰史（2007）「グローバル競争時代のODA」（第2特集：新体制下のODA──海外援助のあり方を考える）『外交フォーラム』No.233（2007年12月号）、pp.70-71

山形辰史（2011a）「特集にあたって──震災が変えた国際協力」（特集：東日本大震災と国際協力）『アジ研ワールド・トレンド』第192号（2011年9月号）、pp.2-3

山形辰史（2011b）「震災に投影された国際協力の将来──水平協力の時代へ」（特集：東日本大震災と国際協力）『アジ研ワールド・トレンド』第192号（2011年9月号）、pp.18-21

山形辰史（2014）「感染症──増大するリスクとその対処」澤田康幸編『巨大災害・リスクと経済』日本経済新聞出版社、pp.135-162

山形辰史（2015a）「MDGs を超えて SDGs へ──国際開発の行方」（特集：ミレニアム開発目標を超えて──MDGs から SDGs へ）『アジ研ワールド・トレンド』第232号（2015年2月号）、pp.20-25

山形辰史（2015b）「政府開発援助」黒岩郁雄・高橋和志・山形辰史編『テキストブック開発経済学［第3版］』有斐閣、pp.170-184

山形辰史編（2011）『グローバル競争に打ち勝つ低所得国──新時代の輸出指向開

発戦略』日本貿易振興機構アジア経済研究所
山崎幸治（1998）「貧困の計測と貧困解消政策」絵所秀紀・山崎幸治編『開発と貧困——貧困の経済分析に向けて』アジア経済研究所、pp.73-130
山本茂実（1977）『あゝ野麦峠——ある製糸工女哀史』（角川文庫）角川書店
横山久・大野幸一・糸賀滋・今岡日出紀（1987）「東・東南アジア諸国の要素賦存の計測——レオンチェフ、リーマー指標を用いて」『アジア経済』第28巻第10号、pp.40-52

Acemoglu, Daron (2002) "Directed Technical Change," *Review of Economic Studies*, Vol.69, No.4, pp.781-809.
Acemoglu, Daron (2009) *Introduction to Modern Economic Growth*, Princeton: Princeton University Press.
Acemoglu, Daron, Simon Johnson, and James A. Robinson (2001) "The Colonial Origins of Comparative Development: An Empirical Investigation," *American Economic Review*, Vol.91, No.5, pp.1369-1401.
Acemoglu, Daron, Simon Johnson, and James A. Robinson (2002) "Reversal of Fortune: Geography and Institutions in the Making of the World Income Distribution," *Quarterly Journal of Economics*, Vol.117, Issue 4, pp.1231-1294.
Acemoglu, Daron and James A. Robinson (2012) *Why Nations Fail: The Origins of Power, Prosperity, and Poverty*, Crown Publishers.（鬼澤忍訳『国家はなぜ衰退するのか——権力・繁栄・貧困の起源』早川書房、2013年）
Acemoglu, Daron and Fabrizio Zilibotti (2001) "Productivity Differences," *Quarterly Journal of Economics*, Vol.116, Issue 2, pp.563-606.
Adelman, Irma and Cynthia Taft Morris (1973) *Economic Growth and Social Equity in Developing Countries*, Stanford: Stanford University Press（村松安子訳『経済成長と社会的公正』東洋経済新報社、1978年）.
Adelman, Irma and Sherman Robinson (1989) "Income Distribution and Development," in Horris Chenery and T. N. Srinivasan eds., *Handbook of Development Economics*, Vol.2, Amsterdam: Elsevier Science Publishers B.V., pp.949-1003.
Aghion, Philippe, Christopher Harris, Peter Howitt, and John Vickers (1997) "Competition and Growth with Step-by-Step Innovation: An Example," *European Economic Review*, Vol.41, Nos.3-5, pp.771-782.
Aghion, Philippe, Christopher Harris, Peter Howitt, and John Vickers (1999) "Competition, Imitation and Growth with Step-by-Step Innovation," mimeo., September.
Aghion, Philippe and Peter Howitt (1992) "A Model of Growth through Creative

Destruction," *Econometrica*, Vol.60, No.2, pp.323-351.

Aghion, Philippe and Peter Howitt (1997) "A Schumpeterian Perspective on Growth and Competition," in David M. Kreps and Kenneth F. Wallis eds., *Advances in Economics and Econometrics: Theory and Applications, Seventh World Congress*, Vol. II , Cambridge: Cambridge University Press, pp.279-317.

Akerlof, George A. and Janet L. Yellen eds. (1986) *Efficiency Wage Models of the Labor Market*, Cambridge: Cambridge University Press.

Alkire, Sabina and Maria Emma Santos (2013) "A Multidimensional Approach: Poverty Measurement & Beyond," *Social Indicators Research*, Vol.112, No.2, pp.239-257.

Aoki, Masahiko, Hyung-Ki Kim, and Masahiro Okuno-Fujiwara eds. (1996) *The Role of Government in East Asian Economic Development: Comparative Institutional Analysis*, Oxford: Clarendon Press. (白鳥正喜監訳『東アジアの経済発展と政府の役割』日本経済新聞社、1997年)

Ashraf, Nava (2009) "Spousal Control and Intra-Household Decision Making: An Experimental Study in the Philippines," *American Economic Review*, Vol.99, No.4, pp.1245-1277.

Atkeson, Andrew and Masao Ogaki (1996) "Wealth-Varying Intertemporal Elasticities of Substitution: Evidence from Panel and Aggregate Data," *Journal of Monetary Economics*, Vol.38, No.3, pp.507-534.

Atkinson, Anthony B. and François Bourguignon eds. (2000) *Handbook of Income Distribution*, Volume 1, Amsterdam: North Holland.

Atkinson, Anthony B., Thomas Piketty, and Emmanuel Saez (2011) "Top Incomes in the Long Run of History," *Journal of Economic Literature*, Vol.49, No.1, pp.3-71.

Aw, Bee Yan, Xiaomin Chen, and Mark J. Roberts (2001) "Firm-level Evidence on Productivity Differentials and Turnover in Taiwanese Manufacturing," *Journal of Development Economics*, Vol.51, Issue 1, pp.51-86.

Aw, Bee Yan, Sukkyun Chung, and Mark J. Roberts (2000) "Productivity and Turnover in the Export Market: Micro-level Evidence from the Republic of Korea and Taiwan (China)," *World Bank Economic Review*, Vol.14, No.1, pp.65-90.

Azariadis, Costas and Allan Drazen (1990) "Threshold Externalities in Economic Development," *Journal of Political Economy*, Vol.105, No.2, pp.501-526.

Balassa, Bela and Associates (1982) *Development Strategies in Semi-industrial Economies*, Baltimore and London: The Johns Hopkins University Press.

Banerjee, Abhijit V., T. Besley, and T. W. Guinnane (1994) "Thy Neighbor's

Keeper: The Design of a Credit Cooperative with Theory and a Test," *Quarterly Journal of Economics*, Vol.109, Issue 2, pp.491-515.

Banerjee, Abhijit V. and Esther Duflo (2011) *Poor Economics: A Radical Rethinking of the Way to Fight Global Poverty*, New York: Public Affairs. (山形浩生訳『貧乏人の経済学――もういちど貧困問題を根っこから考える』みすず書房、2012年).

Banerjee, Abhijit, Esther Duflo, Nathanael Goldberg, Dean Karlan, Robert Osei, William Pariente, Jeremy Shapiro, Bram Thuysbaert, and Christopher Udry (2015a) "A Multifaceted Program Causes Lasting Progress for the Very Poor: Evidence from Six Countries," *Science*, Vol.348, Issue 6236, DOI: 10.1126/science.1260799.

Banerjee, Abhijit V. and Lakshmi Iyer (2005), "History, Institutions and Economic Performance: The Legacy of Colonial Land Tenure Systems in India," *American Economic Review*, Vol.95, No.4, pp.1190-1213.

Banerjee, Abhijit V., Dean Karlan, and Jonathan Zinman (2015b) "Six Randomized Evaluations of Microcredit: Introduction and Further Steps," *American Economic Journal: Applied Economics*, Vol.7, No.1, pp.1-21.

Banerjee, Abhijit V. and A. F. Newman (1993) "Occupational Choice and the Process of Development," *Journal of Political Economy*, Vol.101, No.2, pp.274-298.

Bardhan, Pranab (1997) "Corruption and Development: A Review of Issues," *Journal of Economic Literature*, Vol.35, No.3, pp.1320-1346.

Bardhan, Pranab (2000) "Irrigation and Cooperation: An Empirical Analysis of 48 Irrigation Communities in South India," *Economic Development and Cultural Change*, Vol.48, No.4, pp.45-865.

Bardhan, Pranab (2016) "State and Development: The Need for a Reappraisal of the Current Literature," *Journal of Economic Literature*, Vol.54, No.3, pp.862-892.

Bardhan, Pranab and Christopher Udry (1999) *Development Microeconomics*, Oxford: Oxford University Press. (福井清一・不破信彦・松下敬一郎訳『開発のミクロ経済学』東洋経済新報社、2001年)

Barro, Robert J. and Xavier Sala-i-Martin (1992) "Convergence," *Journal of Political Economy*, Vol.100, No.2, pp.223-251.

Barro, Robert J. and Xavier Sala-i-Martin (1995) *Economic Growth*, New York: McGraw Hill.

Barro, Robert J. and Xavier Sala-i-Martin (1997) "Technological Diffusion, Convergence, and Growth," *Journal of Economic Growth*, Vol.2, No.1, pp.1-26.

Basu, Kaushik (1999) "Child Labor: Cause, Consequence, and Cure, with Remarks on International Labor Standards," *Journal of Economic Literature*, Vol.37, No.3, pp.1083-119.

Basu, Kaushik and Pham Hoang Van (1998) "The Economics of Child Labor," *American Economic Review*, Vol.88, No.3, pp.412-427.

Bates, Robert H. (1981) *Markets and States in Tropical Africa: The Political Basis of Agricultural Policies*, Berkeley and Los Angeles, California: University of California Press.

Bauer, Michal, Julie Chytilová, and Jonatahan Morduch (2012) "Behavioral Foundations of Microcredit: Experimental and Survey Evidence from Rural India," *American Economic Review*, Vol.102, No.2, pp.1118-1139.

Beattie, Alan (2008) "Countries Rush to Restrict Trade in Basic Foods," *Financial Times*, April 2.

Becker, Gary S., Kevin M. Murphy, and Robert Tamura (1990) "Human Capital, Fertility, and Economic Growth," *Journal of Political Economy*, Vol.98, No.5, Part 2, pp.S12-S37.

Behrman, J. R. (1999) "Labor Markets in Developing Countries," in O. Ashenfelter and D. Card eds., *Handbook of Labor Economics*, Vol.3, Amsterdam: Elsevier Science Publishers, pp.2859-2939.

Bell, Clive (1988) "Credit Markets and Interlinked Transactions," in H. Chenery and T. N. Srinivasan eds., *Handbook of Development Economics*, Vol.1, Amsterdam: Elsevier Science Publishers, Chap.16, pp.763-830.

Bénabou, Roland (1996) "Inequality and Growth," in Ben S. Bernanke and Julio J. Rotembergeds., *NBER Macroeconomics Annual 1996*, Cambridge: MIT Press, pp.11-74.

Besley, Timothy (1995) "Savings, Credit and Insurance," in Jere Behrman and T. N. Srinivasan eds., *Handbook of Development Economics*, Vol.3A, Amsterdam: North Holland, pp.2123-2207.

Besley, Timothy and Stephen Coate (1995) "Group Lending, Repayment Incentives, and Social Capital," *Journal of Development Economics*, Vol.46, Issue 1, pp.1-18.

Besley, Timothy, Stephen Coate, and Glenn Loury (1993) "The Economics of Rotating Savings and Credit Associations," *American Economic Review*, Vol.83, No.4, pp.792-810.

Bhagwati, Jagdish (2002) "Coping with Antiglobalization," *Foreign Affairs*, Vol.81, No.1, pp.2-7.(「人間の顔をしたグローバル化をめざせ」『論座』通巻82号 [2002

年3月号]、pp.229-235)
Bils, Mark and Peter J. Klenow (2000) "Does Schooling Cause Growth?" *American Economic Review*, Vol.90, No.5, pp.1160-1183.
Binswanger, Hans P. (1981) "Attitudes toward Risk: Theoretical Implications of an Experiment in Rural India," *Economic Journal*, Vol.91, pp.867-890.
Blattman, Chris and Edward Miguel (2010) "Civil War," *Journal of Economic Literature*, Vol.48, No.1, pp.3-57.
Bloom, Nicholas, Renata Lemos, Raffaella Sadun, Daniela Scur, and John Van Reenen (2014) "The New Empirical Economics of Management," NBER Working Paper 20102.
Breza, Emily and Cynthia Kinnan (2016) "Measuring the Equilibrium Impacts of Credit: Evidence from the Indian Microfinance Crisis," mimeo, Columbia Business School, August 2016.
Burnside, Craig and David Dollar (2000) "Aid, Policies, and Growth," *American Economic Review*, Vol.90, No.4, pp.847-868.
Caballero, Ricardo J. and Adam B. Jaffe (1993) "How High Are the Giants' Shoulders: An Empirical Assessment of Knowledge Spillovers and Creative Destruction in a Model of Economic Growth," in Oliver Jean Blanchard and Stanley Fischer eds., *NBER Macroeconomics Annual 1993*, Cambridge: MIT Press, pp.15-74.
Cassels, Andrew (1997) *A Guide to Sector-wide Approaches for Health Development: Concepts, Issues and Working Arrangements*, Geneva: World Health Organization.
Cavallo, Eduardo, Sebastian Galiani, Ilan Noy, and Juan Pantano (2013) "Catastrophic Natural Disasters and Economic Growth," *Review of Economics and Statistics*, Vol.95, No.5, pp.1549-1561.
Chambers, Robert (1997) *Whose Reality Counts?: Putting the First Last*, London: International Technology.(野田直人・白鳥清志監訳『参加型開発と国際協力――変わるのはわたしたち』明石書店、2000年)
Chayanov, Aleksandr Vasil'evich (1923) Die Lehre von der Bauerlichen Wirtschaft: Versuch einer Theorie der Familienwirtschaft im Landbau, Berlin: Parey(磯辺秀俊・杉野忠夫訳『小農経済の原理』増訂版、大明堂、1957年).
Chen, Shaohua and Martin Ravallion (2000) "How Did the World's Poorest Fare in the 1990s?" World Bank Policy Research Working Paper, No.2409.
Ciccone, Antonio and Kiminori Matsuyama (1996) "Start-up Costs and Pecuniary Externalities as Barriers to Economic Development," *Journal of Development*

Economics, Vol.49, Issue 1, pp.33-59.
Clark, Gregory (2014) "The Industrial Revolution," in Philippe Aghion and Steven N. Durlauf eds., *Handbook of Economic Growth*, Vol.2A, Oxford, UK and San Diego, US: Elsevier B. V., pp.217-262.
Cockburn, Iain M. and Rebecca Henderson (2000) "Publicly Funded Science and the Productivity of the Pharmaceutical Industry," in Adam B. Jaffe, Josh Lerner, and Scott Stern eds., *Innovation Policy and the Economy*, Vol.1, pp.1-34.
Collier, Paul (2007) *The Bottom Billion: Why the Poorest Countries are Failing and What Can Be Done about it*, Oxford University Press. (中谷和男訳『最底辺の10億人——最も貧しい国々のために本当になすべきことは何か?』日経BP社、2008年)
Cooper, Russell and Andrew John (1988) "Coordinating Coordination Failures in Keynesian Models," *Quarterly Journal of Economics*, Vol.103, Issue 3, pp.441-464.
Corbo, Vittorio and Stanley Fischer (1995) "Structural Adjustment, Stabilization and Policy Reform: Domestic and International Finance," in Jere Behrman and T. N. Srinivasan eds., *Handbook of Development Economics*, Vol.3B, Amsterdam: North Holland, pp.2845-2924.
Dasgupta, Partha (1997a) *Environmental and Resource Economics in the World of the Poor*, Resources for the Future, Washington, D.C.
Dasgupta, Partha (1997b) "Nutritional Status, the Capacity for Work, and Poverty Traps," *Journal of Econometrics*, Vol.77, No.1, pp.5-38.
Dasgupta, Partha and Karl-Göran Mäler (1995) "Poverty, Institutions, and the Environmental Resource-Base," in Jere Behrman and T. N. Srinivasan eds., *Handbook of Development Economics*, Vol.3, Elsevier Science Publishers, pp.2371-2463.
Dasgupta, Partha and Debraj Ray (1986) "Inequality as a Determinant of Malnutrition and Unemployment: Theory," *Economic Journal*, Vol.96, No.384, pp.1011-1034.
Datt, Gaurav and Martin Ravallion (2002) "Is India's Economic Growth Leaving the Poor Behind?" *Journal of Economic Perspectives*, Vol.16, No.3, pp.89-108.
de Janvry, Alain, Marcel Fafchamps, and Elisabeth Sadoulet (1991) "Peasant Household Behavior with Missing Markets: Some Paradox Explained," *Economic Journal*, Vol.101, No.409, pp.1400-17.
Deardorff, Alan V. and Robert M. Stern (2000) "What the Public Should Know about Globalization and the World Trade Organization," Discussion Paper

No.460, Research Seminar in International Economics, School of Public Policy, University of Michigan.

Deaton, Angus (1991) "Saving and Liquidity Constraints," *Econometrica*, Vol.59, No.5, pp.1221-48.

Deaton, Angus (1992) *Understanding Consumption*, Oxford: Clarendon Press.

Deininger, Klaus and Lyn Squire (1998) "New Ways of Looking at Old Issues: Inequality and Growth," *Journal of Development Economics*, Vol.57, Issue 2, pp.259-287.

Desowitz, Robert S. (1991) *The Malaria Capers: Tales of Parasites and People*, New York: W.W. Norton.

Dixit, Avinash K. and Joseph E. Stiglitz (1977) "Monopolistic Competition and Optimum Product Diversity," *American Economic Review*, Vol.67, No.3, pp.297-308.

Dollar, David (2001) "Globalization, Inequality, and Poverty Since 1980," mimeo. (http://econ.worldbank.org/view.php?type=5&id=2944).

Dollar, David and Aart Kraay (2001a) "Trade, Growth, and Poverty," World Bank Policy Research Working Paper, No.2615.

Dollar, David and Aart Kraay (2001b) "Growth Is Good for the Poor," World Bank Policy Research Working Paper, No.2587.

Dollar, David and Aart Kraay, (2002) "Spreading the Wealth," *Foreign Affairs*, Vol.81, No.1, pp.120-133.(「グローバル化が世界の貧困層を救う」『論座』通巻82号［2002年3月号］、pp.236-247)

Dréze, Jean and Amartya Sen (1989) *Hunger and Public Action*, Oxford: Clarendon Press.

Duflo, Esther (2001) "Schooling and Labor Market Consequences of School Construction in Indonesia: Evidence from an Unusual Policy Experiment," *American Economic Review*, Vol.91, No.4, pp.795-813.

Duflo, Esther, Rachel Glennerster, and Michael Kremer (2008) "Using Randomization in Development Economics Research: A Toolkit," in Schultz and Strauss (2008), pp.3895-3962.

Easterly, William, Robert King, Ross Levine, and Sergio Rebelo (1994) "Policy, Technology Adoption, and Growth," in Luigi L. Pasinetti and Robert M. Solow eds., *Economic Growth and the Structure of Long-term Development*, New York: St. Martin's Press, pp.75-89.

Easterly, William, Ross Levine and David Roodman (2004) "Aid, Policies, and Growth: Comment," *American Economic Review*, Vol.94, No.3, pp.774-780.

Economist（1999）"Wealth: The Road to Riches," Millennium Special Edition, December 31.
Economist（2001a）"Getting Better All the Time: A Survey of Technology and Development," November 10.
Economist（2001b）"Globalisation and Its Critics: A Survey of Globalisation," September 29.
Economist（2002a）"AIDS: Hope for the Best. Prepare for the Worst," July 13.
Economist（2002b）"Tangled Up in Textiles," March 30.
Economist（2016）"Malaria Vaccines: Buzzing," May 14.
Engels, Dagmar（1999）*Beyond Purdah? Women in Bengal: 1890-1930*, Oxford India Paperbacks, New Delhi: Oxford University Press.
Eswaran, Mukesh and Ashok Kotwal（1986）"Access to Capital and Agrarian Production Organization," *Economic Journal*, Vol.96, No.382, pp.482-498.
Evans, David S. and Boyan Jovanovic（1989）"An Estimated Model of Entrepreneurial Choice under Liquidity Constraints," *Journal of Political Economy*, Vol.97, No.4, pp.808-827.
Evenson, Robert E. and Larry E. Westphal（1995）"Technological Change and Technology Strategy," in Jere Behrman and T. N. Srinivasan eds., *Handbook of Development Economics*, Vol.3A, Amsterdam: Elsevier Science Publishers, pp.2209-2299.
Fafchamps, Marcel and John Pender（1997）"Precautionary Saving, Credit Constraints, and Irreversible Investment: Theory and Evidence from Semi-Arid India," *Journal of Business and Economic Statistics*, Vol.15, No.2, pp.180-194.
Field, Erica and Rohini Pande（2008）"Repayment Frequency and Default in Micro-Finance: Evidence from India," *Journal of the European Economic Association*, Vol.6, No.2-3, pp. 501-509.
Field, Erica, Rohini Pande, John Papp, and Y. Jeanette Park（2012）"Repayment Flexibility Can Reduce Financial Stress: A Randomized Control Trial with Microfinance Clients in India," *PLoS One*, Vol.7, No.9, pp.1-7.
Field, Erica, Rohini Pande, John Papp, and Natalia Rigol（2013）"Does the Classic Microfinance Model Discourage Entrepreneurship among the Poor? Experimental Evidence from India," *American Economic Review*, Vol.103, No.6, pp.2196-2226.
Fisman, Raymond and Edward Miguel（2008）*Economic Gangsters: Corruption, Violence, and the Poverty of Nations*, Princeton University Press.（田村勝省訳『悪い奴ほど合理的――腐敗・暴力・貧困の経済学』NTT出版、2014年）

Foster, James E. and Amartya K. Sen (1997) "On Economic Inequality After a Quarter Century," Annexe to A.K. Sen, *On Economic Inequality*, Enlarged Edition, Oxford: Clarendon Press, pp.107-219. (鈴村興太郎・須賀晃一訳『不平等の経済学』東洋経済新報社、2007年)

Fukunishi, Takahiro and Tatsufumi Yamagata eds. (2014) *The Garment Industry in Low-Income Countries: An Entry Point of Industrialization*, Houndmills, Basingstoke, Hampshire, UK: Palgrave Macmillan.

Fuwa, Nobuhiko, Seiro Ito, Kensuke Kubo, Takashi Kurosaki, and Yasuyuki Sawada (2006) "Gender Discrimination, Intrahousehold Resource Allocation, and Importance of Spouses' Fathers: Evidence on Household Expenditure from Rural India," *Developing Economies*, Vol.44, No.4, pp.398-439.

Fuwa, Nobuhiko, Seiro Ito, Kensuke Kubo, Takashi Kurosaki, and Yasuyuki Sawada (2012) "How Does Credit Access Affect Children's Time Allocation? Evidence from Rural India," *Journal of Globalization and Development*, Vol.3, Issue 1, pp.1-26.

Gallagher, Rob (1992) *The Rickshaws of Bangladesh*, Dhaka: University Press Ltd.

Gerschenkron, Alexander (1962) *Economic Backwardness in Historical Perspective*, Cambridge, Massachusetts: Belknap Press of Harvard University Press. (絵所秀紀他訳『後発工業国の経済史——キャッチアップ型工業化論』ミネルヴァ書房、2005年)

Ghatak, Maitreesh (1999) "Group Lending, Local Information and Peer Selection," *Journal of Development Economics*, Vol.60, Issue 1, pp.27-50.

Giné, Xavier and D.S. Karlan (2014) "Group versus Individual Liability: Short and Long Term Evidence from Philippine Microcredit Lending Groups," *Journal of Development Economics*, Vol.107, Issue C, pp.65-83.

Giné, Xavier and Robert M. Townsend (2004) "Evaluation of Financial Liberalization: A General Equilibrium Model with Constrained Occupation Choice," *Journal of Development Economics*, Vol.74, Issue 2, pp.269-308.

Goto, Jun, Yasuyuki Sawada, Takeshi Aida, and Keitaro Aoyagi (2015) "Incentives and Social Preferences: Experimental Evidence from a Seemingly Inefficient Traditional Labor Contract," CIRJE, Faculty of Economics, University of Tokyo, No. CIRJE-F-961) / Center for Economic Institutions Working Paper Series. Center for Economic Institutions, Hitotsubashi University, No.2014-12.

Grether, Jean-Marie (1996) "Mexico, 1985-90: Trade Liberalization, Market Structure, and Manufacturing Performance," in Mark J. Roberts and James R.

Tybout eds., *Industrial Evolution in Developing Countries*, New York: Oxford University Press, pp.260-284.

Grosh, Margaret and Paul Glewwe (1998) "The World Bank's Living Standards Measurement Study Household Surveys," *Journal of Economic Perspectives*, Vol.12, No.1, pp.187-196.

Grosh, Margaret and Paul Glewwe (2000) *Designing Household Surveys: Questionnaires for Developing Countries──Lessons from 15 Years of the Living Standards Measurement Study*, World Bank.

Grossman, Gene M. and Elhanan Helpman (1991) *Innovation and Growth in the Global Economy*, Cambridge, Massachusetts: MIT Press.（大住圭介監訳『イノベーションと内生的経済成長──グローバル経済における理論分析』創文社、1998年）

Grossman, Gene M. and Elhanan Helpman (1995) "Technology and Trade," in Gene M. Grossman and Kenneth Rogoff eds., *Handbook of International Economics*, Vol.3, Amsterdam: Elsevier Science B. V., pp.1279-1337.

Hardin, Garrett (1968) "The Tragedy of the Commons," *Science*, Vol.162, Issue 3859, pp.1243-1248.

Harris, John R. and Michael P. Todaro (1970) "Migration, Unemployment and Development: A Two-Sector Analysis," *American Economic Review*, Vol.60, No.1, pp.126-142.

Harrison, Ann and Andres Rodriguez-Clare (2010) "Trade, Foreign Investment, and Industrial Policy for Developing Countries," in Dani Rodrick and Mark Rosenzweig eds., *Handbook of Development Economics*, Vol.5, Amsterdam and Boston: Elsevier, pp.4039-4214.

Hausmann, Ricardo and Dani Rodrick (2003) "Economic Development as Self-Discovery," *Journal of Development Economics*, Vol.72, Issue 2, pp.603-633.

IAVI (International AIDS Vaccine Initiative) (2002) "When Will an AIDS Vaccine be Found?: The State of Global Research," (http://www.iavi.org/science/state.htm).

Jacoby, Hanan and Emmanuel Skoufias (1997) "Risk, Financial Markets, and Human Capital in a Developing Country," *Review of Economic Studies*, Vol.64, No.2, pp.311-335.

Jodha, N. S. (1986) "Common Property Resources and Rural Poor in Dry Regions of India," *Economic and Political Weekly*, Vol.31, No.27, pp.1169-1181.

Jones, Charles I. (1995a) "Time Series Tests of Endogenous Growth Models," *Quarterly Journal of Economics*, Vol.110, Issue 2, pp.495-525.

Jones, Charles I. (1995b) "R&D-Based Models of Economic Growth," *Journal of Political Economy*, Vol.103, No.4, pp.759-784.

Jones, Charles I. (1998) *Introduction to Economic Growth*, New York: W. W. Norton & Co. (香西泰監訳『経済成長理論入門』日本経済新聞社、1999年).

Jovanovic, Boyan (1997) "Learning and Growth," in David M. Kreps and Kenneth F. Wallis eds., *Advances in Economics and Econometrics: Theory and Applications*, Seventh World Congress, Vol.II, Cambridge: Cambridge University Press, pp.318-339.

Kaboski, Joseph P. and Robert Townsend (2005) "Policies and Impact: An Analysis of Village-Level Microfinance Institutions," *Journal of the European Economic Association*, Vol.3, No.1, pp.1-50.

Karlan, Dean and Jacob Appel (2011) *More Than Good Intentions: Improving the Ways the World's Poor Borrow, Save, Farm, Learn, and Stay Healthy*, New York: PlumeDutton. (清川幸美訳『善意で貧困はなくせるのか？——貧乏人の行動経済学』みすず書房、2013年)

Karlan, Dean and Jonathan Zinman (2009) "Observing Unobservables: Identifying Information Asymmetries with a Consumer Credit Field Experiment," *Econometrica*, Vol.77, No.6, pp.1993-2008.

Kaufmann, Daniel, Aart Kraay, and Pablo Zoido-Lobatón (1999a) "Aggregating Governance Indicators," World Bank Policy Research Working Paper, No.2195.

Kaufmann, Daniel, Aart Kraay, and Pablo Zoido-Lobatón (1999b) "Governance Matters," World Bank Policy Research Working Paper, No.2196.

Kaufmann, Daniel, Aart Kraay, and Pablo Zoido-Lobatón (2002) "Governance Matters II: Updated Indicators for 2000/01," World Bank Policy Research Working Paper, No.2772.

Kharas, Homi, Koji Makino, and Woojin Jung (2011) "Overview: An Agenda for the Busan High-Level Forum on Aid Effectiveness," Homi Kharas, Koji Makino, and Woojin Jung, eds., *Catalyzing Development: A New Vision for Aid*, Washington, D.C.: Brookings Institution Press, pp.1-37.

Kitano, Naohiro and Yukinori Harada (2016) "Estimating China's Foreign Aid 2001-2013," *Journal of International Development*, Vol.28, Issue 7, pp.1050-1074.

Klesius, Michael (2002) "Amid the Unrelenting Spread of AIDS: Search for a Cure," National Geographic, February, pp.32-43. (「エイズは克服できるか」『ナショナルジオグラフィック日本版』Vol.8、No.2 (2002年2月号)、pp.72-83)

Kremer, Michael (2000a) "Creating Markets for New Vaccines: Part I: Rationale," in Adam B. Jaffe, Josh Lerner, and Scott Stern eds., *Innovation Policy and the Economy*, Vol.1, pp.35-72.

Kremer, Michael (2000b) "Creating Markets for New Vaccines: Part Ⅱ: Design Issues," in Adam B. Jaffe, Josh Lerner, and Scott Stern eds., *Innovation Policy and the Economy*, Vol.1, pp.73-118.

Kremer, Michael and Rachel Glennerster (2004) *Strong Medicine: Creating Incentives for Pharmaceutical Research on Neglected Diseases*, Princeton and Oxford: Princeton University Press.

Krueger, Anne O. (1984) "Trade Policies in Developing Countries," in R. W. Jones and P. B. Kenen eds., *Handbook of International Economics*, Vol.1, Amsterdam: Elsevier Science Publishers, Chap.11.

Krugman, Paul (1988) "Financing vs. Forgiving a Debt Overhang," *Journal of Development Economics*, Vol.29, Issue 3, pp.253-268.

Kurosaki, Takashi and Humayun Khan (2006) "Human Capital, Productivity, and Stratification in Rural Pakistan," *Review of Development Economics*, Vol.10, No.1, pp.116-134.

Kurosaki, Takashi and Marcel Fafchamps (2002) "Insurance Market Efficiency and Crop Choices in Pakistan," *Journal of Development Economics*, Vol.67, Issue 2, pp.419-453.

Kuznets, Simon (1955) "Economic Growth and Income Inequality," *American Economic Review*, Vol.45, No.1, pp.1-28.

Kuznets, Simon (1971) *Economic Growth of Nations*, Cambridge: The Belknap Press of Harvard University Press. (西川俊作・戸田泰訳『諸国民の経済成長』ダイヤモンド社、1977年)

Lanjouw, Jean O. (2003) "Intellectual Property and the Availability of Pharmaceuticals in Poor Countries," in Adam B. Jaffe, Josh Lerner, and Scott Stern eds., *Innovation Policy and the Economy*, Vol.3, pp.91-128.

Lanjouw, Jean O. and Iain M. Cockburn (2001) "New Pills for Poor People?: Empirical Evidence after GATT," *World Development*, Vol.29, No.2, pp.265-289.

Leibenstein, Harvey (1957) *Economic Backwardness and Economic Growth*, New York: John Wiley & Sons. (三沢巌郎監修、矢野勇訳『経済的後進性と経済成長』農林水産業生産性向上会議、1960年)

Lewis, W. Arthur (1954) "Economic Development with Unlimited Supplies of Labour," *Manchester School of Economics and Social Sciences*, Vol.22, pp.139-191.

Lin, Justin Yifu (2012) *The Quest for Prosperity: How Developing Economies Can Take Off*, Princeton: Princeton University Press. (小浜裕久監訳『貧困なき世界——途上国初の世銀チーフ・エコノミストの挑戦』東洋経済新報社、2016

年)

Lin, Justin Yifu and Mingxing Liu (2004) "Development Strategy: Transition and Challenges of Development in Lagging Regions," in François Bourguignon and Boris Pleskovic eds. *the World Bank Annual Conference on Development Economics 2004: Accelerating Development*, Washington, D.C.: World Bank and New York: Oxford University Press, pp. 197-223.

Ljungqvist, Lars (1993) "Economic Underdevelopment: The Case of a Missing Market for Human Capital," *Journal of Development Economics*, Vol.40, Issue 2, pp.219-39.

Lloyd-Ellis, Huw and Dan Bernhardt (2000) "Enterprise, Inequality and Economic Development," *Review of Economic Studies*, Vol.67, No.1, pp.147-168.

Lucas, Robert Jr. (1988) "On the Mechanics of Economic Development," *Journal of Monetary Economics*, Vol.22, No.1, pp.3-42.

Maddison, Angus (1991) *Dynamic Forces in Capitalist Development: A Long-Run Comparative View*, Oxford: Oxford University Press.

Mani, Anandi, Sendhil Mullainathan, Eldar Safir, and Jiaying Zhao (2013) "Poverty Impedes Cognitive Function," *Science*, Vol.341, pp.976-980.

Marshall, Alfred (1920) *Principles of Economics*, Eighth Edition, London: MacMillan & Co. Ltd.

Meier, Gerald M. ed (1987) *Pioneers in Development*, Second Series, New York: Oxford University Press.

Meier, Gerald M. and Dudley Seers eds. (1984) *Pioneers in Development*, New York: Oxford University Press.

Miguel, Edward and Michael Kremer (2004) "Worms: Identifying Impacts on Education and Health in the Presence of Treatment Externalities," *Econometrica*, Vol.72, No.1, pp.159-218.

Milgrom, Paul and John Roberts (1992) *Economics, Organization and Management*, Englewood Cliffs, New Jersey: Prentice Hall.（奥野正寛・伊藤秀史・今井晴雄・西村理・八木甫訳『組織の経済学』NTT出版、1997年）

Mokyr, Joel (1990) *The Lever of Riches: Technological Creativity and Economic Progress*, New York: Oxford University Press.

Morduch, Jonathan (1999a) "The Microfinance Promise," *Journal of Economic Literature*, Vol.37, No.1, pp.1569-1614.

Morduch, Jonathan (1999b) "The Role of Subsidies in Microfinance: Evidence from the Grameen Bank," *Journal of Development Economics*, Vol.60, Issue 1, pp.229-248.

Mullainathan, Sendhil and Eldar Shafir (2013) *Scarcity: Why Having Too Little Means So Much*, New York: Times Books.（大田直子訳『いつも「時間がない」あなたに——欠乏の行動経済学』早川書房、2015年）

Murphy, Kevin M., Andrei Shleifer, and Robert W. Vishny (1989) "Industrialization and the Big Push," *Journal of Political Economy*, Vol.97, No.5, pp.1003-1026.

Myrdal, Gunnar (1957) *Economic Theory and Under-Developed Regions*, London: Gerald Duckworth and Co. Ltd.（小原敬士訳『経済理論と低開発地域』東洋経済新報社、1959年）

Myrdal, Gunnar (1968) *Asian Drama*, New York: Twentieth Century Fund（板垣与一監訳、小浪充・木村修三訳『アジアのドラマ』東洋経済新報社、1974年）.

Nelson, Richard R. (1956) "A Theory of the Low-Level Equilibrium Trap in Underdeveloped Economies," *American Economic Review*, Vol.46, No.5, pp.894-908.

Nurkse, Ragnar (1953) *Problems of Capital Formation in Underdeveloped Countries*, Oxford: Basil Blackwell and Mott Ltd.（土屋六郎訳『後進諸国の資本形成（改訳版）』巖松堂出版、1966年）

Otsuka, Keijiro and Frank Place (2001) *Land Tenure and Natural Resource Management: A Comparative Study of Agrarian Communities in Asia and Africa*, Baltimore: Johns Hopkins University Press.

Oxfam (2002) *Rigged Rules and Double Standards: Trade, Globalisation, and the Fight against Poverty*, Oxfam (http://www.maketradefair.org/assets/english/Report English.pdf).

Parente, Stephen L. and Edward C. Prescott (2000) *Barriers to Riches*, Cambridge, Massachusetts: MIT Press.

Parker, Susan W., Luis Rubalcava, and Graciela Teruel (2008) "Evaluating Conditional Schooling and Health Programs," in Schultz and Strauss eds. (2008), pp.3963-4035.

Paulson, Anna L. and Robert M. Townsend (2004) "Entrepreneurship and Financial Constraints in Thailand," *Journal of Corporate Finance*, Vol.10, No.2, pp.229-262.

Piketty, Thomas (2013) *Le capital au XXIe siècle*, Paris: Éditions du Seuil.（山形浩生・守岡桜・森本正史訳『21世紀の資本』みすず書房、2014年）

Pilling, David (2000) "Discovering Medicines for the Poor," *Financial Times*, February 2, p. 7.

Rashid, M. Ali and Mustafizur Rahman (1998) "Management of Import Liberalization and Export Promotion Strategies in Bangladesh," in Rehman Sobhan ed, *Crisis in Governance: A Review of Bangladesh's Development 1997*, Dhaka:

Centre for Policy Dialogue and University Press Limited, pp.197-225.

Ratha, Dilip, Sanket Mohapatra and Sonia Plaza (2009) "Beyond Aid: New Sources and Innovative Mechanisms for Financing Development in Sub-Saharan Africa," in Suhas Kekar and Dilip Ratha, eds., *Innovative Financing for Development*, Washington, D.C.: World Bank, pp.143-183.

Ravallion, Martin (1992) "Poverty Comparisons: A Guide to Concepts and Methods," World Bank, LSMS Working Paper No.88.

Ravallion, Martin (1998) "Poor Areas," in Aman Ullah and David E. A. Giles eds., *Handbook of Applied Economic Statistics*, New York: Marcel Dekker Inc., pp.63-91.

Ravallion, Martin (2001) "The Mystery of Vanishing Benefits: An Introduction to Impact Evaluation," *World Bank Economic Review*, Vol.15, No.1, pp.115-140.

Ravallion, Martin (2008) "Evaluating Anti-Poverty Programs" in Schultz and Strauss (2008), pp.3787-3846.

Ravallion, Martin (2016) *The Economics of Poverty: History, Measurement, and Policy*, New York: Oxford University Press (柳原透監訳『貧困の経済学（上・下）』日本評論社、2017年刊行予定).

Ravallion, Martin and Gaurav Datt (1996) "Is Targeting through a Work Requirement Efficient? Some Evidence for Rural India," in D. van de Walle and K. Nead eds., *Public Spending and the Poor: Theory and Evidence*, Baltimore: Johns Hopkins Univ. Press.

Rawls, John (1971) *A Theory of Justice*, Cambridge: Belknap Press of Harvard University Press (矢島鈞次監訳『正義論』紀伊國屋書店、1979年).

Ray, Debraj (1998) *Development Economics*, Princeton: Princeton University Press.

Rebelo, Sergio (1991) "Long-run Policy Analysis and Long-run Growth," *Journal of Political Economy*, Vol.99, No.3, pp.500-521.

Remenyi, Joe and Benjamin Quiñones Jr.eds. (2000) *Microfinance and Poverty Alleviation: Case Studies from Asia and the Pacific*, London: Pinter.

Rivera-Batiz, Luis A. and Paul M. Romer (1991a) "Economic Integration and Endogenous Growth," *Quarterly Journal of Economics*, Vol.106, Issue 2, pp.531-555.

Rivera-Batiz, Luis A. and Paul M. Romer (1991b) "International Trade with Endogenous Technological Change," *European Economic Review*, Vol.35, No.4, pp.971-1004.

Roberts, Mark J. and James R. Tybout eds. (1996) *Industrial Evolution in Developing Countries: Micro Patterns of Turnover, Productivity, and Market Struc-*

ture, New York: Oxford University Press.

Rodrik, Dani (1998) "Why Do More Open Economies Have Bigger Governments?" *Journal of Political Economy*, Vol. 106, No. 5, pp. 997-1032.

Rodrik, Dani (2011) *The Globalization Paradox: Democracy and the Future of the World Economy*, New York: W. W. Norton.（柴山桂太・大川良文訳『グローバリゼーション・パラドクス――世界経済の未来を決める三つの道』白水社、2014年）

Rodrik, Dani ed. (2003) *In Search of Prosperity: Analytic Narratives on Economic Growth*, Princeton University Press.

Romer, Paul M. (1986) "Increasing Returns and Long-Run Growth," *Journal of Political Economy*, Vol.94, No.5, pp.1002-1037.

Romer, Paul M. (1990) "Endogenous Technological Change," *Journal of Political Economy*, Vol.98, No.5, Part 2, pp.S71-S102.

Romer, Paul M. (1993) "Two Strategies for Economic Development: Using Ideas and Producing Ideas," *Proceedings of the World Bank Annual Conference on Development Economics 1992*, Washington, D.C.: World Bank, pp.63-91.

Rose-Ackerman, Susan (1998) "Corruption and Development," in Boris Pleskovic and Joseph E. Stiglitz eds., *Proceedings of the World Bank Annual Conference on Development Economics 1997*, Washington, D. C.: World Bank, pp.35-57.

Rosenstein-Rodan, Paul N. (1943) "Problems of Industrialization of Eastern and South-Eastern Europe," *Economic Journal*, Vol.53, No.210/211, pp.202-211.

Rosenzweig, Mark R. (1988) "Labor Markets in Low-income Countries," in Hollis Chenery and T. N. Srinivasan eds., *Handbook of Development Economics*, Vol.1, Amsterdam: Elsevier Science Publishers, pp.713-762.

Rosenzweig, Mark R. and Kenneth I. Wolpin (1993) "Credit Market Constraints, Consumption Smoothing and the Accumulation of Durable Production Assets in Low-Income Countries: Investments in Bullocks in India," *Journal of Political Economy*, Vol.101, No.2, pp.223-244.

Rosenzweig, Mark R. and Kenneth I. Wolpin (2000) "Natural 'Natural Experiments' in Economics," *Journal of Economic Literature*, Vol.38, No.4, pp.827-874.

Rostow, Walt W. (1960) *The Stages of Economic Growth*, London: Cambridge University Press（木村健康・久保まち子・村上泰亮訳『経済成長の諸段階』増補版、1974年）.

Roy, Andrew D. (1951) "Some Thoughts on the Distribution of Earnings," *Oxford Economic Papers*, Vol.3, No.2, pp.135-146.

Sachs, Jeffrey D. (1989) "The Debt Overhang of Developing Countries," in Guillermo Calvo, Ronald Findlay, Pentti Kouri, and Jorge Braga de Macedo eds., *Debt, Stabilization and Development: Essays in Memory of Carlos Días-Aljandro*, Oxford: Basil Blackwell, pp.80-102.

Sadoulet, Elisabeth and Alain de Janvry (1995) *Quantitative Development Policy Analysis*, Baltimore: Johns Hopkins University Press.

Sagar, Ambuj D. and Adil Najam (1998) "The Human Development Index: A Critical Review," *Ecological Economics*, Vol.25, Issue 3, pp.249-264.

Samuelson, Paul (1948) "Consumption Theory in Terms of Revealed Preference," *Economica*, Vol.15, No.60, pp.243-253.

Sawada, Yasuyuki, Rima Bhattacharyay, and Tomoaki Kotera (2011) "Aggregate Impacts of Natural and Man-Made Disasters: A Quantitative Comparison," RIETI Discussion Paper 11-E-023.

Sawada, Yasuyuki and Michael Lokshin (2009) "Obstacles to School Progression in Rural Pakistan: An Analysis of Gender and Sibling Rivalry Using Field Survey Data," *Journal of Development Economics*, Vol.88, Issue 2, pp.335-347.

Schaner, Simone (2015) "Do Opposites Detract? Intrahousehold Preference Heterogeneity and Inefficient Strategic Savings," *American Economic Journal: Applied Economics*, Vol.7, No.2, pp.135-174.

Scherer, Frederic M. (1970) *Industrial Market Structure and Economic Performance*, Chicago: Rand McNally & Company.

Schultz, T. Paul and John Strauss eds. (2008) *Handbook of Development Economics*, Vol.4, North-Holland: Elsevier.

Schumacher, Ernst Friedrich (1973) *Small is Beautiful: A Study of Economics as if People Mattered*, London: Blond and Briggs（小島慶三・酒井懋訳『スモール・イズ・ビューティフル』講談社、1986年).

Schumpeter, Joseph A. (1942) *Capitalism, Socialism and Democracy*, New York and London: Harper & Brothers.

Seabright, Paul (1993) "Managing Local Commons: Theoretical Issues in Incentive Design," *Journal of Economic Perspectives*, Vol.7, No.4, pp.113-134.

Sen, Amartya (1981) *Poverty and Famines: An Essay on Entitlement and Deprivation*, Oxford: Clarendon Press.（黒崎卓・山崎幸治訳『貧困と飢饉』岩波書店、2000年)

Sen, Amartya (1985) *Commodities and Capabilities*, Oxford: Oxford University Press.（鈴村興太郎訳『福祉の経済学――財と潜在能力』岩波書店、1988年)

Sen, Amartya (1999) *Development as Freedom*, New York: Alfred A. Knopf.（石塚雅彦訳『自由と経済開発』日本経済新聞社、2000年)

Shapiro, Carl and Joseph E. Stiglitz (1984) "Equilibrium Unemployment as a Worker Discipline Device," *American Economic Review*, Vol.74, No.3, pp.433-444.

Shleifer, Andrei and Robert W. Vishny (1993) "Corruption," *Quarterly Journal of Economics*, Vol.113, Issue 3, pp.599-617.

Shonchoy, Abu and Takashi Kurosaki (2014) "Impact of Seasonality-adjusted Flexible Microcredit on Repayment and Food Consumption: Experimental Evidence from Rural Bangladesh," IDE Discussion Paper No. 460.

Singh, Inderjit, Lyn Squire and John Strauss eds. (1986) *Agricultural Household Models: Extensions, Applications, and Policy*, Baltimore: Johns Hopkins University Press.

Sobel, Dava (1995) *Longitude: The True Story of a Lone Genius Who Solved the Greatest Scientific Problem of His Time*, New York: Walker & Company. (藤井留美訳『経度への挑戦――一秒にかけた四〇〇年』翔泳社、1997年)

Solow, Robert M. (1956) "A Contribution to the Theory of Economic Growth," *Quarterly Journal of Economics*, Vol.70, Issue 1, pp.65-94.

Srinivasan, T. N. (1994) "Human Development: A New Paradigm or Reinvention of the Wheel?" *American Economic Review* (AEA Papers and Proceedings), Vol.84, No.2, pp.238-243.

Stern, Nicholas and Ehtisham Ahmad (1989) "Taxation for Developing Countries," in H. Chenery and T. N. Srinivasan eds., *Handbook of Development Economics*, Vol.2, Amsterdam: Elsevier Science Publishers, Chap.20.

Stiglitz, Joseph E. (1988) "Economic Organization, Information and Development," in H. Chenery and T. N. Srinivasan eds., *Handbook of Development Economics*, Vol.1, Amsterdam: Elsevier Science Publishers, Chap.5.

Stiglitz, Joseph E. (1990) "Peer Monitoring and Credit Markets," *World Bank Economic Review*, Vol.4, No.3, pp.351-366.

Stiglitz, Joseph E. and Andrew Weiss (1981) "Credit Rationing in Markets with Imperfect Information," *American Economic Review*, Vol.71, No.3, pp.393-410.

Summers, Robert and Alan Heston (1991) "The Penn World Table (Mark 5): An Expanded Set of International Comparisons, 1950-1988," *Quarterly Journal of Economics*, Vol.162, Issue 2, pp.327-368.

Swinnerton, Kenneth A. and Carol A. Rogers (1999) "The Economics of Child Labor: Comment," *American Economic Review*, Vol.89, No.5, pp.1382-85.

Takahashi, Kazushi, Abu Shonchoy, Seiro Ito, and Takashi Kurosaki (2017) "How Does Contract Design Affect the Uptake of Microcredit among the Ultra-poor?

Experimental Evidence from the River Islands of Northern Bangladesh," *Journal of Development Studies*, Vol.53, Issue 4, pp.530-547.

Tanaka, Tomomi, Colin F. Camerer, and Quang Nguyen (2010) "Risk and Time Preferences: Linking Experimental and Household Survey Data from Vietnam," *American Economic Review*, Vol.100, No.1, pp.557-571.

Todd, Petra E. (2008) "Evaluating Social Programs with Endogenous Program Placement and Selection of the Treated," in Schultz and Strauss (2008), pp.3847-3894.

Tybout, James R. (2000) "Manufacturing Firms in Developing Countries: How Well Do They Do, and Why?" *Journal of Economic Literature*, Vol.38, No.1, pp.11-44.

Tyrangiel, Josh (2002) "Bono: Elevating Africa," *Time*, Vol.159, No.8, March 4, pp.40-47.

UNAIDS (Joint United Nations Programme on HIV/AIDS) (2002a) *Report on the Global HIV/AIDS Epidemic*, Geneva: UNAIDS.

UNAIDS (2002b) "Fact Sheet 2002: Accelerating Access to Treatment and Care," XIV International Conference on AIDS, Barcelona, July 7-12, (http://www.unaids.org/barcelona/presskit/factsheets/FSaccess en.htm).

UNDP (United Nations Development Programme) (2001) *Human Development Report 2001*, Oxford University Press. (北谷勝秀監修『UNDP 人間開発報告書2001 新技術と人間開発』古今書院、2001年)

UNDP (2015) *Human Development Report 2015: Work for Human Development*, New York: UNDP.

UNDP (various issues) *Human Development Report*, various issues, New York: Oxford University Press. (『人間開発報告書』古今書院)

Udry, Christopher (1996) "Gender, Agricultural Production and the Theory of the Household," *Journal of Political Economy*, Vol.104, No.5, pp.1010-1046.

United Nations (2015) *Addis Ababa Action Agenda of the Third International Conference on Financing for Development*, New York: United Nations (http://www.un.org/esa/ffd/wp-content/uploads/2015/08/AAAA_Outcome.pdf).

Uzawa, Hirofumi (1964) "Optimal Growth in a Two-sector Model of Capital Accumulation," *Review of Economic Studies*, Vol.31, No.1, pp.1-24.

Varian, Hal R. (1992) *Microeconomic Analysis*, Third edition. New York: W. W. Norton & Company, Inc.

WTO (World Trade Organization) (2002) "Council Approves LDC Decision with Additional Waiver," (http://www.wto.org/english/news e/pres02 e/pr301 e.htm).

Weil, David N. (2005) *Economic Growth*, Addison-Wesley.（早見弘・早見均訳『経済成長』ピアソン桐原、2010年）

World Bank (1992) *Governance and Development*, Washington, D. C.: World Bank.

World Bank (1997) *Confronting AIDS: Public Priorities in a Global Epidemic*, Washington, D. C.: World Bank.（喜多悦子・西川潤訳『経済開発とエイズ』東洋経済新報社、1999年）

World Bank (1998) *Assessing Aid: What Works, What Doesn't, and Why*, Washington, D.C.: New York: Oxford University Press.（小浜裕久・冨田陽子訳『有効な援助』東洋経済新報社、2000年）

World Bank (2000a) *World Development Report 2000/2001: Attacking Poverty*, New York: Oxford University Press.（西川潤監訳『世界開発報告2000/2001──貧困との闘い』シュプリンガー・フェアラーク、2002年）

World Bank (2000b) *India: Reducing Poverty, Accelerating Development*, New Delhi: Oxford University Press.

World Bank (2001) *2001 World Development Indicators*, Washington, D.C.: World Bank.

World Bank (2002a) *Globalization, Growth, and Poverty: Building an Inclusive World Economy*, Washington, D.C.: World Bank.

World Bank (2002b) *2002 World Development Indicators*, Washington, D.C.: World Bank.

World Bank (2002c) *World Development Report 2002: Building Institutions for Markets*, New York: Oxford University Press.

World Bank (2003) *Bangladesh: Development Policy Review, Impressive Achievements but Continuing Challenges* (Report No. 26154-BD) Washington, D.C.: World Bank.

World Bank (2015) *World Development Report 2015: Mind, Society, and Behavior*, Washington D.C.: World Bank.

Yamagata, Tatsufumi (2016) "Sustainable Development Goals and Japan: Sustainability Overshadows Poverty Reduction," *Asia-Pacific Development Journal*, Vol.23, No.2, pp.1-17.

Yunus, Muhammad and Alan Jolis (1997) *Vers un Monde sans Pauvreté*, Paris: Éditions Jean-Claude Lattès.（猪熊弘子訳『ムハマド・ユヌス自伝──貧困なき世界をめざす銀行家』早川書房、1998年）

あとがき

　仕事柄、発展途上国に出かけることが多い。帰りはまる1日、ときには2日かけて日本に戻ってくる。空港からバスや電車などを乗り継いで家に帰る。食事をし、風呂に入り、床に就く。ときには空港から職場に直行し、会議に出たりする。空港からの数時間を境に、つい今し方、飛行機に乗りこむ前に別の国にいたはずの自分が、日本での日常に追われる自分に変化する。
　「自分はなぜここにいるのか？」 時差ぼけで頭がうつろになる瞬間、戻らねばならない日本での日常から、飛行機に乗りこむ前の世界に意識が飛ぶことがある。異なった言語を話し異なった文化をもつ人々、物乞いや客引きや農夫や老人や若者や子どもたちの中に身を置き、彼らの目からその社会を理解しようともがいた感覚がよみがえる。
　われわれ2人には、発展途上国に多くの心安い人々、尊敬すべき人々、心和む人々がいる。われわれは、途上国で数多くのかけがえのない貴重な経験をした。われわれにとって開発とは、そのような国に住む人々が理不尽な死に至ったり、病苦に悩まされたりする可能性を小さくし、生まれによらず心豊かな子どもを育てるような教育環境を整え、人々が安心して現在の生活を享受し、将来への志高く暮らすことのできる基礎を築くことである。もちろんこのような意味での開発の問題は日本にも残っていよう。しかし本書で示したように、保健・教育・所得など、生活水準を左右するほとんどの側面において、発展途上国の達成水準は日本と比べて絶望的なほど低い。したがってわれわれは、発展途上国全般、あるいはある低所得途上国で経済成長率や乳児死亡率が上がったとか下がったとかいうニュースを聞いて、まるで友人の誰かの生活や健康に関するニュースを聞いたときのように一喜一憂するのである。
　途上国に住む人々にこのような感情移入をする一方で、彼らとわれわれの間にある大きな隔たりをも日々感じている。われわれの本拠は日本にある。

発展途上国に行っても日本のパスポートをもっているから、その国でクーデターでも起これば、大使館が保護してくれたり、場合によってはチャーター機が救助に来てくれたりすることさえある。われわれはいざというときに母国に逃げ帰るのだが、逆に途上国に住む人々は、事があったときに母国から逃げ出さねばならないかもしれない。

発展途上国の人々と気持ちが通い合ったときに抱く親近感と、日本人であることに気づいたときに感じる彼らとの隔たりの大きさの、どちらが正しいのだろうか。それはどちらも正しいのだろう。親近感を抱いたときの共感に動機づけられ、実際に横たわっている経済的・技術的な距離を利用して行うのが国際協力だと解釈することもできるかもしれない。

日本人として発展途上国の開発にかかわる人々は多かれ少なかれ、このようなどちらつかずの居心地の悪さを感じているのではないだろうか。現地の人の立場に身を置こうとしても完全にそうすることはできない、その一方、日本のODAを日本人のビジネスの機会と割り切っているような人にも違和感を禁じえない「居心地の悪さ」である。

1990年代後半に日本の景気が悪くなってからは、「日本が景気が悪くて苦しんでいるときに、どうして他の国の人を援助しなければならないのか」という声が日増しに強くなっている。「日本のODAのほとんどが日本人の払った税金、および預けた預金から拠出されているのだから、直接に日本人のためにならなければ意味がない」という意見をもって「開発」に携わる人もいる。そういう意見をもつ読者は本書の論調に賛同できないかもしれない。本書は前述の「居心地の悪さ」に堪え、発展途上国と日本の双方を見つめながら開発に取り組む立場をとっているからである。

援助資金に代表されるような限られた資源制約の下、ある発展途上国全体、あるいはその中のある地域、あるいはその中のある階層の生活水準を、いかにすればもっとも効率的に改善させられるか、という問題を一貫して設定してきたところに、本書の立場が最もよく現れている。「日本のためになるかどうか」という側面が目的として強調されるようなODA戦略は、無視しえない数の日本人の支持を失うであろうし、発展途上国のみならずイギリス、北欧をはじめとする先進諸国や国際機関との信頼関係も損うであろう。

他方その援助資金は、日本人の税金や預金の一部から拠出されている以上、むだに使われることは許されない。効率性についての議論が各章で焦点となった理由の1つはここにある。

　本書は2001年4月から2002年3月まで日本評論社の『経済セミナー』に連載された「開発経済学：ミクロ的アプローチ」を大幅に加筆修正し、編集し直したものである。執筆および修正にあたっては以下の方々のコメントが有益であった：伊藤成朗、加藤志津、木村福成、久保研介、小島道一、関口真理、寺尾忠能、森壮也（敬称略、50音順）。また、カバー表紙は宇賀神朋子氏による写真を使わせていただいた。ここに深甚な感謝の意を表する。

　最後に、日本評論社『経済セミナー』編集長の飯塚英俊氏には連載の企画段階から本書の完成まで、すべてにわたりお世話をいただいた。深く御礼申し上げたい。

2003年2月

黒崎卓・山形辰史

増補改訂版あとがき

　本書の初版が刊行されてから14年が経過した。「序章」に書いたように、ミクロ経済学的基礎を重視しつつ、国際開発の分野で注目されているトピックや論点を紹介した本書の初版は、開発の現場で役立つ経済学のテキストとして、大学生・大学院生のみならず、途上国の問題に関心を持つ幅広い読者層を得ることができた。

　初版の刊行以降、新たなトピックや論点が重要視されるようになるとともに、分析手法、とりわけ定量的な実証手法に関して、開発経済学は急速に進展した。そこで今回の改訂では、最近の研究を踏まえてこれらに関する記述を追加した。特に、ランダム化比較実験（RCT）を含むプログラム評価の手法や、行動経済学的実験を取り入れたデータ収集に関しては、新たな章を設けた。追加・拡張されたトピックとしては、持続可能な開発目標（SDGs）、制度と経済発展、中進国の罠、顧みられない熱帯病を含む途上国の感染症などが特筆される。これらの新しい実証手法やトピックを詳しく扱っている新しい開発経済学のテキストの場合、基礎となるミクロ経済学の説明が弱いことを感じる。本改訂版ではそこで、初版同様、ミクロ経済学的裏付けに関しては数値例を多用しつつ、類書にない詳しい説明を試みている。初版以上に、途上国の開発問題に関心を持つ多くの方々に読んでいただけると幸いである。

　この改訂版の完成には、初版同様日本評論社の飯塚英俊氏に加え、同社の道中真紀氏の貢献が欠かせなかった。お二方に深く感謝したい。初版を教科書として利用した世代である道中氏がその改訂に携わったということに、日本における開発経済学の定着を感じ、心強い思いである。

2017年1月

黒崎卓・山形辰史

索引

英字

CBO（住民組織） 142,186
CPIA 指数→国別政策・制度評価指数
DHS→人口保健調査
GATT（関税および貿易に関する一般協定） 226
HDI→人間開発指数
HIPC→重債務貧困国
HIV（Human Immunodeficiency Virus） 117,119,120,125,126,129,130,140
IDA→国際開発協会
ILO→国際労働機関
IMF→国際通貨基金
LSMS→生活水準指標調査
MDGs→ミレニアム開発目標
NGO iii,8,142,153,167,186,192,193, 204,206,211,225
ODA→政府開発援助
PRSP→貧困削減戦略文書
R&D→研究開発
RCT→ランダム化比較実験
SDGs→持続可能な開発目標
SWAp→セクター・ワイド・アプローチ
TRIPS 120,219
UNDP→国連開発計画
WTO→世界貿易機関

ア行

アジア開発銀行 138
アジア通貨危機 iii,13,221

移行経済 10
異時点間取引 65,66,76
異時点間の資源配分 66,68,69,74
一般均衡 4,98
インセンティブ ii,9,10,90,95,126-128, 146,147,150,172,177,180,181,185,186, 190,204,207
インターリンケージ 79
インフォーマル金融 75,79
インフォーマル信用 74,86
インフォーマル・セクター 31,88,90,99

エイズ 117-120,123,125,126,129,130, 140
栄養 1,20,47,92,94,148
援助 7,189,190,202-206,209
――協調 204,205
――の集中砲火 204
エンパワーメント 140,141,166

オーナーシップ 203
汚職 189-193,195,197-201

カ行

開発援助 137,140
外部経済 31,150
外部性 11,19,109,111-113,181
顧みられない熱帯病（NTD） 118
家計調査 33-35,46,223
仮想現実（counterfactual） 36,37
ガバナンス ii,189-192,195,200,202,209
――指標 194,195,197
環境 19,140,174,175,212,213,220
完全競争 80,109,111,197,199,200,224
環太平洋パートナーシップ（TPP）協定 122,218

機会費用　66,67,94,148
企業調査　35
企業データ　36
飢饉　49
技術移転　ii,11
技術革新　11,102,120,121,130-134,136,137,220
　　誘発的——　133
技術進歩　57,101,131,133
技術普及　120,134
帰属計算　19,31,32
機能（functionings）　20,28
規模の経済　11,107-110,112,214
逆選択　78-80,95,158-161,164,208
逆U字型仮説　222
教育　1,20-25,30,32,47,56,57,72,91,96,98,102,112,140,148,150,165,199,205
共同体　173-175,182-187
共有資源　174-184
金融機関　74,75,79,86,155,158,160
金融市場　75,128,155

国別政策・制度評価（CPIA）指数　194-197
グラミン銀行　153-158,165,167,169,170,185
グラミン方式　154,155,158,166,168
グリーンGNP　19
繰り返しゲーム　183
グループ融資　158,160,161,163-166
グローバリゼーション　211-215,217-221,223-227

経済発展段階説　105
経済発展論　2
ゲーム理論　9,10,111,178,183,185
限界生産性　50,52,55,62,66,67,84,90,177,178,180
限界代替率　52,53,56,61,62,70,71,82,84,89

研究開発（R&D）　101,114,119,122,127,132,215
健康　1,20,21,27,118,140
現在バイアス　42,43,169
顕示選好理論　17

講　75
公企業　5,7,8,10,199-201
公共財　122-124,127
厚生経済学の基本定理　6,80,111,224
構造調整　7,8,75
　　——貸付　7
行動経済学　ii,12,42-45,168,175
購買力平価　1,2,22,27,47,140,141
　　——GDP　18
後発性の利益　121
効用関数　50,68
効用最大化　4,53,62,66,69,71,84
効率賃金　93,94
コースの定理　198
国際開発協会（IDA）　194-197,203-204
国際通貨基金（IMF）　iii,3,140,203,208,226
国際労働機関（ILO）　96,99
国内資源費用　6
国民所得　16,30,31,33-35,100
国連開発計画（UNDP）　20,138
国連児童基金（UNICEF）　99
小作農　48,49
固定費用　51,66,108,110
コモン・バスケット　205
コモンズの悲劇　175,177,179-183,186
コンディショナリティー　7

サ行

最小臨界努力　3,5,106
債務救済　202,207
債務削減　ii,203,204,207,208
債務不履行（デフォルト）　76-79,158,

162,163
差の差（DID）　37,38,41
サハラ以南アフリカ　1,22,25,105,117,
　141
参加型開発　174,203
産業革命　i,105,121,133,134

ジェンダー　25,140,195
　——開発指数　25
　——不平等指数　25
嗜好（preference）　16,27,59,97,162
自己実現的予言（self-fulfilling prophecy）
　113
自作農　48,49
市場の失敗　6,122,224
自然災害　11,147
自然実験　39,61,167
持続可能な開発目標（SDGs）　ii,8,140,
　204
実感汚職指数　192-194
児童労働　96-99,112,226
資本主義的農民　49,64
資本蓄積　57,100
社会関係資本→ソーシャル・キャピタル
借款　7
シャドー賃金　52,53,55,56,58,62,63
収穫一定（技術）　101,106-108,110,112
収穫逓増（技術）　101,106-110,112,136,
　185
就学率　21,25
重債務貧困国（HIPC）　203,207,209
囚人のジレンマ　178
収奪的制度（extractive institutions）　134
収斂（convergence）　101
主体均衡　52,53,55,56,58,60,62
小農　48,49,53,54,58-60,62
消費可能性　17,20
消費の平準化　68,69,71,72,85
情報の非対称（性）　10,77-80,95,128,
　155,158,161,164,165

所得移転　143-146,148-150,154,166,167,
　225
所得分配　23,137,212,221-224
神経科学　44,45
人口　30,34,101
　——センサス　31
　——転換　111,112
人口保健調査（DHS）　34
新古典派経済学　7
新古典派経済成長理論　11,100-102,133
人的資本　3,5,11,47,57,58,94,96,98,
　100-102,112,123,124,148,185,216,217
　——蓄積　100-102,112
人的投資　47,57,72,94-96,99,112,136
心理学　44,45
信用　65,68,69,71-73,75-81,95,161
　——市場　60,65,66,68-77,79-83,85,
　137,154,155,158-161
　——制約　67,68,72-74,83,84,95,96,
　154
　——割当　77,79

ストルパー＝サミュエルソン定理　218

生活水準　i,16,20,22,25,29,30,34,49,
　105,130,141,144,146,148,223
　——指標調査（LSMS）　34,36,143
性差別　20,25
生産関数　50,54,55,70,81,90,92,176,
　178,179,181
生産信用　68
脆弱性　ii,29,49,174,175
税・補助金　6,181,192
政府開発援助（ODA）　137,138,189,190,
　199,202,206,209,227
世界開発報告　44,141
世界銀行　i,iii,1,3,8,27,28,31,34-36,
　44,47,129,138,140-143,194,196,203,
　205,208,226
　——グループ　3

世界貿易機関（WTO） 120, 129, 219, 220, 225, 226
セクター・ワイド・アプローチ（SWAp） 205
絶対的貧困 27, 137
説明責任（accountability） 142, 193, 195, 200
セルフ・ターゲティング 146, 147, 149, 158
選好（preference） 16
潜在能力（capability） 20, 28
戦略的債務不履行 164
戦略的補完性 111

相互監視 159, 161, 164, 168, 170
相互選抜 158, 161, 163, 166
操作変数（法） 39
創造的破壊 131
相対価格 16, 18, 82, 89
相対的貧困 26
贈与 7
ソーシャル・キャピタル（社会関係資本） 185

タ行

ターゲット 150
ターゲティング ii, 142, 143, 146, 148, 149, 158
対称ナッシュ均衡 111, 178
体制移行 9
太陽黒点説 113
多国籍企業 212, 219, 220
多次元貧困指数 30

知的所有権 ii
中間技術 132
中進国の罠 106
地理的要因 11

適正技術 132
デット・オーバーハング 207, 208
デフォールト→債務不履行

透明性 195, 200
独占 125, 128, 131, 134, 199, 200, 219, 220
特許 119, 120, 125, 126, 129, 131
　――制度 120, 124, 125, 128, 131, 133
トリックル・ダウン 221

ナ行

内生経済成長理論 11, 101, 102
内生バイアス 38-40, 167
内戦 11
南南協力 iii

二重差分 37, 38
人間開発指数（HDI） 21-25, 32
人間開発指標 ii, 21
人間開発報告書 20-22, 24, 25, 30

農家 49, 53, 86, 172
農業労働者 49, 58, 86, 91
農民 49, 172

ハ行

パートナーシップ 140
排除不能性 123, 124, 131
ハウスホールド・モデル 53, 54, 56, 57, 59, 60-62, 71, 84
パネルデータ 29, 34, 37, 39, 40, 149
パルダ 46, 155
パレート最適 80, 111, 182

比較優位 216-218, 224, 225
非競合性 123, 124, 131
ビッグ・プッシュ 11, 106, 113, 185
非連続回帰 39, 40

索引

貧困ギャップ比率 28,30
　2乗―― 28
貧困削減 138,140-142,145,148,150,203,204,221-223
　――政策 137,141,142,144-151,166,190
　――戦略文書（PRSP） 202,204,207
貧困指標 ii,26-29,33,136,150
貧困者比率 1,2,28,30,135,141
貧困地域アプローチ 149,158,174
貧困の悪循環 58,96,106
貧困の罠 3,5,11,72,102,106,108,111,112
貧困ライン i,1,2,26-29,141,143,144,146,147,223

付加価値税 8,200
不確実性 70,71,77,132
不完全競争 11,102,110,111
複数均衡 96-98,106,108,111-113,136,185,201
物価指数 30,33
不平等 23-26,32,34,73,74,140,185
フリーライダー問題 180
ブレトンウッズ体制 3
プログラム評価 ii,9,36
プロジェクト援助 7
分益小作制度 9
紛争 1,11,21,22

平均寿命 21-23,25,118
平均生産性 90,177,178
ベーシック・ニーズ 27
ペン・ワールド・テーブル 18,31

貿易の利益 214
包括的制度（inclusive institutions） 134
方向づけられた技術変化 133
補完性（complementarity） 109,111-114
保健 34,140,205

保険 174
　――市場 60

マ行

マーシャル的外部性 109,113
マイクロクレジット ii,v,43,60,80,86,151,153-156,158,159,164-170
マイクロファイナンス 153,167,169
マッチング 40

ミクロ計量経済学 10,36
緑の革命 127
南アジア 1,21,25,47,56,141,173
ミレニアム開発目標（MDGs） ii,139,140,202
民営化 7,8,10,200

無差別曲線 50-52,58,68,69,72,88,89,144,146

モラルハザード 78-80,95,158,161,164,165,170,201,208

ヤ行

有効保護率 6
輸出指向開発戦略 212
輸出指向工業化 5,6,8
輸入代替工業化 5,6,8
要素価格均等化 216,217
　――定理 215
要素賦存 216,217
予算制約 16,18,26,69,88,89,144,146
余剰はけ口 3,6
余剰労働 3,5
予備的動機による貯蓄 72

ラ行

ランダム化比較実験（RCT）　ii, 40-45, 61, 166-168

履行強制　76, 79, 80, 158, 164
利潤最大化　4, 53, 54, 60-62, 66, 71, 80, 82, 110
リスク　9, 68, 71, 72, 77, 78, 141, 159-162, 164-166, 168, 174, 175, 206
　——回避　72, 162
　——中立　162
離陸　105, 107, 108

累積債務　6, 7

零細自営業者　48, 60, 61, 66, 88
レオンチェフの逆説　218
連帯責任　155, 158, 160, 163, 164, 168-171

労働移動　99, 102
労働供給関数　53, 89, 98
労働需要関数　53, 97
労働生産性　52, 90-92, 94-96, 99, 108, 148
ローカル・コモンズ　174, 175
ロビンソン・クルーソー・モデル　52

ワ行

ワークフェア　146-149, 151, 154, 166
賄賂　189, 191, 192, 197-200

著者紹介

黒崎 卓（くろさき・たかし）

1964年生まれ。東京大学教養学部卒業。スタンフォード大学でPh.D.を取得。現在、一橋大学経済研究所教授。著書は『貧困と脆弱性の経済分析』（勁草書房）、『開発のミクロ経済学――理論と応用』（岩波書店、日経・経済図書文化賞、国際開発研究 大来賞）ほか。
ホームページ：http://www.ier.hit-u.ac.jp/Japanese/faculty/kurosaki.html

山形辰史（やまがた・たつふみ）

1963年生まれ。慶應義塾大学経済学部卒業。ロチェスター大学でPh.D.を取得。現在、日本貿易振興機構アジア経済研究所開発スクール事務局長・教授。編書は『テキストブック開発経済学［第3版］』（共編者 黒岩郁雄・高橋和志、有斐閣）、著書は『障害と開発の実証分析――社会モデルの観点から』（共著者 森壮也、勁草書房、国際開発研究 大来賞）ほか。
ホームページ：http://www.ide.go.jp/Japanese/Researchers/yamagata_tatsufumi.html

---

開発経済学 貧困削減へのアプローチ 増補改訂版

2003年5月10日 第1版第1刷発行
2017年4月1日 増補改訂版第1刷発行

著 者／黒崎 卓・山形辰史
発行者／串崎 浩
発行所／株式会社 日本評論社
　　　　〒170-8474 東京都豊島区南大塚3-12-4
　　　　電話 03-3987-8621（販売）　03-3987-8595（編集）
　　　　振替 00100-3-16
印　刷／精文堂印刷株式会社
製　本／牧製本印刷株式会社
検印省略　Ⓒ KUROSAKI Takashi and YAMAGATA Tatsufumi, 2017
Printed in Japan　ISBN978-4-535-55853-3
装　幀／林 健造

JCOPY 〈(社)出版者著作権管理機構 委託出版物〉
本書の無断複写は著作権法上での例外を除き禁じられています。複写される場合は、そのつど事前に、(社)出版者著作権管理機構（電話 03-3513-6969、FAX 03-3513-6979、e-mail: info@jcopy.or.jp）の許諾を得てください。また、本書を代行業者等の第三者に依頼してスキャニング等の行為によりデジタル化することは、個人の家庭内の利用であっても、一切認められておりません。

経済学の学習に最適な充実のラインナップ

入門｜経済学 [第4版]
伊藤元重／著　　　　　　　　　(3色刷) 3000円

入門｜価格理論 [第2版]
倉澤資成／著　　　　　　　　　(2色刷) 3000円

例題で学ぶ 初歩からの経済学
白砂堤津耶・森脇祥太／著　　　　　　2800円

入門｜ゲーム理論
佐々木宏夫／著　　　　　　　　　　　2800円

マクロ経済学 [第2版]
伊藤元重／著　　　　　　　　　(3色刷) 2800円

入門｜ゲーム理論と情報の経済学
神戸伸輔／著　　　　　　　　　　　　2500円

マクロ経済学パーフェクトマスター [第2版]
伊藤元重・下井直毅／著　　　　(2色刷) 1900円

例題で学ぶ初歩からの計量経済学 [第2版]
白砂堤津耶／著　　　　　　　　　　　2800円

入門｜マクロ経済学 [第5版]
中谷巌／著　　　　　　　　　　(4色刷) 2800円

[改訂版] 経済学で出る数学
尾山大輔・安田洋祐／編著　　　　　　2100円

スタディガイド入門マクロ経済学 [第5版]
大竹文雄／著　　　　　　　　　(2色刷) 1900円

経済学で出る数学 ワークブックでじっくり攻める
白石俊輔／著　尾山大輔・安田洋祐／監修　1500円

マクロ経済学入門 [第2版]
二神孝一／著 [新エコノミクス・シリーズ] (2色刷) 2200円

例題で学ぶ初歩からの統計学 [第2版]
白砂堤津耶／著　　　　　　　　　　　2500円

ミクロ経済学 [第2版]
伊藤元重／著　　　　　　　　　(4色刷) 3000円

入門｜経済のための統計学 [第3版]
加納悟・浅子和美・竹内明香／著　　　3400円

ミクロ経済学の力
神取道宏／著　　　　　　　　　(2色刷) 3200円

入門 公共経済学
土居丈朗／著　　　　　　　　　　　　2800円

ミクロ経済学パーフェクトマスター
伊藤元重・下井直毅／著　　　　(2色刷) 1900円

実証分析入門
森田果／著　　　　　　　　　　　　　3000円

ミクロ経済学入門
清野一治／著 [新エコノミクス・シリーズ] (2色刷) 2200円

最新 日本経済入門 [第5版]
小峰隆夫・村田啓子／著　　　　　　　2500円

ミクロ経済学 戦略的アプローチ
梶井厚志・松井彰彦／著　　　　　　　2300円

経済論文の作法 [第3版]
小浜裕久・木村福成／著　　　　　　　1800円

しっかり基礎からミクロ経済学 LQアプローチ
梶谷真也・鈴木史馬／著　　　　　　　2500円

総力ガイド！これからの経済学
経済セミナー編集部／編 [経済セミナー増刊]　1600円

金融論 [第2版]
村瀬英彰／著 [新エコノミクス・シリーズ] (2色刷) 2200円

進化する経済学の実証分析
経済セミナー編集部／編 [経済セミナー増刊]　1600円

〒170-8474 東京都豊島区南大塚3-12-4　TEL：03-3987-8621　FAX：03-3987-8590　日本評論社
ご注文は日本評論社サービスセンターへ　TEL：049-274-1780　FAX：049-274-1788　https://www.nippyo.co.jp/